on course

french

Janine Kopp

On course Series Editors
Sandra Truscott
John Morley

Hodder Arnold

A MEMBER OF THE HODDER HEADLINE GROUP

First published in Great Britain in 2005 by
Hodder Education, a member of the Hodder Headline Group,
338 Euston Road, London NW1 3BH

www.hoddereducation.com

Distributed in the United States of America by
Oxford University Press Inc.
198 Madison Avenue, New York, NY10016

The advice and information in this book are believed to be true and
accurate at the date of going to press, but neither the authors nor the publisher
can accept any legal responsibility or liability for any errors or omissions.

British Library Cataloguing in Publication Data
A catalogue record for this book is available from the British Library

Library of Congress Cataloging-in-Publication Data
A catalog record for this book is available from the Library of Congress

ISBN-10 0 340 88534 3
ISBN-13 978 0 340 88534 5

1 2 3 4 5 6 7 8 9 10

Typeset in 10pt Frutiger by Fakenham Photosetting Limited, Fakenham, Norfolk
Printed and bound in Italy

What do you think about this book? Or any other Hodder Education title? Please
send your comments to the feedback section on www.hoddereducation.com.

List of contents

Sem 1

Sem 2

Sem 3

Sem 4

53

55

50

35

Acknowledgements

I wish to thank the publishing and proof-reading team and in particular Debbie Clegg and Deborah Edwards as well as the editors of the series Sandra Truscott and John Morley for their constant assistance, their advice and suggestions.

I also would like to thank my colleagues at the University of Hull, in particular Cathy Dantec, Gillie Edwards and Adrian Tudor for their support, friendship and wit and Donna Bowman, Sue Hirschfeld and Elizabeth Bradley for keeping me on the straight and narrow . . . I also would like to thank Annick and Jeremy Tranmer.

Finally, my greatest thanks go to Roel Vismans who has been an outstanding and encouraging manager as well as a very good friend and to the talented David Wilson whose splendid photos are among those I have used throughout my book.

Every effort has been made to trace and acknowledge ownership of copyright. The publishers will be glad to make suitable arragements with any copyright holders whom it has not been possible to contact.

The author and publishers would like to thank the following for the use of text, photographs and artwork in this volume.

We are indebted to the Office de Tourisme in Flaine for information supplied about the resort. We are indebted to the Conseil Bruxellois des Musées for information supplied about Brussels. We are indebted to the Ministre Fédérale de la Mobilité et des Transports for information supplied about 'Jump' tickets. We are indebted to the Château de Fontainebleau for information supplied.

Cover John Townson/Creation © Corbis, **pp2** and **pp24** David Wilson, **pp55** (top row, left) James Davis Photography/Alamy, **pp55** (top row, middle) © Jose Fuste Raga/Corbis, **pp55** (top row, right) © Jim Sugar/Corbis, **pp55** (bottom row, left) © Jon Hicks/Corbis, **pp55** (bottom row, middle) © Jim Erickson/Corbis, **pp55** (bottom row, right) The Travel Library/Rex Feature, **pp59** (left) picturesbyrob/Alamy, **pp59** (second left) © Jon Hicks/Corbis, **pp59** (second right) © Gillian Darley; Edifice/Corbis, **pp59** (right) Michael Friedel/Rex Features, **pp101** © Frapar, **pp107** (top row, left) © Bo Zaunders/Corbis, **pp107** (top row, second left) © Richard Hamilton Smith/Corbis, **pp107** (top row, second right) © France 98/Corbis Sygma, **pp107** (top row, right) © images-of-france/Alamy, **pp107** (middle row, left) © Voisin/Phanie/Rex, **pp107** (middle row, second left) © Dave Penman/Rex Features, **pp107** (middle row, second right) © Owen Franken/Corbis, **pp107** (middle row, right) Jim Noble, **pp107** (bottom row, left) Paul Cooper/Rex Features, **pp107** (bottom row, second left) Rex Features, **pp107** (bottom row, second right) © Marco Cristofori/Corbis, **pp107** (bottom row, right) Wertz/Rex Features, **pp109** (top row, left) David Wilson, **pp109** (top row, middle) Jim Noble, **pp109** (top right) Jim Noble, **pp109** (bottom row, left) Per Lindgren/Rex Features, **pp109** (bottom row, middle) Jim Noble, **pp109** (bottom row, right) © Charles Jean Marc/Corbis Sygma, **pp214** (top row, left) Sipa Press/Rex Features, **pp214** (top row, second left) © Aim Patrice/Corbis Sygma, **pp214** (top row, second right) © Sipa Press/Rex Features, **pp214** (top row, right) © Jonathan/Corbis Sygma, **pp214** (middle row, left) Sarkis Images/Alamy, **pp214** (middle row, second left) Paul Cooper/Rex Features, **pp214** (middle row, second right) Paul Cooper/Rex Features, **pp214** (middle row, right), ImageState/Alamy, **pp214** (bottom row, left) © Jason Reed/Reuters/Corbis, **pp214** (bottom row, second left) Alix/Phanie/Rex Features, **pp214** (bottom row, second right) © Marc Garanger/Corbis, **pp214** (bottom row, right) Paul Cooper/Rex Features, **pp246** David Wilson, **pp247** David Wilson, **pp254** (top) © Canino Patricia/Corbis Sygma, **pp254** (bottom) © Dave Bartruff/Corbis, **pp256** (left) David Wilson, **pp256** (right) David Wilson.

All other artwork by Oxford Designers and Illustrators.

Introduction

This new course is especially designed for students in post-secondary education who would like to begin or refresh their knowledge of one of the major European languages – French, Spanish, Italian and German.

The course remains firmly communicative in approach with plenty of scope for pair and group activities, both orally and in written mode. These activities are anchored within the student and study abroad experience. At the same time, our approach lays more emphasis on grammar than has been the tendency in many recent course books. On Course also includes an element of independent learning for those courses in which this has become an integral part.

The target language is used throughout, apart from grammar explanations and some of the more challenging cultural input. The rubrics are accompanied by an English explanation for the preliminary units and this is gradually faded out as students become more familiar with the target language. We have tried to take a multicultural approach and to introduce topics and characters from a variety of countries in which the language is used.

Each unit should take approximately six hours to cover in class time, thus allowing the first half the book to be covered in Semester One and the second half in Semester Two. Students will be expected to make up the remainder of the 200 hours allocated to a typical 20-credit course in their own time and there is sufficient material in each unit to allow them to do this.

Each course is built round ten units, each of which deals with a different aspect of life in the target country. The chapter headings give a flavour of the material in each unit:

Unit One: First contacts
Unit Two: A day in the life of ...
Unit Three: Where do you live?
Unit Four: A weekend away
Unit Five: A day in the city
Unit Six: My autobiography ...
Unit Seven: Enjoying yourself ...
Unit Eight: Problems!
Unit Nine: The world of work
Unit Ten: Current issues

Each unit is, in turn, divided into a number of sections:

Révision: a rapid overview of the main points from the previous chapter;
Apéritif: an introduction to the essentials of the unit;

Hors-d'œuvre and *Plat principal 'courses'* and *Dessert*: each of which deals with a different aspect of the main theme, together with salient points of grammar;

Café: a section which deals with the following:

> *Prononciation et orthographe;* pronunciation and intonation

> *Travail personnel*: which gives suggestions of written and oral tasks to be completed by students outside class, and which can be collected to form a dossier of independent work;

> *Interlude digestif*: a section which introduces students to some of the cultural aspects of life in the target country;

> *Récapitulatif*: a final section which reviews the important elements of the unit.

> *Index de vocabulaire*: vocabulary from the unit.

As can be seen from the list of contents, there is a substantial amount of built-in revision, which should help students consolidate earlier material, while moving forward towards new ground.

Answers to the exercises and full recording transcripts are available in a separate Support Book and we strongly recommend that you obtain the *On Course French Support Book and Audio Pack*, which will enable you to develop your listening skills and get used to hearing the French language as it is spoken now.

The *On Course* team hopes that students and their teachers will enjoy using the materials and will find them an efficient and worthwhile learning resource.

Premiers contacts

Plan de l'unité

In this unit you will

★ *Apprendre à vous présenter et à parler de vous*
Learn to introduce yourself and talk about yourself

★ *Apprendre à décrire quelqu'un*
Learn to describe somebody

★ *Parler de votre famille*
Talk about your family

★ *Parler d'autrui*
Talk about others

Apéritif

Salutations et présentations

 **1**

Lisez les phrases suivantes et déterminez quelle photo correspond à chacune d'entre elles. Read the sentences below and decide which picture goes with which sentence.

1) Paris est la capitale de la France. La Tour Eiffel est le monument le plus célèbre de Paris.

2) Au sud de la France, il y a beaucoup de petits ports.

3) La France est un pays riche en histoire. On peut y visiter beaucoup de cathédrales.

4) La France est aussi un pays moderne avec une architecture futuriste.

a    b    c    d

vocabulaire utile

le plus célèbre: *the most famous*

beaucoup de: *a lot of*

le pays: *a country*

vocabulaire utile

formal:	*informal:*
bonjour! *good morning*	salut! *hi! bye!*
au revoir! *goodbye*	Ciao! *bye!*
bonsoir! *good evening*	bonne soirée! *have a nice evening*
bonne nuit! *good night*	bon après-midi! *have a nice afternoon*
	bonne journée! *have a nice day*
	bienvenue! *welcome!*
	enchanté(e): *pleased to meet you*
	À bientôt! *see you soon!*

A *Écoutez l'enregistrement.* Listen to the recording.

B *Écoutez l'enregistrement une deuxième fois. Pour chaque conversation, encerclez le terme que vous entendez dans la liste ci-dessous.* Listen to the recording for a second time. For each conversation, circle the greeting you hear in the list below.

Numéro 1:
- Ciao!
- Bonsoir!
- Salut!

Numéro 2:
- Bonne journée!
- Bonne nuit!
- Enchantée!

Numéro 3:
- Bonjour!
- Au revoir!
- Salut!

Numéro 4:
- Au revoir!
- Bon après-midi!
- À bientôt!

Numéro 5:
- Bonsoir!
- Enchanté!
- Bienvenue!

C *Écoutez ces mêmes conversations et répétez-les.* Listen to the same conversations again and repeat them.

D *Ajoutez le slogan qui convient à chaque image.* Add the most suitable caption to each picture.

a

_ _ _ _ _ _ _ !

b

_ _   _ _ _ _ _ _ !

c

_ _ _ _ _   _ _ _ _ !

Ça va?

☺☺ Très bien.	☺ Comme ci comme ça.
☺ Ça va.	

☹☹ Non, ça va mal. Je suis malade.	☹ Non, ça ne va pas. Je suis fatigué(e)

3 *Ça va la classe? Demandez si ça va aux autres étudiants dans la classe.* Ask the other students in your class how they are.

4 **A** *Écoutez et lisez les mini-conversations suivantes.* Listen to and read the following mini-conversations.

Numéro 1:
– Salut! Comment t'appelles-tu?
– Marie Martin.

Numéro 2:
– Bonsoir! Je m'appelle Stéphanie Thomas. Et vous?
– Moi, je m'appelle Idris Khaled.
– Quel est votre prénom?
– Mon prénom, c'est Idris, et mon nom de famille, c'est Khaled.

Numéro 3:
– Bienvenue à l'université de Poitiers, monsieur. Quel est votre prénom?
– Didier.
– Et votre nom de famille?
– Thiriet.

B *Écoutez ces mêmes conversations et répondez aux questions ci-dessous.* Listen to the same conversations again and answer the questions below.

a) What information is requested in each conversation?

b) What is the relationship between the speakers in each conversation?

Je me présente ...

A *Écoutez et répétez le jeu de rôle ci-dessous.* Listen to and repeat the role-play below.

Claude	Bonjour! Je m'appelle <u>Claude</u>. Et toi, comment t'appelles-tu?
Dominique	Je m'appelle <u>Dominique</u>.
Claude	Enchanté!

B *Maintenant faites ce même jeu de rôle en remplaçant les prénoms soulignés par vos prénoms.* Now do this same role-play, replacing the information underlined by your real first names.

C *Écoutez et répétez le jeu de rôle ci-dessous.* Listen to and repeat the role-play below.

A	Bienvenue à l'université! Comment vous appelez-vous?
B	Je m'appelle <u>Camille Thomas</u>.
A	Quel est votre prénom?
B	Mon prénom, c'est <u>Camille</u> .
A	Quel est votre nom de famille?
B	Mon nom de famille, c'est <u>Thomas</u> .
A	Enchanté. À bientôt.

D *Maintenant faites ce jeu de rôle en remplaçant les sections soulignées par vos noms.* Now do the same role-play, replacing the information underlined by your real names.

---

e x p r e s s i o n s   u t i l e s

informal:	formal:
Comment t'appelles-tu?	Comment vous appelez-vous?
Et toi?	Et vous?
Quel est ton nom de famille?	Quel est votre nom de famille?
Quel est ton prénom?	Quel est votre prénom?
Je m'appelle Luc Otele.	
Mon nom de famille c'est Otele.	
Mon prénom c'est Luc.	

E *Répondez à la question suivante.* Answer the following question. Why did we use *tu* in Activity A and *vous* in Activity C?

Subject pronouns

■ How to say 'I, you, she, we', etc.

Singular		**Plural**	
je	I	*nous*	we
tu	you (singular)	*vous*	you (plural)
il	he	*ils*	they (masculine or mixed)
elle	she	*elles*	they (feminine)

■ In French, there are two words for 'you' and two words for 'they'.

■ *Tu* refers to 'you' singular and informal. It is used to address one person only, a person you know or who is about your age or much younger.

■ *Vous* refers to 'you' plural or formal. It is used to address a group of people or a person whom you do not know very well. For instance, you would not use *tu* to speak to your girlfriend's or boyfriend's parents, nor would you use *tu* in a job interview.

6

A *Choisissez dans la liste ci-dessous le pronom français correct pour remplacer les mots en gras.* Replace the words in bold with the correct French pronouns from the list below.

a) **My mother and I** are in the garden.

b) **Mary, Julia and Ann** are English.

c) **I** am in Paris.

d) Luke, what are **you** eating?

e) **Marc, Emily and Louise** are students.

f) Where are **you**, sir?

g) **Sarah** is tall.

ils	nous	tu	vous	elles	je	elle

B *Écoutez ces même phrases, une par une, pour vérifier votre exercice. Que remarquez-vous sur le verbe 'être'?* Listen to these sentences one by one to check your exercise. What do you notice about the verb 'to be'?

The verb 'to be'

■ How to say 'I am, you are, she is', etc.

Etre

je **suis**	I am	nous **sommes**	we are
tu **es**	you (singular)	vous **êtes**	you are (plural or polite singular)
il **est**	he is	ils **sont**	they are
elle **est**	she is	elles **sont**	they are

7 A *Lisez le texte suivant et répondez aux questions suivantes en anglais.* Read the following text and answer the questions below in English.

Astérix et Obélix sont des personnages de bandes dessinées. Ils sont très populaires. En France, nous sommes fous de bandes dessinées. Astérix et Obélix sont gaulois. Les Gaulois sont les Français de la préhistoire. Astérix est blond, petit et courageux. Il a une énorme moustache blonde. Obélix est roux, énorme et invincible. Ils ont un petit chien qui s'appelle Idéfix. Dans le village d'Astérix et Obélix, il y a un chef, un barde (chanteur-musicien), un druide et beaucoup d'autres personnages amusants. Le chef s'appelle Abraracourcix. Il est un peu stupide. Le druide s'appelle Panoramix. Il est très intelligent. Le barde s'appelle Assurancetourix. Sa musique est horrible et il chante très mal. Tous ensemble, ils résistent à Jules César et à l'invasion romaine.

vocabulaire utile

le personnage: *a character*
la bande dessinée: *a comic book*
être fou de: *to be mad about*
roux: *ginger*
ils ont: *they have*
un chien: *a dog*
il y a: *there is or there are*
beaucoup: *a lot of*
un peu: *a little*
il chante: *he sings*
tous: *all*
ensemble: *together*

a) Who are Astérix and Obélix?

b) What are we told about the French and comic books?

c) Describe Astérix and Obélix.

d) Who else lives in the village of the Gauls?

B *Relisez le texte et décidez si les phrases ci-dessous sont vraies ou fausses.* Read the text again and decide whether the statements below are true or false.

a) Astérix et Obélix sont des personnages de bandes dessinées.

b) Astérix est romain.

c) Astérix et Obélix ont un grand chien.

d) Le chef du village est un peu stupide.

C Trouvez dans le texte les expressions françaises équivalentes à . . . Find in the text the French equivalents for:

a) They are popular.

b) We are mad.

c) He is stupid.

d) He is blond.

e) He is very intelligent.

Apéritif

Sept 7

Hors-d'œuvre

Présentations et descriptions

■ Quelques pays francophones

La Belgique
Sa situation: en Europe
Sa capitale: Bruxelles
Ses habitants: les Belges

La Suisse
Sa situation: en Europe
Sa capitale: Berne
Ses habitants: les Suisses

Le Sénégal
Sa situation: en Afrique
Sa capitale: Dakar
Ses habitants: les Sénégalais

Le Canada
Sa situation: en Amérique
Sa capitale: Ottawa
Ses habitants: les Canadiens

Écoutez les mini-conversations suivantes et complétez le tableau suivant en anglais. Listen to the following mini-conversations and fill in the table below in English.

Nom	Nationalité	Ville
1 Julie	English	Manchester
2		
3		
4		

vocabulaire utile

informal:
Tu es de quelle nationalité? *What's your nationality?*
Je suis suisse. *I am Swiss.*
Je suis de Berne. *I am from Bern.*

formal or plural:
Vous êtes de quelle nationalité? *What's your nationality?*
Je suis belge. *I am Belgian.*
Je suis de Bruxelles. *I am from Brussels.*

Gender and plural

■ All French words are either feminine or masculine.

Masculine	**Feminine**	**Plural**
le parc	*la région*	*les parcs/les régions*
the park	the region	the parks/the regions
un parc	*une région*	*des parcs/des régions*
a park	a region	parks/regions

■ Notice how the articles (*le, un*) change according to gender and number.

■ *Le* and *la* become *l'* when followed by a vowel or a silent *h*.

Exemple: l'Italie, l'hôtel

2 *Cherchez dans un dictionnaire les équivalents français des mots ci-dessous, puis décidez si vous allez utiliser le ou la.* Look up in a dictionary the French for the words below and decide whether you should use *le* or *la*.

country	region	brother	sister
telephone	car	doctor	

■ If you look up the French for 'tea' in a bilingual dictionary, you will find:
  – *thé* followed by **(m)**.
  – **(m)** means that *thé* is a masculine noun and that the French will say *le thé*.

■ Likewise, if you look up 'jam', you will find:
  – *confiture* followed by **(f)**.
  – **(f)** means that *confiture* is a feminine noun and that the French will say *la confiture*.

■ It is therefore **very important** that you learn new French words with *la* or *le* in front of them.

Coin langue

■ French adjectives also change according to whether they are masculine, feminine or plural.

3 **A** *Observez les pays et nationalités ci-dessous et essayez de prédire les nationalités qui manquent. Puis écoutez l'enregistrement pour vérifier vos réponses.* Look at the countries and nationalities below and write in the missing nationalities. Then listen to the recording to check your answers.

	♂	♀	♂ ♂	♀ ♀
La France	français	française	français	françaises
La Chine	chinois	_____	_____	chinoises
L'Espagne	espagnol	_____	espagnols	_____
L'Angleterre	_____	anglaise	_____	_____
L'Amérique	_____	américaine	américains	_____
Le Japon	japonais	_____	japonais	japonaises
L'Italie	italien	italienne	_____	italiennes
L'Inde	indien	_____	_____	_____
La Malaisie	_____	_____	_____	_____

Quelques exceptions *a few exceptions*

La Grèce	grec	grecque	grecs	grecques
La Belgique	belge	belge	belges	belges
La Suisse	suisse	suisse	suisses	suisses
La Russie	russe	russe	russes	russes

B What do you notice about how the spelling and pronunciation change?

4 *Trouvez les nationalités de trois étudiants de votre classe. Posez-leur la question suivante: 'Tu es de quelle nationalité?' Notez leurs noms et leurs réponses dans le tableau.* Find out the nationalities of three students in your class. Ask them the following question: *Tu es de quelle nationalité?* Write down their names and their answers in the table below.

Nom	Nationalité

Coin langue

Les descriptions

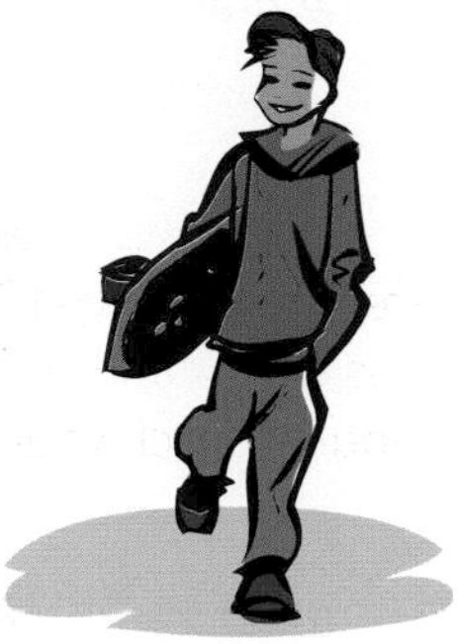

Luc est jeune.

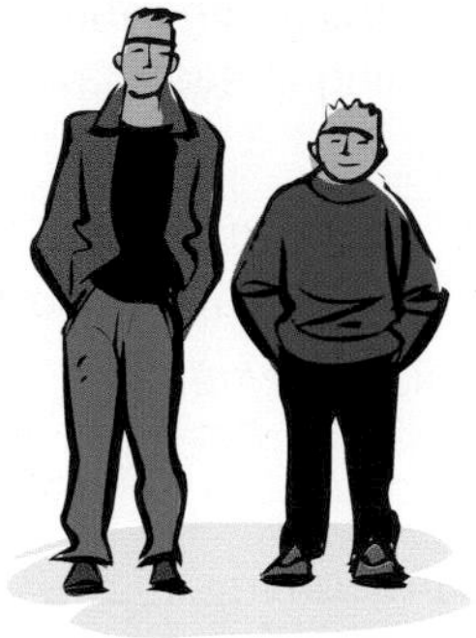

Marc est grand./ Paul est très petit.

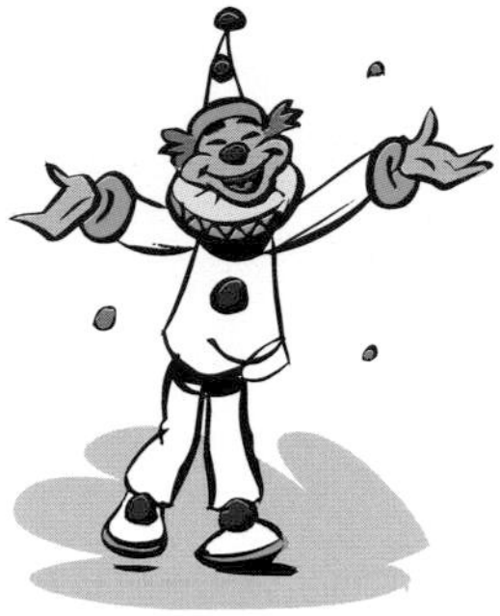

Le clown est amusant.

	Le physique	
Je suis	jeune	âgé(e)
Tu es	grand(e)	petit(e)
Il est	gros(se)	mince
Elle est	blond(e)/brun(e)/roux (rousse)	
	joli(e)	laid(e)
	séduisant(e)	

	Le caractère	
Je suis	sympathique	
Tu es	gentil(le)	méchant(e)
Il est	amusant(e)	
Elle est	timide	
	intelligent(e)	stupide
	content(e)	triste

lisez tout seul **5**

A *Regardez les exemples ci-dessous. Que constatez-vous?* Look at the examples below. What do you notice?

Exemple:

Il est grand et blond.	Elle est intelligente et amusante.
Il est gentil et stupide.	Elle est laide et méchante.
Ils sont timides.	Elles sont amusantes et séduisantes.

B *Puis complétez les phrases ci-dessous en utilisant les mots de description entre parenthèses. Choisissez la terminaison correcte dans chaque cas.* Then fill in the gaps using the description words in the brackets. Choose the correct ending in each case.

a) Marc est _____ . (petit)

b) Les Français sont _____ . (amusant)

c) Le prince William est très _____ . (séduisant)

d) Louise est _____ . (intelligent)

e) Sophie et Anne sont _____ . (blond)

f) Marie, Paul et Émilie sont _____ . (timide)

Coin langue

Adjectives

- An adjective is a word which describes a noun.

- As a general rule in French, the place of the adjective is **after** the noun.

  Exemple: Un chien <u>méchant</u> a nasty dog

- However, a few adjectives precede the noun. They are:

  grand(e)/petit(e), joli(e)/beau (belle), bon(ne)/mauvais(e).

  Exemple: un <u>bon</u> café (a tasty coffee) or *un <u>petit</u> chien* (a small dog).

- Most adjectives change depending whether the words they describe are feminine, masculine and/or plural.

  Exemple:

  le <u>bon</u> café   la <u>bonne</u> soupe   les <u>bon</u>s cafés   les <u>bonne</u>s soupe<u>s</u>
  le chanteur <u>blond</u>   la chanteuse <u>blonde</u>   les chanteurs <u>blonds</u>   les chanteuses <u>blondes</u>

- Please note that adjectives ending in -e do not change regardless of whether they are feminine or masculine.

à deux 6 *Lisez le texte ci-dessous à haute voix. Puis, reliez les questions et réponses ci-dessous.* Read the text aloud. Then match the questions and answers below.

vocabulaire utile

célèbre: *famous*
la coiffure: *the hairstyle*
blanc: *white*
son meilleur ami: *his best friend*
vous l'avez deviné: *you have guessed it*

Il est très célèbre. Il est journaliste et visite beaucoup de pays. Il est de nationalité belge. Il est jeune. Il est petit et mince. Il est roux et a une coiffure bizarre. Il est très intelligent. Il est amusant et sympathique. Il a un petit chien blanc qui s'appelle Milou. Milou est très courageux. Son meilleur ami est le capitaine Haddock. Les autres personnages importants sont le professeur Tournesol, les agents de police, Dupont et Dupond, et la chanteuse d'opéra, la Castafiore. Vous l'avez deviné: il s'appelle Tintin!

Questions

1) Comment s'appelle le héros du texte?

2) Quelle est sa profession?

3) Quelle est sa nationalité?

4) Tintin est grand?

5) Comment s'appelle son chien?

6) Comment s'appelle son meilleur ami?

7) La Castafiore est journaliste?

Réponses

a) Son chien s'appelle Milou.

b) Non, elle est chanteuse.

c) Il est journaliste.

d) Non, il est petit et mince.

e) Le héros s'appelle Tintin.

f) Il est belge.

g) Il s'appelle le capitaine Haddock.

Coin langue

Le pluriel

■ As you have seen, expressing the plural in French is quite easy. We use *les* or *des* and add an *-s* to the noun.

■ There are some exceptions, though:

1 Words which end in *-u* – We add *-x* instead of *-s*.
*Exemple: le gâteau –> **les** gâteau**x***

2 Words which end in *-al* – *-al* becomes *-aux*.
*Exemple: l'hôpital –> **les** hôpitau**x***

3 Words which end in *-s*, *-x* or *-z* – we add nothing.
*Exemple: le bus –> **les** bus*

 **7**

A *Encerclez le pluriel correct pour chacun des mots suivants.* Circle the correct plural for each of the words below.

a) le restaurant: le restaurants / les restaurants / les restaurantes

b) l'animal: les animals / les animaux / le animals

c) l'enfant: les enfants / le enfants / les enfantx

d) l'hôpital: les hôpitals / les hôpitales / les hôpitaux

B *Maintenant écoutez ces mots (singulier et pluriel). Que remarquez-vous?* Now listen to these singular and plural words. What do you notice?

8 Portrait d'une personnalité célèbre

A *Écoutez le journaliste Marc Antoine. Il vous parle d'une célèbre personnalité française. Complétez le formulaire ci-dessous en anglais.* Listen to the journalist Marc Antoine. He is talking about a French celebrity. Complete the form below in English.

Name:	_____
Profession:	_____
Nationality:	_____
Physical description:	_____
Personality:	_____
Any other information:	_____

B *Écoutez cet enregistrement une deuxième fois et remplissez les blancs dans le texte en français.* Listen to this recording a second time and fill in the gaps in French.

«Ah Brigitte Bardot! C'est une femme _____ formidable. Sa

profession? Elle est actrice bien sûr, mais _____ chante un peu aussi.

Elle est _____ et très très très séduisante. Elle est _____ . Elle

_____ amusante aussi. Sa passion, c'est les animaux. Elle adore les

chats, les chiens, les hippopotames, les éléphants, bref tous les _____ ,

sans exception!»

Plat principal

Famille

1 A *Écoutez l'enregistrement de ces nombres.* Listen to the recording of these numbers.

0 – zéro
1 – un
2 – deux
3 – trois
4 – quatre
5 – cinq

6 – six
7 – sept
8 – huit
9 – neuf
10 – dix

11 – onze	16 – seize
12 – douze	17 – dix-sept
13 – treize	18 – dix-huit
14 – quatorze	19 – dix-neuf
15 – quinze	20 – vingt

B *Complétez les sommes suivantes avec le mot correct.* Complete the following sums with the correct word.

a) Trois + deux = _____

b) Quatre – un = _____

c) Neuf + un = _____

d) Quatre + cinq = _____

e) Quatre – deux = _____

f) Neuf – quatre – cinq = _____

Combien de personnes y a-t-il dans ta famille? How many people are there in your family?

Exemple:

Il y a cinq personnes dans ma famille. Il y a mon père, ma mère, ma grand-mère, mon frère Marc et moi.

Dans ma famille, il y a trois personnes: ma mère, ma sœur Caroline et moi.

vocabulaire utile

Les membres de la famille:

le grand-père: *the grandfather*	la grand-mère: *the grandmother*
le père: *the father*	la mère: *the mother*
le mari: *the husband*	la femme: *the wife*
le beau-père: *the stepfather*	la belle-mère: *the stepmother*
le fils: *the son*	la fille: *the daughter*
le frère: *the brother*	la sœur: *the sister*
le demi-frère: *the half-brother*	la demi-sœur: *the half-sister*
l'oncle: *the uncle*	la tante: *the aunt*
le cousin: *the cousin (m)*	la cousine: *the cousin (f)*
le neveu: *the nephew*	la nièce: *the niece*

3

A *Écoutez ces étudiants que nous avons rencontrés dans la cafétéria universitaire. Ils nous décrivent leurs familles. Déterminez quel dessin correspond à chaque description.* Listen to the students we met in the university cafeteria. They are describing their families. Match the drawings to the descriptions.

a   b   c   d

B *Écoutez ces enregistrements à nouveau. Trouvez ce que signifient les expressions ci-dessous. Que remarquez-vous à propos du mot français pour* my? Listen to these recordings again and work out what the following phrases mean. What do you notice about the French word for 'my'?

a) Ma mère

b) Ma famille

c) Mes sœurs

d) Mon beau-père

e) Et moi.

f) Je suis fille unique.

C *Maintenant, traduisez ces phrases en français.* Now translate these sentences into French.

a) In my family, there are four people.

b) My grandmother and my grandfather are nice.

c) I'm an only son.

d) My step-dad is very funny.

D *À l'aide de ces phrases, parlez des membres de votre famille.* Use these sentences to talk about members of your family.

Possessive adjectives

■ How to say 'my, your, her, his'. etc.

Masculine	Feminine	Plural	
mon	*ma*	*mes*	my
ton	*ta*	*tes*	your
son	*sa*	*ses*	his/her
notre	*notre*	*nos*	our
votre	*votre*	*vos*	your (formal/plural)
leur	*leur*	*leurs*	their

■ Please note: to translate 'his' and 'her' into French, use *son, sa* or *ses* depending on the gender and number of **the object(s) being owned.** This is completely **different from English** where 'his' and 'her' refer to **the gender of the owner**.

Exemple:

In English, when we say 'his car', we know the car belongs to a man. If we say 'her car', we know it belongs to a woman.

In French we say *sa voiture*, even if the car belongs to a man. This is because *voiture* is a feminine word. *Sa voiture* can refer to either **his car** or **her car**!

Remplissez les blancs en utilisant les équivalents français des mots anglais entre parenthèses. Fill in the gaps, using the French equivalents of the English words in the brackets.

a) _____ frère s'appelle Mohammed. (*my*)

b) Marc a deux sœurs. _____ sœurs s'appellent Louise et Julie. (*his*)

c) Salut Michelle! _____ parents sont en France? (*your*, informal)

d) _____ voiture est très petite. (*our*)

e) _____ cousins sont blonds. (*our*)

f) _____ beau-père est très sympathique. (*your, formal*)

---

e x p r e s s i o n s   u t i l e s

As-tu des frères et des sœurs? *Have you got brothers and sisters?*

✔ Oui, j'ai un frère.

✔ Oui, j'ai une sœur.

✔ Oui, j'ai deux frères et trois sœurs.

✗ Non, je suis enfant unique.

✗ Non, je suis fille unique. *(only daughter)*

✗ Non, je suis fils unique. *(only son)*

5

A *Écoutez le jeu de rôle ci-dessous. Puis répétez-le.* Listen to the role-play below and repeat it.

A Bonjour! Je m'appelle Dominique. Et toi, comment t'appelles-tu?
B Je m'appelle Claude.
A Enchantée! Tu es étudiant?
B Oui, je suis étudiant.
A Tu es de quelle nationalité?
B Je suis suisse. Je suis de Genève.
A Tu as des frères et sœurs?
B Oui, j'ai un grand frère et deux petites sœurs. Et toi?
A Moi, je suis française et je suis enfant unique.

B *Faites le jeu de rôle ci-dessous à tour de rôle. Remplissez les blancs avec les informations qui vous concernent.* Take it in turns to do the following role-play. Fill in the gaps with information which is relevant to you.

A Bonjour. Comment t'appelles-tu?
B Je m'appelle _____ .
A Quel est ton prénom?
B Mon prénom, c'est _____ .
A Tu es de quelle nationalité?
B Je suis _____ .
A Combien de personnes y a-t-il dans ta famille?
B Dans ma famille, il y a _____ .
A As-tu des frères et des sœurs?
B _____
A Oh, mon bus arrive! Je dois partir. Salut!

6

Lisez le texte ci-dessous à haute voix, puis décidez si les phrases qui suivent sont vraies ou fausses. Si elles sont fausses, corrigez-les. Read the text below aloud and decide whether the statements which follow are true or false. If they are false, correct them.

Les Simpsons sont américains. Ils habitent une ville aux États-Unis qui s'appelle Springfield. Dans la famille de Bart, il y a cinq personnes. Il y a le père de Bart: il s'appelle Homer. Il y a la mère de Bart: elle s'appelle Marge. Et bien sûr, il y a Bart et ses deux sœurs. Elles s'appellent Lisa et Maggie. Mais il y a aussi d'autres personnes. Bart a deux tantes: elles s'appellent Patty et Selma. Patty et Selma sont les sœurs de Marge. Bart a aussi un grand-père qui s'appelle Grampa. Et pour finir, les Simpsons ont aussi deux animaux: un chien Santa's Little Helper et un chat Snowball.

a) Les Simpsons sont italiens.

b) Les Simpsons sont en Amérique.

c) Le père de Bart s'appelle Homer.

d) Marge est la sœur de Bart.

e) Bart a deux sœurs.

f) Bart est le fils de Homer et Marge.

g) Lisa et Maggie sont les cousines de Bart.

h) Bart a trois tantes.

i) Le grand-père de Bart s'appelle Grampa.

j) Les Simpsons ont deux chiens.

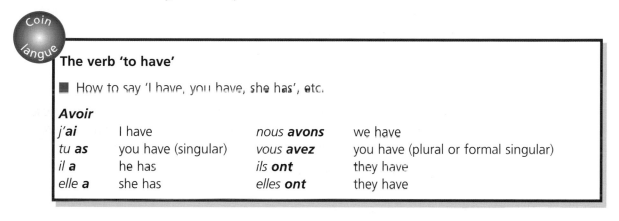

The verb 'to have'

■ How to say 'I have, you have, she has', etc.

Avoir

*j'***ai**	I have	*nous* **avons**	we have
tu **as**	you have (singular)	*vous* **avez**	you have (plural or formal singular)
il **a**	he has	*ils* **ont**	they have
elle **a**	she has	*elles* **ont**	they have

7 **A** *Écoutez l'enregistrement de ces nombres.* Listen to the recording of these numbers.

20 – vingt	21 – vingt et un	22 – vingt-deux	23 – vingt-trois, etc.
30 – trente	31 – trente et un	32 – trente-deux	33 – trente-trois, etc.
40 – quarante	41 – quarante et un	42 – quarante-deux	43 – quarante-trois, etc.
50 – cinquante	51 – cinquante et un	52 – cinquante-deux	53 – cinquante-trois, etc.
60 – soixante	61 – soixante et un	62 – soixante-deux	63 – soixante-trois, etc.

B *À tour de rôle, lisez ces chiffres à haute voix.* Take it in turns to read these numbers aloud.

12	6	58	31	26	49	63	16	15	22	61

8 **A** *Écoutez l'enregistrement de ces nombres.* Listen to the recording of these numbers.

70 = (60 + 10) soixante-dix	80 = (4 × 20) quatre-vingts	90 = (4 × 20) + 10 quatre-vingt-dix
71 = (60 + 11) soixante et onze	81 = (4 × 20) + 1 quatre-vingt-un	91 = (4 × 20) + 11 quatre-vingt-onze
72 = (60 + 12) soixante-douze	82 = (4 × 20) + 2 quatre-vingt-deux	92 = (4 × 20) + 12 quatre-vingt-douze
73 = (60 + 13) soixante-treize	83 = (4 × 20) + 3 quatre-vingt-trois	93 = (4 × 20) + 13 quatre-vingt-treize etc.
100 – cent	1000 – mille	

B *À tour de rôle, lisez ces chiffres à haute voix.* Take it in turns to read these numbers aloud.

72	81	67	95	73	69	12	270	33	88	1320	400

9 *Écoutez ces quatre étudiants et notez leur numéro de téléphone dans le tableau ci-dessous.* Listen to these four students speaking and write down their phone numbers in the table below.

Prénom	Numéro	Prénom	Numéro
Guillaume	03-88-21-67-97	Luc	
Anne		Sophie	

★ Info-culture

In French-speaking countries, telephone numbers are never expressed digit by digit. A typical French phone number would look like this: 03-89-56-32-88, which is why you need to know your numbers up to 99!

---

e x p r e s s i o n s   u t i l e s

informal:
– Claude, quel âge as-tu?
– J'ai vingt-trois ans

formal:
– Quel âge avez-vous?
– J'ai quarante ans.

plural:
– Quel âge avez-vous?
– J'ai quarante ans et Jo a trente ans.

Dessert

Horoscoscope et amour

Balance

Santé:	Ça va très bien.
Travail:	Vous étudiez peu!
Loisirs:	Vous jouez au tennis et au foot.
Amour:	Vous aimez avec passion!

Scorpion

Santé:	Ça ne va pas.
Travail:	Vous êtes stressé.
Loisirs:	Vous avez trop de travail!
Amour:	Votre partenaire vous adore!

Poisson

Santé:	Comme ci comme ça.
Travail:	Vous avez des problèmes!
Loisirs:	Vous regardez beaucoup la télé!
Amour:	Vous rêvez d'une aventure.

v o c a b u l a i r e   u t i l e

la santé: *health*
le travail: *work*
les loisirs: *leisure*
l'amour: *love*
trop: *too much*
some -er verbs:
étudier: *to study*
jouer: *to play*
aimer: *to like*
adorer: *to adore*
regarder: *to watch*
rêver: *to dream*

Regular verbs ending in -er

■ Nearly all French verbs which end in -er follow the same pattern. Some of these you have already seen: *aimer, adorer, étudier, chanter, jouer, regarder, rêver.*

■ Some others are: *arriver* (to arrive), *habiter* (to live), *manger* (to eat), *écouter* (to listen), *danser* (to dance), *téléphoner*, etc.

Regarder

*je regard***e**	I watch	*nous regard***ons**	we watch
*tu regard***es**	you watch	*vous regard***ez**	you watch (formal or plural)
*il regard***e**	he watches	*ils regard***ent**	they watch (male or mixed)
*elle regard***e**	she watches	*elles regard***ent**	they watch (all female)

■ Note: there are a few -er verbs which do not follow this pattern. These are irregular and will be pointed out as and when we meet them.

A *Écoutez cette conversation. Répétez-la.* Listen to this conversation and repeat it.

B *Trouvez les verbes en -er dans le texte.* Find the -er verbs in the text.

> **S**téphane est étudiant à l'université de Lille. Il a dix-huit ans et il habite avec ses parents et ses deux sœurs. Marie est étudiante aussi. Elle est grande, mince, brune et très jolie. Stéphane adore Marie …

Stéphane	Marie, je peux te voir ce soir?
Marie	Impossible, j'habite chez mes parents. Chez toi, c'est possible?
Stéphane	Non, j'habite aussi chez mes parents. À la cafétéria?
Marie	Non, j'habite très loin de la cafétéria.
Stéphane	Je te téléphone, alors. As-tu un portable?
Marie	Non, Stéphane. … Oh, là là! Moi, je te téléphone, alors? Quel est ton numéro de téléphone?
Stéphane	Mon numéro de téléphone, c'est le 06-21-48-89-77.
Marie	Oh non, ce soir, c'est impossible! Mon oncle et ma tante mangent chez nous. À demain alors!

Pauvre Stéphane! Une autre fois peut-être …

vocabulaire utile

avec: *with*	un portable: *a mobile phone*
aussi: *also*	alors: *then*
je peux te voir? *can I see you?*	chez nous: *at our place*
ce soir: *tonight*	à demain: *see you tomorrow*
chez toi: *at your place*	une autre fois: *another time*
loin: *far*	peut-être: *maybe*

Café

Prononciation et orthographe

■ L'alphabet

A *Il est possible de regrouper les lettres de l'alphabet en catégories de sons afin de les mémoriser plus facilement. Écoutez et répétez.* The various letters can be put in sound categories to help you memorise them. Listen and repeat them.

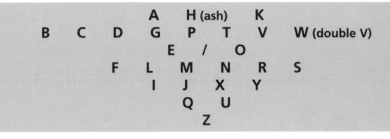

■ Comment ça s'écrit?

Comment ça s'écrit? *How do you spell it?*

– Voiture, comment ça s'écrit?
– Ça s'écrit: V.O.I.T.U.R.E.
– Restaurant, comment ça s'écrit?
– Ça s'écrit: R.E.S.T.A.U.R.A.N.T.

A *Écoutez les mini-conversations suivantes et remplissez les blancs.* Listen to the mini-conversations below and fill in the gaps.

Numéro 1:
– Votre prénom, ça s'écrit comment?
– Ça s'écrit _____ .

Numéro 2:
– Votre nom, ça s'écrit comment?
– Ça s'écrit _____ .

Numéro 3:
– Pardon, ça s'écrit comment?
– Ça s'écrit _____ .

B *Faites les jeux de rôle ci-dessus à tour de rôle. Remplissez les blancs avec les informations qui vous concernent.* Take it in turns to do the above role-plays. This time, fill in the blanks with information relating to yourself.

■ Le téléphone arabe

A *Mettez-vous en groupes de quatre. Le premier étudiant écrit le prénom d'un membre de sa famille sur un papier qu'il cache. Puis, il épelle ce prénom à l'oreille de l'étudiant à côté de lui. Le prochain étudiant épelle le prénom à l'oreille du suivant et ainsi de suite. Le dernier étudiant écrit le prénom sur un papier. Comparez les résultats.* Divide yourselves up into groups of four. The first student writes down the first name of a member of his/her family and hides it. Then he or she whispers the spelling of this name to the student next to him/her. This student whispers this name to the next student and so on and so forth. The last student writes the name down. Compare the results.

Travail personnel

Voici quelques idées pour vous aider à fournir un travail personnel. Toutes les activités suggérées sont liées à ce que vous venez d'apprendre dans ce chapitre. Here are some ideas to enable you to do independent work. All the tasks suggested are based on the material you have studied in this chapter.

1 ■ *En dehors des cours, retrouvez votre partenaire une fois par semaine. Passez une demi-heure à travailler oralement les questions et réponses que nous avons apprises dans ce chapitre.* Meet your partner outside class once a week and spend half an hour practising the questions and answers we learnt in this chapter.

2 ■ *Trouvez un(e) étudiant(e) francophone et posez-lui des questions sur sa famille. Préparez vos questions à l'avance et demandez-lui de parler lentement. Enregistrez également cette conversation.* Find a native speaker of French and interview him/her about his/her family. Prepare your questions well and ask him/her to speak slowly. Record this activity as well.

3 ■ *Trouvez un programme de grammaire sur Internet ou un livre de grammaire vous permettant de travailler les points de grammaire traités dans ce chapitre. Imprimez ou photocopiez ces exercices et ajoutez-les à vos travaux.* Find a grammar programme on the Web or a grammar book which will help you practise the grammar points you have studied in this chapter. Print out or photocopy the exercises and add them to your portfolio.

■ *Utilisez le vocabulaire suivant pour écrivez dix phrases avec des verbes en -er au present.* Use the vocabulary below to write ten sentences with *-er* verbs in the present tense.

la voiture / le musée du Louvre / un sandwich / la radio / la télévision / un film / au tennis / du piano / le chocolat / manger / écouter / jouer / adorer / regarder / détester / réparer / visiter

Exemple: Mon frère répare la voiture. *My brother repairs the car.*

4 ■ *Écrivez un courriel à un(e) ami(e) français(e). Présentez-lui votre personnalité célèbre préférée (chanteur/chanteuse/sportif/sportive, etc.) (50 mots environ). Commencez avec 'Salut! Aujourd'hui, je vais te parler de . . . (nom de la star)'.* Write an electronic message to a French friend. Tell him/her about your favourite singer or sports personality (around 50 words). Start with a sentence which translates 'Hi! Today, I'm going to talk to you about . . . '

5.

■ *Faites une liste en anglais de mots servant à la description physique et de caractère comme par exemple, les humeurs ('triste/heureux', etc.) ou les couleurs. Puis cherchez leurs équivalents français dans un dictionnaire.* Make a list in English of words describing physical characteristics and character traits as well as moods ('sad/happy') or colours. Find their French equivalents in a dictionary.

6

■ Find out more on the web about Tintin or Astérix. Write a short paragraph (100 words) in English about any aspect relating to them.
Tintin: www.tintin.be
Astérix: www.asterix.tm.fr

Interlude digestif

■ Un tour de France photographique

Regardez ces photos et choisissez le titre qui les décrit. Look at these photographs and choose the correct title to describe them.

a

b

c

1) Un village maritime dans le sud de la France
2) Une maison de ville traditionnelle
3) Paris, une ville moderne et contrastée

★ Info-culture

Les bandes dessinées

As we have seen in this chapter, comic books are very popular in France and Belgium. One way to appreciate this fascination for the *BD* (*bandes dessinées*) is to go into a bookshop in France or Belgium. You will be amazed by the number of people of all walks of life and different ages standing in corners or sitting on carpets, sharing the same passion: all avidly reading their latest favourite comic book.

The *BD* is an artistic and literary form of expression, which is often referred to as the ninth art and which embraces a wide range of styles (fantasy, history, satire, science-fiction, detective stories and even pornography). We can trace back the development of the *BD* genre to shortly after the Second World War. Since this time, it has been going from strength to strength, selling billions of books all over the world with some, such as *Astérix*, translated into 50 different languages. A museum dedicated to this form of expression has been opened in Brussels, which is the birth town of Hergé, the author of *Tintin*. Many PhD theses studying the themes, language and artwork found in *BD*s have been published.

Every summer, all over France and Belgium, you can attend festivals solely dedicated to comics. They are known as *festivals de la bande dessinée*. The most prestigious ones are in Angoulême and Brussels. There, you can see original drawings being sold at auctions for small fortunes. You can also meet writers and illustrators, listen to academic lectures and watch cartoons. In Angoulême, literary prizes are awarded to young up-and-coming artists.

Some of the most famous authors are Franquin who created *Spirou*, *Gaston Lagaffe* and *Le marsupilami*; Goscinny who created *Astérix* and *Lucky Luke*; and Greg who created *Achille Talon*. The most famous illustrators are Uderzo, who drew *Astérix*, and Tabary, who created *Iznogoud*. All you need to do is mention the name of these authors, illustrators or characters to your French or Belgian friends to get them to lead you to their precious collections, usually kept secretly at home!

Récapitulatif

You should be able to

- ★ *Parler de vous et de votre famille*
  Talk about yourself and your family

- ★ *Compter de zéro à mille*
  Count from 0 to 1000

- ★ *Comprendre la fascination des Français pour les bandes dessinées*
  Understand the French fascination for comics

Faites les exercices ci-dessous et révisez les éléments sur lesquels vous avez des doutes avant d'étudier le chapitre qui suit. Test yourself using the exercises below and revise any of the material you are not sure about before going on to the next chapter.

A *Trouvez l'intrus parmi les mots ci-dessous.* Find the odd one out in each list of words below.

a) jouer / adorer / détester / aimer

b) italienne / malaisienne / japonaise / anglais / grecque

c) bonjour / au revoir / merci / salut

d) gros / petite / mince / blond / intelligent

e) restaurants / parcs / hôpitaux / chiens

f) père / grand-père / cousin / tante

g) adore / aime / regarde / écoutons

h) avons / ont / est / avoir

B *Joignez chacun des mots à gauche à son opposé à droite.* Join each of the words on the left to its opposite on the right.

1)	blonde	**a)**	courageux
2)	gros	**b)**	joli
3)	laid	**c)**	jeune
4)	âgée	**d)**	brune
5)	timide	**e)**	mince

C *Corrigez les erreurs de grammaire ou d'orthographe! Le nombre d'erreurs est indiqué entre parenthèses.* Correct the grammatical or spelling mistakes in the sentences below! The number of mistakes is shown in brackets.

a) Je m'apelle Lucie. Je suis vingt ans. (2)

b) Il est anglaise et il adorent le rugby. (2)

c) Nous avons cinque chats et une chien. (2)

D *Répondez par écrit aux questions suivantes.* Answer the following questions in writing.

a) Comment t'appelles-tu?

b) Ça va?

c) Quel est ton prénom?

d) Tu es de quelle nationalité?

e) Aimes-tu le chocolat?

f) As-tu des frères et sœurs?

g) Quel âge a ton frère?

h) Quel est ton numéro de téléphone?

E *Refaites l'exercice ci-dessus (D) oralement.* Re-do the exercise above (D) as a speaking exercise.

Voilà, c'est tout! That's it!

Index de vocabulaire

Salutations et présentations	*Greetings and introductions*
à bientôt	*see you soon*
au revoir	*goodbye*
bienvenue	*welcome*
bon après-midi	*good afternoon*
bonjour	*good morning*
bonne journée	*have a nice day*
bonne nuit	*good night*
bonne soirée	*have a nice evening*
bonsoir	*good evening*
ciao	*'bye*
enchanté(e)	*pleased to meet you*
salut	*hi; 'bye*
ça va/ça ne va pas	*I'm OK/I'm not OK*
comme ci comme ça	*so so*
fatigué(e)	*tired*
malade	*ill*
très bien	*very well*
nom de famille (m.)	*surname*
prénom (m.)	*first name*

Les pronoms	*Pronouns*
je	*I*
tu	*you*
il/elle	*he/she*
nous	*we*
vous	*you (plural/formal)*
ils/elles (m./f.)	*they*
moi	*me (object)*
toi	*you (object)*

Les verbes	*Verbs*
adorer	*to adore*
aimer	*to like/to love*
arriver	*to arrive*
avoir	*to have*
chanter	*to sing*
danser	*to dance*
écouter	*to listen*
être	*to be*
étudier	*to study*
habiter	*to live*
jouer	*to play*
manger	*to eat*
regarder	*to watch*
rêver	*to dream*
s'appeler	*to be called*
se présenter	*to introduce oneself*
téléphoner	*to phone*

La famille	*Family*
famille (f.)	*family*

beau-père	stepfather	**Les descriptions**	***Descriptions***
belle-mère	stepmother	âgé(e)	old
cousin/cousine (m./f.)	cousin	amusant(e)	funny/amusing
demi-frère	half-brother	blond(e)	blond
demi-sœur	half-sister	brun(e)	brown
enfant (m.)	child	courageux/courageuse	courageous
enfant unique	only child	formidable	great/smashing
grands-parents (pl.)	grand-parents	gentil(le)	nice
grand-père (m.)	grandfather	grand(e)	tall
grand-mère (f.)	grandmother	gros(se)	fat
fils (m.)	son	heureux/heureuse	happy
fille (f.)	daughter	intelligent(e)	intelligent
frère (m.)	brother	intéressant(e)	interesting
sœur (f.)	sister	jeune	young
neveu (m.)	nephew	joli(e)	pretty
nièce (f.)	niece	laid(e)	ugly
oncle (m.)	uncle	méchant(e)	nasty
tante (f.)	aunt	mince	slim
parents (pl.)	parents	roux/rousse	ginger
père (m.)	father	séduisant(e)	attractive
mère (f.)	mother	sportif/sportive	sporty

Les nationalités / ***Nationalities***

stupide — stupid
sympathique — friendly
timide — shy
triste — sad/unhappy
vieux/vieille — old

nationalité (f.)	nationality
allemand(e)	German
américain(e)	American
anglais(e)	English
belge	Belgian
chinois(e)	Chinese
espagnol(e)	Spanish
grec/grecque (m./f.)	Greek
hongrois(e)	Hungarian
français(e)	French
indien(ne)	Indian
italien(ne)	Italian
japonais(e)	Japanese
malaisien(ne)	Malay
russe	Russian
suisse	Swiss
vietnamien(ne)	Vietnamese

Vies d'étudiants

Plan de l'unité

unité **2** Vies d'étudiants

In this unit you will

★ *Apprendre à exprimer les dates, l'heure et à parler de vos habitudes quotidiennes*
Learn to express dates, tell the time and talk about your daily routine

★ *Parler de vos études et de votre emploi-étudiant*
Talk about your studies and your student job

★ *Parler de vos loisirs*
Talk about your hobbies

Révision

Dans l'Unité 1, vous avez appris à vous présenter, à parler de votre famille et à présenter des personnages connus. In Unit 1, you have learnt to introduce yourself, to talk about your family and to introduce famous people.

Devinette, qui sommes-nous? Guessing game, who are we?

Choisissez un des personnages ci-dessous, à tour de rôle. Lisez sa description à haute voix et devinez son nom. Take it in turns to choose one of the characters below. Read the description aloud and guess the name of the famous character.

vocabulaire utile

un homme: *a man*
un siècle: *a century*
mort(e): *dead*
vif/vive: *bright*
nouveau/nouvelle: *new*

Inconnue numéro 1
C'est une chanteuse canadienne très célèbre. Elle est québécoise. Elle a treize frères et sœurs. Elle est mariée et a un fils. Son mari s'appelle René. Une de ses chansons est la chanson du film «Titanic».
Elle s'appelle: _ _ _ _ _ _ / _ _ _ _ .

Inconnu numéro 2
C'est un homme du 19ème siècle. Il est français. C'est un docteur très célèbre. Il est de Dole en France. Il est mort à l'âge de soixante-treize ans. Il fait beaucoup de découvertes médicales. Par exemple, il découvre la pasteurisation.
Il s'appelle: _ _ _ _ _ / _ _ _ _ _ _ _ _ .

Inconnu numéro 3
C'est un peintre français du 19ème siècle. Il préfère les couleurs vives comme l'orange, le rouge et le jaune. Il est célèbre parce qu'il est l'inventeur d'un nouveau style de peinture qui s'appelle l'impressionnisme.
Il s'appelle: _ _ _ _ _ _ / _ _ _ _ _ .

Apéritif

Heure et habitudes quotidiennes

■ **Les dates**

C'est le 25 décembre.
C'est Noël!

C'est le 1er janvier.
C'est le jour de l'an!

C'est le 22 juin.
C'est la fête des pères!

1 *Écoutez l'enregistrement de ces mois.* Listen to the recording of these months.

janvier	juillet
février	août
mars	septembre
avril	octobre
mai	novembre
juin	décembre

2 *Complétez les phrases suivantes.* Complete the following sentences.

a) C'est le _____ .

C'est la Saint Valentin!

b) C'est le _____ .

C'est la Saint Patrick!

How to express dates in French

■ It is extremely easy. Use *le* followed by the number, followed by the month.

Exemple: le 12 février

■ There is one exception, though. In French, we do not say *un* but *premier* for 'first'.

Exemple: le premier janvier

3 **A** *Écoutez et répétez cette conversation.* Listen to this conversation and repeat it.

Stéphane	Bonjour <u>Marie</u>. Ça va?
Marie	Oui, très bien, <u>Stéphane</u>.
Stéphane	Marie, quelle est la date de ton anniversaire?
Marie	Mon anniversaire, c'est le <u>dix-huit février</u>. Et toi?
Stéphane	Moi, c'est le <u>premier août</u>.

B *Pratiquez la conversation ci-dessus.* Practise the above conversation.

C *Maintenant pratiquez cette même conversation en remplaçant les sections soulignées par des informations qui vous concernent.* Now practise this same conversation again, but substitute the underlined sections with information relating to yourselves.

4 *Trouvez les dates d'anniversaires de cinq étudiants dans votre classe. Posez-leur la question suivante: 'Quelle est la date de ton anniversaire?' Notez leurs noms et leurs réponses dans le tableau ci-dessous.* Find out the birthdays of five students in your class. Ask them the following question: *Quelle est la date de ton anniversaire?* Write down their names and their answers in the table below.

Nom   **Date d'anniversaire**

_____   _____

_____   _____

_____   _____

_____   _____

5

A *Reliez les événements historiques français importants ci-dessous à leurs équivalents.* Match the important events from the history of France below to their English translations.

1)	La naissance de la France	**a)**	The Second World War
2)	La Révolution française	**b)**	The launching of the euro
3)	La transformation de Paris	**c)**	The independence of Algeria
4)	La seconde guerre mondiale	**d)**	The birth of France
5)	L'indépendance de l'Algérie	**e)**	The redesign of Paris
6)	L'introduction de l'euro	**f)**	The French Revolution

B *Écoutez cet enregistrement et cochez les trois événements historiques qui sont sont mentionnés.* Listen to this recording and tick the three historic events which are mentioned.

 Trente et un **31**

a) La naissance de la France

b) La Révolution française

c) La transformation de Paris

d) La seconde guerre mondiale

e) L'indépendance de l'Algérie

f) L'introduction de l'euro

C *Écoutez ce même enregistrement et complétez les phrases ci-dessous avec la date correcte. Vous pouvez utiliser des chiffres.* Listen to this same recording again and and complete the sentences below with the correct dates. You may use numbers.

1) La Révolution française, c'est le _____ _____ _____ . C'est la fête nationale de la France.

2) La France introduit sa nouvelle monnaie, l'euro, le _____ _____ _____ . Le franc, qui existe depuis mille ans, disparaît ce jour-là.

3) En _____ , l'architecte Haussmann transforme totalement Paris et en fait une belle ville moderne.

 **6**

Reliez les débuts de phrases à gauche aux fins de phrases à droite. Match the first halves of the sentences on the left to the second halves on the right.

1066: mille soixante-six

1492: mille quatre cent quatre-vingt-douze/quatorze cent quatre-vingt-douze

1789: mille sept cent quatre-vingt-neuf/dix-sept cent quatre-vingt-neuf

1945: mille neuf cent quarante-cinq/dix-neuf cent quarante-cinq

---

1) Christophe Colomb découvre l'Amérique

a) en mille neuf cent quarante-cinq.

2) La bataille de Hastings est

b) en mille soixante-six.

3) La deuxième guerre mondiale finit

c) en dix-sept cent quatre-vingt-neuf.

4) La Révolution française est

d) en quatorze cent quatre-vingt-douze.

 7

Écoutez l'enregistrement des jours de la semaine et des parties de la journée. Listen to the recording of the days of the week and the parts of the day.

vocabulaire utile

les jours de la semaine: *the days of the week*

lundi: *Monday*

mardi: *Tuesday*

mercredi: *Wednesday*

jeudi: *Thursday*

vendredi: *Friday*

samedi: *Saturday*

dimanche: *Sunday*

les parties de la journée: *the parts of the day*

Le matin: *the morning*

l'après-midi: *the afternoon*

le soir: *the evening*

la nuit: *the night*

Apéritif

8 *Le réveil sonne . . . Quelle heure est-il?* The alarm-clock is ringing . . . What time is it?

A *Écoutez les conversations et décidez quelle image ci-dessous leur correspond.* Listen to these conversations and decide which picture matches each of them.

a

b

c

B *Regardez ces horloges et choisissez les phrases (une ou deux quelquefois) qui les décrivent.* Look at these clocks and choose the sentences (one or two in some cases) which describe each of them.

a

b

c

d

1) Il est onze heures.

2) Il est quinze heures.

3) Il est vingt-trois heures.

4) Il est dix-huit heures.

5) Il est cinq heures.

6) Il est trois heures.

7) Il est deux heures.

8) Il est neuf heures.

C *Regardez les horloges suivantes et remplissez les blancs dans les phrases ci-dessous.* Look at the clocks below and fill in the gaps in the sentences which follow.

09:23
1

10:07
2

21:04
3

18:18
4

1) Il est _____ heures vingt-trois.

2) Il est dix _____ sept.

3) Il est vingt-et- _____ heures _____ .

4) Il est _____ .

The 24-hour clock

■ As you can see, telling the time using the 24-hour clock is quite easy.

All you need to do is to apply the following formula:

Il est (number) *heures* (second number).

■ There is another way to tell the time which is less formal, but nevertheless very common in spoken language. With this system you **do not use** the 24-hour clock. See the diagram below to understand how it works.

Note: *Il est midi (midday).*
          Il est minuit (midnight).

---

les minutes

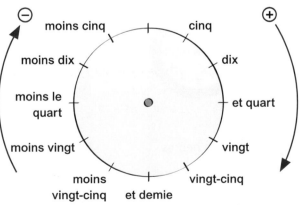

⊖   moins cinq   cinq   ⊕
    moins dix   dix
    moins le   et quart
    quart
    moins vingt   vingt
         moins   vingt-cinq
    vingt-cinq et demie

D   *Quelle heure est-il maintenant? Il est* _____ .

   **9**

Écoutez et notez le numéro de la phrase qui correspond à chaque horloge dans la case appropriée, comme dans l'exemple ci-dessous. Listen and write down the conversation number which matches the clock below. The first one has been done for you as an example.

a ☐1☐   b ☐   c ☐   d ☐

Vous avez entendu:
You have just heard:
Vite, il est deux
heures moins dix.

   **10**

A   *Regardez les images et devinez la signification des phrases qui les accompagnent.* Look at these pictures and guess the meaning of the sentences which go with them.

a   Il est sept heures: je me réveille.   **b**   Il est huit heures et quart: je m'habille.   **c**   Il est neuf heures moins le quart: je me brosse les dents.

B   *Écoutez Marc et Nathalie qui nous parlent de leur routine quotidienne. Cochez les activités qu'ils mentionnent dans la liste ci-dessous.* Listen to Marc and Nathalie telling us about their daily routine. Tick the activities they mention in the list below.

a)   Je m'appelle . . .   *I am called . . .*

b)   Je me réveille.   *I wake up.*

c)   Je me lève.   *I get up.*

d)   Je me douche.   *I have a shower.*

e)   Je me lave.   *I wash.*

f) Je me brosse les dents.   *I brush my teeth.*

g) Je me coiffe.   *I brush my hair.*

h) Je m'habille.   *I get dressed.*

i) Je me prépare.   *I get ready.*

j) Je me change.   *I get changed.*

k) Je me détends.   *I relax.*

l) Je me repose.   *I have a rest.*

m) Je m'amuse bien.   *I have a good time.*

n) Je me couche.   *I go to bed.*

o) Je m'intéresse à . . .   *I am interested in . . .*

C   *Écoutez cet enregistrement une deuxième fois et complétez les phrases suivantes avec l'heure correcte.* Listen to this recording again and complete the following sentences with the correct times.

Marc:

a) Je me réveille à _____ .

b) Je me brosse les dents à _____ .

c) J'arrive à l'université à _____ .

Nathalie:

d) Je me prépare à _____ .

e) J'arrive à la discothèque à _____ .

f) Je me couche à _____ .

D   *Maintenant, utilisez les expressions suivantes pour décrire votre routine.* Now use the phrases below to describe your own routine.

a) Je me réveille.

b) Je me lave.

c) Je m'habille.

d) Je vais à l'université.

e) Je me couche.

11   *Étudiez les phrases suivantes et devinez le mécanisme de ces verbes en -er un peu spéciaux. Remplissez les blancs. On appelle ces verbes des verbes pronominaux.* Study the sentences below and work out the mechanism of these special *-er* verbs. Fill in the gaps. These special verbs are called reflexive verbs.

a) Il est sept heures et demie du matin: je **me** réveille. Puis, je **me** lève et je _____ lave.

b) Marc, à quelle heure tu **te** lèves le dimanche? Tu _____ douches le matin ou le soir?

c) Julie **se** brosse les dents le matin et le soir. Elle _____ coiffe souvent.

d) Luc est fatigué. Il **se** couche tôt et _____ lève tard.

e) L'après-midi, nous **nous** détendons, et le soir, nous _____ préparons pour dîner.

f) Vous **vous** reposez ou vous _____ amusez le week-end?

g) Les enfants **se** détendent et les parents _____ reposent.

vocabulaire utile

puis: *then*
ensuite: *then*
souvent : *often*
tôt: *early*
tard: *late*

Les verbes pronominaux

■ The endings of reflexive verbs are regular, just like any other *-er* verbs. However, in French, rather than saying 'I get up' and 'I wash', we say 'I get **myself** up' and 'I wash **myself'.** You get yourself up, you wash yourself, and so on and so forth. The pattern goes as follows.

Se laver

je **me** *lave*	I wash (myself)	*nous* **nous** *lavons*	we wash (ourselves)
tu **te** *laves*	you wash (yourself)	*vous* **vous** *lavez*	you wash (yourselves)
il **se** *lave*	he washes (himself)	*ils* **se** *lavent*	they wash (themselves)
elle **se** *lave*	she washes (herself)	*elles* **se** *lavent*	they wash (themselves)

---

12 M. et Mme Kohntrer sont très différents. Lisez les textes ci-dessous et remplissez les blancs. Assurez-vous de respecter leurs comportements opposés. Mr and Mrs O'pozit are both very different from each other. Read the texts below and fill in the gaps, ensuring that you respect their opposing behaviours.

I s'appelle Paul. Il est grand. Il est souvent triste. Il se lève tôt le matin. Il se douche en deux minutes. Il s'habille rapidement. Vers sept heures, il prend son petit déjeuner: il adore les céréales. Il travaille de huit à dix-neuf heures. Il déteste la télévision. Il se couche tôt vers vingt et une heures.

Elle _____ Julie. Elle est _____ . Elle est souvent _____ .

Elle _____ tard le matin.

Elle _____ lentement. _____ s'habille lentement.

Vers dix heures, elle prend son petit déjeuner: elle _____ les céréales. _____ s'amuse de dix heures à dix-neuf heures.

Elle _____ la télévision. Elle _____ tard, après minuit.

vocabulaire utile

rapidement: *fast*
lentement: *slowly*

à deux 13

Posez des questions à votre partenaire pour connaître ses habitudes. Notez ses réponses en encerclant le numéro correspondant à la réponse donnée. Ask your partner questions to find out more about his/her habits. To record his/her answer, circle the appropriate number.

Exemple: – Tu te lèves tôt le matin? – *Do you get up early in the morning?*

– Non, jamais. – *No, never. (Circle number 5.)*

– Tu manques des cours? – *Do you miss classes?*

– Ça dépend. – *It depends. (Circle number 3.)*

1) Oui, toujours.

2) Oui, habituellement.

3) Ça dépend.

4) Non, rarement.

5) Non, jamais.

a)	Te lèves-tu tôt le matin?	1	2	3	4	5
b)	Prends-tu un petit déjeuner solide?	1	2	3	4	5
c)	Te coiffes-tu?	1	2	3	4	5
d)	Manques-tu des cours?	1	2	3	4	5
e)	Étudies-tu à la bibliothèque?	1	2	3	4	5
f)	Fais-tu du sport?	1	2	3	4	5
g)	Bois-tu beaucoup de café?	1	2	3	4	5
h)	Révises-tu tes leçons?	1	2	3	4	5
i)	Regardes-tu la télévision?	1	2	3	4	5
j)	Te couches-tu tôt le soir?	1	2	3	4	5

D'autres activités quotidiennes

prendre le bus

aller à l'université

sortir le soir

faire la sieste

Coin langue

Quatres verbes irréguliers très utiles

■ Here are four very useful irregular verbs:

Prendre (to take)	**Aller** (to go)	**Faire** (to do)	**Sortir** (to go out)
je prends	*je vais*	*je fais*	*je sors*
tu prends	*tu vas*	*tu fais*	*tu sors*
il/elle prend	*il/elle va*	*il/elle fait*	*il/elle sort*
nous prenons	*nous allons*	*nous faisons*	*nous sortons*
vous prenez	*vous allez*	*vous faites*	*vous sortez*
ils/elles prennent	*ils/elles vont*	*ils/elles font*	*ils/elles sortent*

14 *en groupes* *lisez*

Lisez le passage suivant et décidez si les phrases suivantes sont vraies ou fausses. Corrigez les phrases qui sont fausses. Read the text below and decide if the statements which follow are true (*vrai*) or false (*faux*). Correct those which are false.

vocabulaire utile

la rue: *the street*
une deuxième fois: *a second time*
s'affronter: *to fight one another*
les événements: *the events*
aujourd'hui: *today, nowadays*
le député: *member of parliament*
le parti des verts: *the Green Party*

Nous sommes en 1968. Des étudiants de l'université de Nanterre à Paris protestent dans la rue le 22 mars 1968. La police arrête des étudiants. En mai 68, les étudiants se révoltent une deuxième fois. Les forces de police et les étudiants s'affrontent.

Les événements de 1968 transforment la France. La nouvelle France est moderne, sociale et libérale. Le leader de mai 68 est un étudiant de sociologie à l'université de Nanterre. Il est allemand. Il s'appelle Daniel Cohn-Bendit. Aujourd'hui, il est député européen pour la France et représente le parti des verts.

a) Nous sommes en janvier 1968.

b) Des professeurs de l'université de Nanterre protestent.

c) La police met les étudiants en prison.

d) L'organisateur des mouvements étudiants est allemand.

e) Daniel Cohn-Bendit abandonne la politique après 1968.

Hors-d'œuvre

Les études

1 Trouvez les huit matières d'études qui se cachent dans ce tableau. Attention, les mots peuvent s'écrire dans tous les sens. Find the eight study subjects which are hidden in this table. Be careful, the words can be written in all directions.

I	O	B	S	S	N	R	O	N
T	C	I	C	H	O	D	T	H
A	A	O	I	T	I	E	A	I
L	L	L	M	A	T	L	R	S
I	I	O	E	M	S	I	I	T
E	M	G	R	A	E	R	E	O
N	E	I	C	N	G	R	U	I
X	N	E	H	T	E	E	C	R
L	T	M	U	S	I	Q	U	E
E	U	Q	I	S	Y	H	P	L

Vous donnez votre langue au chat? Vous avez besoin d'un indice? Are you thinking of giving up? Do you need a clue?

Les mots que vous cherchez sont: The words you are looking for are:

| italien | biologie | commerce | maths | physique | histoire | gestion | musique |

2 **A** Écoutez la première section (section 1) de l'enregistrement de Rachida. Elle se présente et nous parle de ses études. Encerclez les mots que vous entendez dans les listes ci-dessous. Listen to the first section of Rachida's recording. She introduces herself and talks about her studies. Circle the words you hear in the lists below.

a) Salut / bonjour / bonsoir

b) dix-neuf ans / vingt-trois ans / trente-trois ans

c) la politique / les sciences / les sciences politiques

d) en Suisse / en Angleterre / en Italie

B Ré-écoutez ce même enregistrement et trouvez les cinq erreurs dans le texte suivant. Listen to the same recording again and find the five deliberate mistakes in the following text.

> **B**onsoir! Je me présente. Je m'appelle Rachida et j'ai vingt-deux ans. J'étudie les sciences politiques à la Sorbonne à Marseille. Je suis en deuxième année. L'année prochaine, je vais étudier en Angleterre à Birmingham. Ensuite, je veux faire une maîtrise de politique internationale.

C *Écoutez la deuxième partie (section 2) de l'enregistrement de Rachida. Cette fois, elle nous donne plus de détails sur ses études. Répondez aux questions ci-dessous.* Listen to the second part of Rachida's recording. This time, she gives us more details about her studies. Answer the questions below.

a) Combien d'heures de cours par semaine a Rachida?

b) A-t-elle des cours d'histoire?

c) Quels jours a-t-elle des cours magistraux?

d) Il y a combien d'étudiants dans un amphithéâtre?

e) Préfère-t-elle les cours magistraux ou les TD?

D *Écoutez la troisième partie (section 3) de l'enregistrement de Rachida. Cette fois, elle nous parle de sa semaine et de ses loisirs. Encerclez les expressions temporelles que vous entendez dans les listes ci-dessous.* Listen to the third part of Rachida's recording. This time, she tells us about her week and her hobbies. Circle the time marker you hear in the lists below.

a) lundi / vendredi / dimanche

b) tard / tôt / le matin

c) dimanche / mardi / vendredi

d) à sept heures du soir / à neuf heures du soir / à dix heures et demie du soir

e) le vendredi / le mercredi / le dimanche

f) samedi matin / samedi après-midi / samedi soir

g) à une heure / vers une heure / aux environs d'une heure

E Pratiquez la conversation ci-dessous. *Practise the conversation below.*

A Qu'est ce que tu étudies?
B J'étudie l'électronique.
A Combien d'heures par semaine as-tu?
B J'ai dix-huit heures par semaine.
A As-tu des cours magistraux?
B Oui, le mardi matin, le jeudi matin et le vendredi après-midi.
A Tu préfères les cours magistraux ou les TD?
B Je préfère les TD. C'est plus actif!

vocabulaire utile

combien? *how many?*
un cours magistral: *a lecture*
des cours magistraux: *lectures*
des travaux dirigés (TD): *practical classes in smaller groups*
un amphithéâtre: *a lecture theatre*
un DEUG: *diploma after two years of studies*
une licence: *a degree, usually one extra year after the* DEUG
l'année prochaine: *next year*
environ: *roughly*

F *Faites le même exercice mais cette fois, remplacez les sections soulignées avec des informations qui vous concernent.* Practise this same conversation again, but this time substitute the underlined sections with information relating to yourself.

Trois verbes irréguliers supplémentaires

■ Here are three more irregular verbs:

Pouvoir (can or to be able to)	**Vouloir** (to want)	**Devoir** (must or to have to)
je peux	*je veux*	*je dois*
tu peux	*tu veux*	*tu dois*
il/elle peut	*il/elle veut*	*il/elle doit*
nous pouvons	*nous voulons*	*nous devons*
vous pouvez	*vous voulez*	*vous devez*
ils/elles peuvent	*ils/elles veulent*	*ils/elles doivent*

3

A *Vous savez maintenant utiliser* avoir, être, aller, faire, prendre, pouvoir *et* vouloir. *Remplissez les blancs dans les phrases ci-dessous. Puis traduisez chaque phrase en anglais.* You know how to use *avoir* (to have), *être* (to be), *aller* (to go), *faire* (to do), *prendre* (to take), *pouvoir* (can), *vouloir* (want), *devoir* (must). Read the sentences below and fill in the gaps with the appropriate form. Then translate each sentence into English.

a) Je _____ au cinéma ce soir. (aller)
b) Il _____ aller en France cet été. (vouloir)
c) L'hiver, ils _____ du ski. (faire)
d) C'est mon anniversaire. Ma sœur _____ un gâteau. (faire)
e) Mon frère Marc _____ seulement quatorze ans.
   Il _____ très grand. (avoir, être).
f) Mes parents _____ souvent en Italie. (aller)
g) Excusez-moi. _____-vous m'aider? (pouvoir)
h) Excusez-moi. Quelle heure _____-il? (être)
i) Nous _____ finir notre travail. (devoir)
j) Les étudiants _____ souvent le soir. (sortir)

B *Traduisez ces phrases en français.* Translate these sentences into French.
a) I must go to university now.
b) My dad has two brothers.
c) Today, my grandparents are going to Sheffield.
d) I am going out with my friends tonight.
e) He takes the bus to go to university.
f) You must leave now.
g) He has to work on Sunday.
h) We want to go to Italy in June.

Plat principal

Les emplois-étudiants

1 *Trouvez dans le texte les équivalents français des mots anglais suivants.* Read the text and find the French equivalents for the following English words.

Beaucoup d'étudiants français ont un emploi-étudiant. Ils travaillent souvent à mi-temps le week-end ou pendant les vacances. Les emplois les plus communs sont: travailler dans un grand magasin, dans une usine, dans un restaurant ou quelquefois dans un bureau. En France, les vacances d'été sont très longues, de mai à octobre. La plupart des étudiants travaillent un ou deux mois, puis voyagent avec leurs amis.

a) A student job: _____

b) Part-time: _____

c) Holidays: _____

d) A department store: _____

e) An office: _____

f) Most of the students: _____

g) One or two months: _____

2

A *Pratiquez la conversation suivante.* Practise the following conversation.

A Es-tu étudiant(e)?
B Oui, je suis étudiant(e). J'étudie <u>le commerce</u> à l'université <u>de Genève</u>.
A As-tu un emploi-étudiant?
B Oui, je travaille à mi-temps. Je travaille <u>dans un restaurant</u>.
A Quels jours travailles-tu?
B Je travaille <u>les week-ends</u> et <u>le mercredi soir</u>.
A À quelle heure travailles-tu?
B Je travaille de <u>dix-sept heures</u> à <u>vingt-trois</u> heures.
A Aimes-tu ton emploi?
B <u>Non, je déteste mon travail</u>. C'est <u>très fatiguant</u>.
A Pourquoi travailles-tu alors?
B Pour avoir de l'argent <u>pour voyager</u>!

B *Faites le même exercice, mais cette fois remplacez les sections soulignées avec des informations qui vous concernent.* Practise this same conversation again, but this time substitute the underlined sections with information relating to yourselves.

Dessert

Les loisirs

1

A *Reliez les phrases ci-dessous à l'image correcte.* Match the sentences below with the correct picture.

 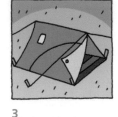 

1   2   3   4

5   6   7   8

9   10   11

a) Le vendredi soir, je vais souvent au cinéma avec mes amis.

b) Le week-end, nous faisons du camping.

c) Je fais partie d'un club de canoë-kayak.

d) Je fais du ski dans les Alpes.

e) Mon petit ami étudie la musique. Il compose et joue de la guitare.

f) Je fais de la natation. Je vais à la piscine le samedi.

g) J'adore jouer aux échecs.

h) Le mardi soir, je vais à un cours de photographie.

i) J'étudie l'histoire de l'art et je fais de la peinture.

j) J'adore aller au restaurant. Nous allons au restaurant une fois par mois.

k) Moi, je déteste le cyclisme. Mon frère adore le cyclisme.

B Regardez la liste ci-dessous et cochez les activités que vous faites pour vos loisirs. Look at the list below and tick your leisure activities.

1) Aller à la discothèque

2) Faire du jardinage

3) Lire des magazines et des livres

4) Regarder la télévision

5) Chanter dans une chorale

6) Écouter la radio

7) Aller au bar ou au café

8) Faire du camping

9) Écrire des poèmes

10) Jouer du piano

11) Envoyer des méls

12) Faire du ski nautique

2

A *Écoutez Marie, Stéphanie et Jean-Philippe. Ils vous parlent de leurs loisirs. Notez les sports qu'ils mentionnent.* Listen to Marie, Stéphanie and Jean-Philippe talking about their hobbies. Write down the sports they mention.

B *Notez les autres loisirs qu'ils mentionnent.* Write down the other activities they mention.

a) Les sports

1) _____

2) _____

3) _____

4) _____

5) _____

6) _____

7) _____

8) _____

b) Les autres loisirs

1) _____

2) _____

3) _____

4) _____

5) _____

6) _____

C *Ré-écoutez ce même enregistrement et devinez ce que signifient les expressions suivantes. Utilisez le contexte pour vous aider.* Listen to this same recording again and guess the meaning of the following phrases. Use the context to help you.

a) Les films de science-fiction _____

b) Lire des romans _____

c) Avec un risque _____

d) Les sports d'équipe _____

3 *Déterminez les loisirs de six étudiants de votre classe. Posez-leur la question suivante: 'Quels sont tes loisirs?' Notez leurs noms et leurs réponses dans le tableau.* Find out about the leisure activities of six students in your class. Ask them the following question: *Quels sont tes loisirs?* Write down their names and answers in the table below.

Nom	Loisirs		Nom	Loisirs

4

A *Observez comment passer d'une phrase affirmative à une phrase négative. Puis, essayez de prédire ce qu'il faut mettre dans les blancs ci-dessous.* See how we get from a positive statement to a negative sentence in French. Then try to predict what to write in the gaps below.

- Je fais de la gymnastique. Ma sœur **ne** fait **pas** de gymnastique, elle fait de la danse classique.
- Je me lève à huit heures la semaine, mais je **ne** me lève **pas** avant midi le week-end.
- Nous allons souvent au cinéma, mais nous **n'**allons **pas** souvent au théâtre.
- J'aime la musique pop. Mon père **n'**aime **pas** la musique pop, il préfère le jazz.

a) Je mange souvent au restaurant, mais je ne mange _____ souvent dans un fast-food.

b) Les enfants aiment faire du camping, mais nous n'aimons _____ beaucoup le camping.

c) Ma sœur lit beaucoup de magazines, mais elle _____ lit pas beaucoup de livres.

d) Stéphanie aime beaucoup le train, mais elle _____ aime pas beaucoup le bus.

e) Je travaille les week-ends, mais je ____ travaille _____ la semaine.

B *Écrivez cinq phrases à la forme négative.* Write five sentences of your own in the negative form.

La négation

- Writing sentences in the negative form is easy.

- First, you identify the verb. Then you add *ne* or *n'* in front of the verb and *pas* after the verb.

  Exemple: Je **ne** vais **pas** à la discothèque ce soir.
  Je **n'**ai **pas** de frères et sœurs.

- Use *n'* when the verb starts with a vowel or a silent *h*.

Café

Prononciation et orthographe

As you know, some sounds are different in French. For instance, the nasal vowels such as [ɔ̃], [ã] and [ɛ̃] do not exist in English.

[ɔ̃] corresponds to the spellings *on, ons, ont*;
[ã] corresponds to the spellings *an, en*;
[ɛ̃] roughly corresponds to the spellings *ain, un, in, um, ein*.

These sounds are very important as they allow for differentiation between various words.

Exemples: *Réseau* [o] is different from *raison* [ɔ̃]; *réseau* means 'network' and *raison* means 'reason'.
La [a] is different from *lent* [ã]; *la* means 'the' and *lent* means 'slow'.
Saint [ɛ̃] is different from *si* [i]; *saint* means 'saint' and *si* means 'if'.

A *Écoutez l'enregistrement et répétez les mots de vocabulaire que vous entendez.* Listen to the recording and repeat these words.

- on   parlons   vont   son   pont

- prend   grand   an   vendredi   enfant   ange

- pain   vin   parfum   rein   un   coin

Travail personnel

Voici quelques idées pour vous aider à fournir un travail personnel. Toutes les activités suggérées sont liées à ce que vous venez d'apprendre dans ce chapitre. Here are some ideas to enable you to do independent work. All the tasks suggested are based on the material you have studied in this chapter.

1

- *Décrivez vos habitudes quotidiennes. Enregistrez-vous.* Record yourself talking about your daily routine.

- *Trouvez un(e) étudiant(e) francophone et posez-lui des questions sur ses études (nombres d'heures de cours par semaine, nombre moyen d'étudiants en cours, etc.). Préparez vos questions à l'avance et demandez-lui de parler lentement. Enregistrez également cette conversation.* Find a native speaker of French and interview him/her about his/her studies (number of classes per week, average number of students per class, etc.). Prepare your questions well and ask him/her to speak slowly. Again, record this activity.

2

- *À l'aide d'un moteur de recherche francophone tel que* Google.fr *ou* Lycos.fr, *trouvez des informations sur Daniel Cohn-Bendit et mai 68.*

Vous ne comprendrez pas tout, mais essayez de comprendre certains faits. Use a French search engine such as Google.fr or Lycos.fr and find out more about May 1968 and Daniel Cohn-Bendit. You won't understand everything, but try to understand some of the facts.

3 ■ *Trouvez un programme de grammaire sur Internet vous permettant de travailler les points de grammaire traités dans ce chapitre. Imprimez ces exercices et ajoutez-les à vos travaux*. Find a grammar programme on the Web which will help you practise the grammar points you have studied in this chapter. Print out the exercises and add them to your work.

4 ■ *Écrivez le sujet de vos études au centre d'une feuille de papier. Tout autour, écrivez des termes décrivant ce que vous en pensez comme par exemple 'enrichissant', 'difficile', etc. Notez également les opposés de ces mots, comme 'ennuyeux', 'facile', etc*. Write down what you are studying in the centre of a piece of paper. Write down words around this which describe how you feel about your studies. You can use words like 'enriching', 'difficult', etc. Also write down the opposite of these words – 'boring', 'easy', etc.

5 ■ *Écrivez un message électronique à un(e) ami(e). Parlez-lui de votre université, de vos études, de vos cours, de vos loisirs et de votre routine quotidienne. Dites-lui ce que vous aimez et ce que vous détestez (100 mots environ)*. Write an electronic message to a French-speaking friend. Tell him/her about your university, your studies, your leisure activities and your daily routine. Tell him/her about your likes and dislikes (around 100 words).

Interlude digestif

■ Trouvez le mot de vocabulaire

Trouvez le mot de vocabulaire. Find the vocabulary.
Exemple: Moyen de transport urbain (3 lettres): bus

a) Sans cet objet, il est impossible de se réveiller (6 lettres): _____

b) Jour de repos (8 lettres): _____

c) Heure du déjeuner (4 lettres): _____

d) Gâteau et bougies sont indispensables pour ce jour (12 lettres): _____

e) Mois au nombre de jours variable (7 lettres): _____

f) Mouvement de révolte dans la rue (13 lettres): _____

g) Lieu d'étude et de silence (12 lettres): _____

h) Période de sept jours (7 lettres): _____

■ Charade universitaire

Mon premier n'est pas un garçon, c'est une (5 lettres): _ _ _ _ _
Mon deuxième n'est pas du vin, c'est de (3 lettres): l' _ _ _
Mon troisième est un parc avec des animaux (3 lettres): _ _ _
Mon quatrième est aussi mon premier (5 lettres): _ _ _ _ _
Mon tout est une matière d'études: (11 lettres)
Je suis la _ _ _ _ _ _ _ _ _ _ _ .

■ Recevez votre premier texto SMS

Un ami vous envoie ce message sur votre portable. Essayez de le décoder: joignez les SMS à gauche avec leur signification à droite. A friend sends you this text message in French. Try to work it out: match the text messages on the left with their meanings on the right.

1) Slt   **a)** À lundi.

2) Cvab1   **b)** Qu'est-ce que tu fais?

3) Kestufè   **c)** Bises.

4) @ l'1di   **d)** Salut.

5) Bz   **e)** Ça va bien.

★ Info-culture

Certains aspects de l'éducation supérieure en France

In general terms, there are more students in France than in Britain. About 70% of a year group pass their *Baccalauréat* (equivalent to A-levels). Some students with very high grades go to one of the specialist *Grandes écoles*. However, most students who pass their *bac* go to a university. In France, your *Baccalauréat* is your passport to university; there are no further entry pre-requisites. This explains the growing student numbers and accounts for the packed lecture theatres (an average of 100 students per lecture). It also explains why groups of 30 or so students are considered to be 'small group tuition'. Do not imagine for a minute, though, that there is no selection; it just comes at a later stage. During the first two years at university, students prepare their *DEUG (Diplôme d'Enseignement Universitaire Général)*, a certificate which is compulsory for students wanting to continue to study for their *licence* (degree). The drop-out figures are high, as many students fail the *DEUG*. Indeed, some even decide to give up within the first year of study.

Although the fees are not expensive, studying is not possible for everyone. There are few grants, and loans are not easy to organise. Traditionally, parents are expected to pay for their sons' and daughters' education, which not everybody finds easy or possible. As a result, most young people study near home to reduce the costs. Some continue to live at home with their parents; others travel to a town within a radius of around 100 miles. At weekends, they tend to travel back home to visit their friends and family, and to pick up food supplies for the week and their clean laundry, usually provided by mum! Of course, the state subsidises some aspects of education. Many students are placed in student halls, which can be fairly basic but perfectly acceptable. Students can also buy meal tickets at a very reasonable price, allowing them to eat in the many student restaurants located near to universities.

On the one hand, studying in France means hard work insofar as some classes may start as early as 8 a.m. and finish as late as 7 p.m. Furthermore, some tuition may even take place on a Saturday morning. There are regular tests, a fair amount of assessed work to hand in, and formal examinations twice a year. On the other hand, there are plenty of opportunities to take advantage of discount prices at cinemas, discos and shops. There may also be time to spend entire afternoons in cafés and on terraces chatting, slowly sipping an expresso or a *sirop à l'eau* (a type of cordial), playing table football, cards and pinball.

Récapitulatif

You should be able to

★ *Comprendre des dates exprimées en francais, l'heure et la routine quotidienne de quelqu'un.* **Understand dates in French, the time and somebody's daily routine.**

★ *Décrire oralement et par écrit votre routine quotidienne, votre cursus universitaire, vos études et votre emploi-étudiant.* **Talk or write about your own daily routine, your course, your studies and your student job.**

★ *Comprendre ce qui s'est passé en mai 68 et pourquoi ces événements jouent un rôle important dans la culture française.* **Understand what happened in May 1968 and why these events played such an important role in French culture.**

Faites les exercices ci-dessous et révisez les éléments sur lesquels vous avez des doutes avant d'étudier le chapitre qui suit. Test yourself using the exercises below and revise any of the material you are not sure about before going on to the next chapter.

A *Trouvez l'intrus parmi les mots ci-dessous.* Find the odd one out in each list of words below.

a) philosophie / biologie / déjeuner / mathématiques

b) et quart / trente-cinq / moins le quart / et demie

c) se reposer / se détendre / se coiffer / prendre une douche

d) matin / souvent / quelquefois / jamais

B *Joignez chacun des mots à gauche à son opposé à droite.* Join each of the words on the left to its opposite on the right.

1) étudier   **a)** rentrer

2) sortir   **b)** s'amuser

3) se lever   **c)** l'hiver

4) midi   **d)** minuit

5) l'été   **e)** se coucher

C *Remplissez les blancs avec le vocabulaire que vous avez appris dans ce chapitre. Faites l'exercice sans consulter la liste de vocabulaire.* Fill in the blanks with vocabulary you have learnt in this chapter. Don't look at the vocabulary list.

a) Il est sept _____ du matin. Je me réveille.

b) Aujourd'hui c'est le 21 mars, c'est le _____ .

c) L'automne commence le 23 _____ .

d) Il est déjà minuit. Il est _____ .

e) Le mardi, j'ai cinq heures de _____ , puis je rentre à la

_____ .

D *Corrigez les erreurs de grammaire ou d'orthographe! Le nombre d'erreurs est indiqué entre parenthèses.* Correct the grammatical or spelling mistakes in the sentences below! The number of mistakes is shown in brackets.

a) Je prend mon petit déjeuner en huit heures. (2)

b) Il lève tôt le matin et se coucher tard le soir. (2)

c) Nous allez souvent au cinéma, mais nous vont rarement au théâtre. (2)

d) L'hiver, mon frère est moi nous faire du ski. (2)

e) Le samdi, ma seour va en ville pour faire du shopping. (2)

f) Non, je ne joue toujours au football. (1)

g) Je suis estudiant et je suis à maîtrise de français. (2)

E *Faites cet exercice à haute voix. Parlez à tour de rôle.* Do this exercise out loud. Take it in turns to speak.

A Bonjour, je m'appelle Michelle. Et toi, comment t'appelles-tu et d'où viens-tu?

B *Say you are called Hamid and you are from Algeria.*

A Tu es étudiant?

B *Say you study psychology and you are in your second year. You like it, but you think it is difficult. You study a lot and you often go to the library.*

A Moi, j'étudie l'anglais. J'ai seulement 6 heures de cours par semaine. Et toi, tu as combien d'heures de cours?

B *Say you have 18 hours a week: six lectures, 8 hours of practicals and four seminars. The lectures are boring, but you enjoy the seminars. Do you enjoy studying English?*

A Oui, j'aime mes études. Mais c'est difficile, parce que je suis fatiguée: je travaille dans un restaurant tous les soirs. Et toi, tu travailles?

B *Say yes. You work part-time in a supermarket. You work on Wednesdays, Saturdays and Sunday mornings. You hate your job.*

A Ah tu n'as pas de chance. On va se boire un verre? (Let's go and have a drink.)

B *Say yes OK, that's an excellent idea!*

Ça y est! On attaque l'unité suivante! That's it. Let's tackle the next chapter!

Index de vocabulaire

Les activités quotidiennes	Daily activities
aller	to go
aller à l'université	to go to university
écouter	to listen to
faire	to do/make/practise
faire la sieste	to have a nap
déjeuner	to have lunch
dîner	to eat in the evening
jouer	to play
manger	to eat
prendre	to take
prendre le petit déjeuner	to have breakfast
quitter	to leave
ranger	to tidy
regarder	to look at, to watch
rentrer à la maison	to come home
s'amuser	to have fun
se brosser les dents	to brush one's teeth
se changer	to get changed
se coiffer	to comb one's hair
se coucher	to go to bed
se détendre	to relax
se doucher	to shower
s'habiller	to get dressed
se laver	to wash
se lever	to get up
se préparer	to get ready
se reposer	to rest
se réveiller	to wake up
réviser	to revise
sortir	to go out
s'intéresser à	to be interested in

Les mois de l'année	Months of the year
an (m.)	year
année (f.)	year (duration)
mois (m.)	month
janvier	January
février	February
mars	March
avril	April
mai	May
juin	June
juillet	July
août	August
septembre	September
octobre	October
novembre	November
décembre	December

Les saisons	Seasons
printemps (m.)	spring
été (m.)	summer
automne (m.)	autumn
hiver (m.)	winter

Les études	Studies
cours magistral (m.)	lecture
travaux dirigés/TD (pl.)	practicals
travaux pratiques/TP (pl.)	lab
séminaire (m.)	seminar
licence (f.)	Degree
maîtrise (f.)	Master
doctorat (m.)	PhD

Les jours de la semaine	Days of the week
lundi	Monday
mardi	Tuesday
mercredi	Wednesday
jeudi	Thursday
vendredi	Friday
samedi	Saturday
dimanche	Sunday
semaine (f.)	week
week-end (m.)	weekend

Quand?	When?
de temps en temps	from time to time
deux fois par semaine	twice a week
six fois par mois	six times a month
jamais	never
quelquefois	sometimes
rarement	rarely
regulièrement	regularly
souvent	often
tard	late
tôt	early
toujours	always
aujourd'hui	today

Les loisirs	Hobbys
aller au cinéma	to go to the cinema
aller au théâtre	to go to the theatre
aller à un concert	to go to a concert
faire du sport	to do sport
faire du ski	to ski
faire du canoë-kayak	to canoe
faire de l'athlétisme	to do athletics
faire la cuisine	to cook
faire du bricolage	to do D.I.Y.
jouer au babyfoot	to play table football
jouer au football	to play football
jouer au tennis	to play tennis
jouer aux cartes	to play cards
jouer aux échecs	to play chess
jouer du piano	to play the piano
jouer de la guitare	to play the guitar
lire des romans	to read novels
lire des magazines	to read magazines
regarder la télévision	to watch TV

Ici et ailleurs

Plan de l'unité

unité **3** Ici et ailleurs

In this unit you will

★ *Parler de votre pays, de votre région et de votre ville*
   Talk about your country, region and town

★ *Parler de votre maison ou de votre appartement*
   Talk about your house or flat

★ *Découvrir le monde francophone*
   Discover the francophone world

Révision

Dans l'Unité 2, vous avez appris à lire l'heure et à décrire votre routine quotidienne. In Unit 2, you learned to tell the time and how to talk about your daily routine and leisure activities.

La journée de Lulu
Lisez le texte ci-dessous et répondez en français aux questions qui suivent.
Read the text below and answer the questions which follow.

vocabulaire utile

déménager: *to move house*
s'arrêter: *to stop*
une feuille: *a leaf*
une racine: *a root*
vite: *fast*
rencontrer: *to meet*
s'installer: *to settle in*
un arbre: *a tree*
dormir: *to sleep*
un rêve: *a dream*

Lulu a deux ans. C'est un bébé orang-outan. Le terme orang-outan signifie «homme des forêts» en malais. À cinq heures du matin, Lulu se réveille et se lève. Il se lave, mais ne se brosse pas les dents! Les orangs-outans sont nomades: ils déménagent tous les jours. Dans la famille de Lulu, il y a deux personnes seulement: Lulu et sa mère. Il n'a pas de père, ni de frère ou sœur. Deux heures plus tard, Lulu et sa mère quittent leur maison. Ensemble, ils voyagent dans la jungle pendant des heures. Vers onze heures, ils s'arrêtent enfin et prennent leur petit déjeuner. Ils mangent des figues, des mangues, des noix de coco et aussi des feuilles et des racines. Un orang-outan adulte mange beaucoup et surtout très vite: il est capable de manger vingt noix de cocos en une heure! L'après-midi, Lulu et sa mère rencontrent d'autres orangs-outans. Les enfants jouent et les mamans se reposent! Le soir Lulu et sa mère s'installent dans un arbre pour dormir. Lulu se couche vers dix-huit heures. Il fait de beaux rêves.

a) Combien de personnes y a-t-il dans la famille de Lulu?

b) Quel âge a Lulu?

c) Lulu se lève-t-il tôt?

d) À quelle heure mangent Lulu et sa mère?

e) Qu'est-ce qu'ils mangent?

f) Qu'est-ce qu'ils font l'après-midi?

Apéritif

D'où viens-tu?

1 **A** *Devinez la signification des termes géographiques ci-dessous sans utiliser de dictionnaire*. Guess the meanings of the geographical terms below without using a dictionary.

la montagne	la rivière	la plage	la côte	la forêt	la jungle	le lac	le volcan	l'oasis

B *Reliez les dessins et les phrases ci-dessous*. Match the drawings and the phrases below.

a

b

c

d

e

f

1) Une île tropicale avec des palmiers

2) Un volcan en activité

3) Un nomade dans un désert

4) Une plage avec des parasols

5) Une montagne en Suisse

6) Une ville au bord de la mer

2 **A** *Emile est étudiant à Marseille. Il parle à un étudiant de sa classe. Écoutez et lisez cette conversation*. Emile is a student in Marseille. He is speaking to another student in his class. Listen to and read this conversation.

Emile Bonjour. Je m'appelle <u>Emile</u>. Et toi, comment t'appelles-tu?

Basile Je m'appelle <u>Basile</u> et j'étudie <u>les sciences politiques</u>. Et toi, qu'étudies-tu?

Emile	J'étudie l'histoire. De quelle nationalité es-tu, Basile?
Basile	Je suis sénégalais et je viens de Dakar. C'est la capitale du Sénégal. Et toi, d'où viens-tu?
Emile	Je suis français. Je viens de Cassis. C'est une petite ville au bord de la mer.

B *Ré-écoutez et pratiquez cette conversation ci-dessus.* Listen to the conversation again and then practise it.

C *Refaites le même exercice, mais cette fois remplacez les passages soulignés par des informations qui vous concernent.* Do this exercise again, but this time substitute the underlined sections with information relating to yourself.

3

A *Valérie étudie à l'université de Strasbourg. C'est sa première année à la cité universitaire de la Robertsau. Elle est à la cafétéria et elle parle à deux autres étudiants. Écoutez leur conversation (section 1) et remplissez le tableau ci-dessous. Attention, certaines cases peuvent rester vides.* Valérie is a student at Strasbourg University. It's her first year at the hall of residence and she's in the cafeteria talking to two other students. Listen to their conversation (section 1) and fill in the grid below. Please note: some of the boxes will remain empty.

Nom	Âge	Nationalité	Études	Loisirs
Valérie				
Karim				
Rosette				

B *Écoutez le reste de leur conversation (section 2): ils décrivent leurs pays. Valérie commence la conversation. Cochez les mots que vous entendez dans la liste ci-dessous.* Now listen to the rest of their conversation (section 2): they are describing their countries. Valérie starts the conversation. In the list below, tick the words you hear.

a) Un village   **g)** La campagne

b) La capitale   **h)** Des palmiers

c) Des plages   **i)** Des rochers

d) Le volcan   **j)** La mer

e) Un lac   **k)** Une ville

f) Les montagnes   **l)** La forêt

C *Ré-écoutez ce même enregistrement et remplissez les blancs dans le texte suivant.* Now listen to the same recording again and fill in the gaps in the following text.

Le Liban:

Ma sœur et moi, nous venons de Bsous. C'est un village de _____ habitants. Bsous est dans les _____ . C'est à _____ kilomètres de Beyrouth, la _____ du Liban. Le Liban est un _____ pays. Il _____ a des _____ à l'ouest et des _____ à l'est. On peut aussi faire du ski au Libon en hiver.

La Suisse:

Vouah! Du ski au Liban! C'est bizarre! Moi j'_____ le ski! C'est normal: je viens de _____ . Montreux, c'est une petite _____ . Elle est au bord d'un _____ lac. Alors, Valérie, la Bretagne c'est comment?

La Bretagne:

Et bien, c'_____ très joli. Il y a des plages, mais il n'y a _____ de palmiers. C'est très sauvage. Il y a _____ de falaises et de rochers.

A *Regardez les exemples ci-dessous. Que remarquez-vous? Pouvez-vous expliquez quand on utilise de, du, des ou d'?* Look at these examples below. What do you notice? Can you explain how *de, du, des* and *d'* are used?

a) Je viens **de** France.   La France

b) Je viens **de** Chine.   La Chine

c) Je viens **du** Portugal.   Le Portugal

d) Je viens **du** Canada.   Le Canada

e) Je viens **des** États-Unis.   Les États-Unis

f) Je viens **d'**Italie.   L'Italie

g) Je viens **d'**Espagne.   L'Espagne

h) Je viens **de** Paris.   Paris

i) Je viens **d'**Athènes.   Athènes

B *Complétez les phrases suivantes avec de, du, des ou d'.* Complete the following sentences with *de, du, des* or *d'*.

a) Je suis anglais. Je viens _____ Angleterre. (l'Angleterre)

b) Je suis malaisien. Je viens _____ Malaisie. (la Malaisie)

c) Je suis roumaine. Je viens _____ Roumanie. (la Roumanie)

d) Je suis indienne. Je viens _____ Inde. (l'Inde)

e) Je suis japonais. Je viens _____ Japon. (le Japon)

f) Je suis français. Je viens _____ Marseille.

Saying where you come from . . .

■ This can be a little tricky in French, as *venir* is followed by the preposition *de (venir de).*

■ This preposition changes depending on whether the country you are talking about is feminine, masculine or plural!

For instance, we say:

venir de	in the case of a feminine country;
venir d'	in the case of a feminine country starting with a vowel or silent *h*;
venir du (**not** *de le*)	in the case of a masculine country;
venir des (**not** *de les*)	in the case of a plural country;
venir de or *d'*	in the case of a town or city.

C *Traduisez ces phrases en français.* Translate these sentences into French.

a) I come from Ireland.

b) I come from the Netherlands.

c) I come from Pakistan.

d) I come from New York.

e) I come from Scotland.

Venir – un autre verbe irrégulier

■ *Venir* (to come) is an irregular verb. *Venir de* means 'to come from'.

■ A few similar verbs follow the same pattern as venir: *devenir* (to become), *obtenir* (to obtain), *revenir de* (to come back from), *se souvenir de* (to remember) and *tenir* (to hold) are some of the most common examples.

je **viens**	I come	*nous* **venons**	we come
tu **viens**	you come	*vous* **venez**	you come (formal/plural)
il/elle **vient**	he/she comes	*ils/elles* **viennent**	they come

Hors-d'œuvre

Où habites-tu?

1   **2**   **3**   **4**

1 *Reliez les dessins et les phrases ci-dessous.* Match up the drawings and the phrases below.

a) J'habite un appartement au centre-ville.

b) Robinson Crusoé habite une île déserte.

c) Mes parents habitent au bord de la mer en Espagne.

d) Jennie est suédoise. Elle habite une belle maison au bord d'un lac.

2 **A** *Écoutez ces mini-conversations et cochez les expressions que vous entendez.* Listen to these mini-conversations and tick the phrases you hear

a) À la montagne

b) Au centre-ville

c) La banlieue

d) Dans une maison

e) Un appartement

f) Près de Paris

g) Une cité universitaire

h) Un quartier calme

i) Au bord de la mer

j) Un port

B *Reliez les mots de la colonne de gauche à leurs opposés à droite.* Match the words in the left column to their opposites on the right.

1) Près de Paris

2) À la montagne

3) Au centre-ville

4) Un quartier calme

5) Un appartement minuscule

6) Dans le nord de la France

a) Un quartier animé

b) En plaine

c) Loin de Paris

d) Dans le sud de la France

e) En banlieue

f) Une grande maison

A *Regardez les exemples ci-dessous. Que remarquez-vous? Pouvez-vous expliquer quand on utilise* en, au, aux *ou* à? Look at these examples below. What do you notice? Can you explain how *en*, *au*, *aux* and *à* are used?

a) J'habite **en** France.   La France

b) J'habite **en** Chine.   La Chine

c) J'habite **en** Espagne.   L'Espagne (f.)

d) J'habite **en** Italie.   L'Italie (f.)

e) J'habite **au** Portugal.   Le Portugal

f) J'habite **au** Canada.   Le Canada

g) J'habite **aux** États-Unis.   Les États-Unis

h) J'habite **à** Paris.   Paris

i) J'habite **à** Athènes.   Athènes

B *Complétez les phrases suivantes avec* en, au, aux *ou* à. Complete the following sentences using *en*, *au*, *aux* or *à*.

a) Je suis anglais. J'habite _____ Angleterre. (l'Angleterre, f.)

b) Je suis malaisien. J'habite _____ Malaisie. (la Malaisie)

c) Je suis japonais. J'habite _____ Japon. (le Japon)

d) Je suis antillais. J'habite _____ Antilles (les Antilles)

e) Je suis français. J'habite _____ Marseille.

Saying where you live . . .

■ This is also tricky, as *habiter* is followed by the preposition *en* (country) or *à* (town/city).

■ This preposition changes depending on whether the country you are talking about is feminine, masculine or plural!

For instance, we say:
habiter en	in the case of a feminine country;
habiter au (**not** *à le*)	in the case of a masculine country;
habiter aux (**not** *à les*)	in the case of a plural country;
habiter à	in the case of a town.

C *Traduisez ces phrases en français.* Translate these sentences into French.

a) I live in Ireland.

b) I live in the United States.

c) I live in Canada.

d) I live in Birmingham.

e) I live in Manchester.

f) I live in Italy.

4

A *Écoutez et lisez cette conversation.* Listen to and read this conversation.

Emile	Bonjour, Basile. Ça va?
Basile	Oui, très bien, et toi?
Emile	Ça va, merci. Dis Basile, Saint-Louis c'est où? Ma sœur va à Saint-Louis à Noël.
Basile	Saint-Louis, c'est dans le nord-ouest du Sénégal. C'est au bord de la mer. C'est très beau. Il y a plusieurs parcs nationaux dans la région de Saint-Louis.
Emile	Tu habites dans la région de Saint-Louis?
Basile	Non, je viens de Dakar. C'est aussi dans l'ouest et au bord de la mer, mais c'est au sud de Saint-Louis.

B *Écoutez et répétez la conversation A.* Listen to and repeat conversation A.

> **vocabulaire utile**
>
> les points cardinaux: *the points of the compass*
> dans le nord de . . . : *in the north of . . .*
> dans le sud de . . . : *in the south of . . .*
> dans l'est de . . . : *in the east of . . .*
> dans l'ouest de . . . : *in the west of . . .*
> dans le centre de . . . : *in the centre of . . .*

Exemple: Manchester est dans le nord-ouest de l'Angleterre et Birmingham est dans le centre de l'Angleterre.

5

A *Complétez les phrases ci-dessous.* Complete the sentences below.

a) Inverness est dans _____ _____ de l'Écosse. (↑N)

b) New York est dans _____ des États-Unis. (→E)

c) Southampton est dans _____ _____ de l'Angleterre. (↓S)

d) Hull est dans _____ _____ de l'Angleterre. (↑N→E)

e) Strasbourg est dans _____ _____ de la France. (↑N→E)

f) Bordeaux est dans_____ _____ de la France. (↓S←O)

B *Maintenant, dites à votre partenaire d'où vous venez, où vous habitez, où ça se trouve, et décrivez votre pays ou région.* Now tell your partner where you come from, where you live, where it is and what your country/region is like.

Plat principal

Décris-moi ta maison

1 *Lisez le texte et trouvez les équivalents français des mots anglais suivants.* Read the text and find the French equivalents for the following English words.

> **E**n Angleterre, les jeunes étudient souvent loin de leur ville d'origine. Par exemple, un jeune qui habite dans le sud ou à Londres quitte sa région pour étudier dans le nord ou même en Écosse. En France, en Belgique et en Suisse tout est différent: la plupart des étudiants font leurs études dans une université locale. Partir loin coûte trop cher. Ils habitent donc souvent chez leurs parents ou dans une ville à environ cent kilomètres de la maison de leurs parents.

a) youth: _____

b) far: _____

c) to leave: _____

d) the south: _____

e) the north: _____

f) even: _____

g) Scotland: _____

h) most: _____

i) to cost: _____

j) expensive: _____

k) often: _____

l) about 100 km: _____

Décrire son logement

■ Combien d'étages y a-t-il ?

vocabulaire utile

la cuisine: *the kitchen*

la chambre: *the bedroom*

le salon/la salle de séjour: *the sitting room*

la salle à manger: *the dining room*

la salle de bain: *the bathroom*

le bureau: *the study*

J'habite une maison individuelle. C'est un plain-pied.

J'habite un immeuble. Il y a quatre étages. Mon appartement est au troisième étage.

■ Combien de pièces y a-t-il ?
Il y a trois pièces, plus la cuisine, la salle de bain et les toilettes.

2 **A** *Écoutez et lisez cette conversation.* Listen to and read this conversation.

– Caroline, tu es étudiante?
– Oui, je suis étudiante. J'étudie l'histoire.
– Où?
– J'étudie à Lyon.

– C'est près de chez tes parents?
– Non, c'est loin de chez mes parents. Mes parents habitent Lille.
– Tu habites un appartement à Lyon?
– Non, j'habite une cité universitaire.
– Elle est grande? Il y a combien de chambres?
– Ouais. Elle est énorme. Il y a trois immeubles et il y a deux cent quarante chambres au total.
– Il y a combien d'étages?
– Il y a trois étages. À chaque étage, il y a vingt chambres, plusieurs salles de bain et toilettes, et deux cuisines minuscules.

 B *Écoutez et pratiquez cette conversation.* Listen to and practise this conversation.

3 *À l'aide du diagramme ci-dessous, parlez de la ville où vous étudiez et de votre logement universitaire.* Using the diagram below, talk about where you study and your student accommodation.

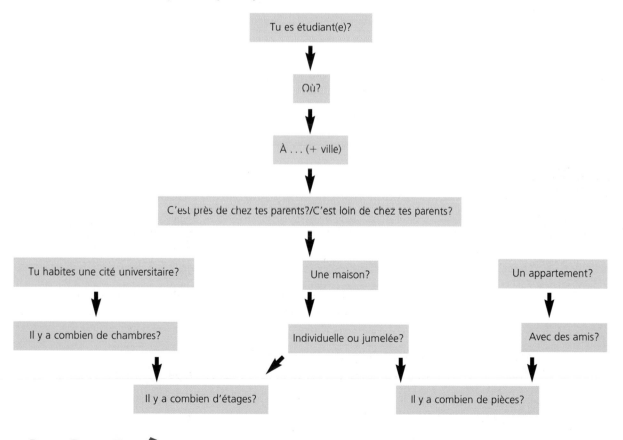

4 *Vous partez en vacances dans le sud de la France, en Provence, avec une famille française que vous connaissez. Lisez le texte sur la famille et les trois descriptions des gîtes et décidez quel gîte vous convient le mieux. Justifiez*

votre choix en français. You are going on holiday to the south of France with a French family you know. Read the text about the family and the three descriptions of the gîtes and decide which one is the most suitable. Justify your choice in French.

Vous êtes six personnes: M. et Mme Dupont, leur fille Lucie qui a seize ans, leurs deux garçons Martin et Guillaume qui ont huit et douze ans, et vous.
Les garçons aiment le cyclisme, nager et aller à la pêche. Lucie aime le shopping, le cinéma et la télévision. Les parents veulent se reposer, bien manger et visiter la région. Vous, vous aimez le sport, aller en ville et découvrir la région.

Gîte numéro un: Le bon repos à Montfuron
Le gîte est situé à Montfuron. Il se trouve à 11 km de Manosque. C'est une maison individuelle isolée à un étage. Il y a une terrasse, un jardin et une piscine privée. Au rez-de-chaussée, il y a une cuisine, un petit séjour, une salle de bain et des toilettes. Au premier étage, il y a deux chambres doubles. Il n'y a pas de télévision, ni de téléphone. Ce gîte convient à 4 personnes. Il est possible de camper dans le jardin.

v o c a b u l a i r e   u t i l e

se trouver (il se trouve): *it is situated/can be found*
le rez-de-chaussée: *the ground floor*
le premier étage: *the first floor*
des WC/des toilettes: *toilets*
une télévision: *television*

Gîte numéro deux: La Doucette à Digne-Les-Bains
C'est un petit plain-pied au centre ville. Il y a une terrasse, un garage et une piscine. Il n'y a pas de jardin. Au rez-de-chaussée, il y a une salle de bain, un séjour, une kitchenette et trois chambres doubles. Il y a une télévision et le téléphone. À Digne, il y a un cinéma, des magasins, des courts de tennis, des cafés, des restaurants et un musée. À un kilomètre du gîte, il y a un lac et un château.

v o c a b u l a i r e   u t i l e

une kitchenette (une cuisine minuscule): *kitchenette*
un magasin: *a shop*
un musée: *a museum*

Gîte numéro trois: Le Pra-Loup
C'est un chalet situé dans les montagnes. Le village est à trois kilo-mètres. Il y a des magasins et des boutiques, mais pas de cinéma. Il y a deux étages. Au rez-de-chaussée, il y a une cuisine, un salon, une salle à manger, des toilettes. Au premier étage, il y a trois chambres, une salle de bain et des toilettes. Au deuxième étage, il y a deux chambres. Il y a le téléphone et deux télévisions. Il y a un jardin énorme, mais il n'y a pas de piscine. Il y a une rivière près du chalet.

5 *Qu'est ce qu'il y a comme meubles dans le salon/votre chambre, etc.? Décrivez le salon/votre chambre, etc.* What sort of furniture is there in the living room/your bedroom, etc.? Describe the living room/your bedroom, etc.

■ Dans le salon, il y a . . .

■ Dans la chambre à coucher, il y a . . .

■ Dans la cuisine, il y a . . .

■ Dans la salle de bain, il y a . . .

vocabulaire utile

un canapé: *sofa*

une chaise: *chair*

un fauteuil: *armchair*

une chaîne hi-fi: *hi-fi system*

une table de nuit: *bedside table*

une lampe: *lamp*

une commode: *chest of drawers*

une armoire: *wardrobe*

un lit: *bed*

un évier: *kitchen sink*

un grille-pain: *toaster*

un micro-onde: *microwave*

un frigidaire: *fridge*

un four: *oven*

un lave-vaisselle: *dishwasher*

une cuisinière (electrique/ à gaz): *cooker hob (with electric/gas rings)*

une douche: *shower*

une baignoire: *bath*

un miroir: *mirror*

un lavabo: *washbasin*

Les prépositions

■ First, a quick word of warning: it is not always possible and rarely advisable to try to translate a preposition in one language into its equivalent in another.

■ For instance, in the case of the sentence 'I've decided **on** doing this', the French would not use *sur*. The correct translation is *J'ai decidé **de** faire ceci.*

■ The same applies for 'I'm going to London **on** the bus'. In French, we would say *Je vais à Londres **en** bus.*

devant: in front of	*à:* in/at
derrière: behind	*à côté de:* next to
dans: in	*en face de:* opposite
sous: under	*autour de:* around
sur: on	
entre: between	

■ The prepositions on the left are easy to use.

Exemples:

*Il y a un jardin **devant** la maison.* There is a garden in front of the house.

*Il y a un parking **derrière** le supermarché.* There is a carpark behind the supermarket.

***Dans** ma chambre, il y a deux lits.* In my bedroom, there are two beds.

*Il y a un tapis **sous** la table.* There is a mat under the table.

*Il y a un vase **sur** la table.* There is a vase on the table.

*Le bureau est **entre** le lit et l'armoire.* The desk is between the bed and the wardrobe.

■ The prepositions on the right change in some cases. Look at the examples and work out what happens.

Exemples:

À

*Je vais **à la** maison.* I'm going home.

*Il y a un ascenseur **à l'**université.* There is a lift at the university.

*L'appartement est **au** premier étage. (le premier étage)* The flat is on the first floor.

*Il est **aux** toilettes. (les toilettes)* He is in the toilet.

Coin langue

À côté de

*Le jardin est **à côté de la** maison.* The garden is next to the house.
*Il y a une plante **à côté de l'**aquarium.* There's a plant next to the aquarium.
*Les toilettes sont **à côté du** bureau. (le bureau)* The toilet is next to the office.
*Le bureau est **à côté des** toilettes. (les toilettes)* The office is next to the toilet.

En face de

*Les toilettes sont **en face de la** chambre.* The toilets are opposite the bedroom.
*La piscine est **en face de l'**hôtel.* The swimming pool is opposite the hotel.
*La salle de bain est **en face du** bureau. (le bureau)* The bathroom is opposite the office.
*Ma chambre est **en face des** toilettes. (les toilettes)* My room is opposite the toilets.

Autour de

*Il y a un jardin **autour de la** maison.* There's a garden around the house.
*Il y a un parc **autour de l'**immeuble.* There's a park around the building.
*Il y a un parc **autour du** restaurant. (le restaurant)* There's a park around the restaurant.
*Il y a une barrière **autour des** maisons. (les maisons)* There's a fence around the houses.

■ *À la* and *à l'* are used in the normal way:
*Je vais **à la** plage.*
*Je vais **à l'**université.*

■ *Au* and *aux* are used rather than à le and à les, which **do not exist!**
*Je vais **au** supermarché.*
*Je vais **aux** toilettes.*

■ *De la* and *de l'* are used in the normal way:
*J'habite à côté **de la** pharmacie.*
*Le supermarché est en face **de la** pharmacie.*
*Il y a un parc autour **de l'**hôtel.*

■ *Du* and *des* are used rather than de le and de les, which **do not exist!**
*Le restaurant est en face **du** supermarché.*
*Le bureau est à côté **des** toilettes.*

6

Lisez le texte ci-dessous et utilisez les prépositions dans la liste qui suit pour remplir les blancs. Attention, certaines prépositions peuvent être utilisées plusieurs fois. Read the text below and use the prepositions listed to fill the gaps. Be careful, some prepositions can be used several times.

en	à	sur	dans	à côté des	autour de	sous	au

a) Marie est étudiante _____ St-Etienne _____ France.

b) C'est _____ le centre de la France, près de Lyon.

c) Elle habite un appartement _____ un immeuble de six étages.

d) Elle habite _____ quatrième étage de l'immeuble.

e) _____ ___ l'immeuble, il y a un parc avec des arbres et une pelouse.

f) _____ son appartement, il y a deux pièces (sa chambre et un salon), plus une cuisine, et une salle de bain minuscule avec des toilettes.

g) Sa chambre est ____ _____ ____ toilettes et de la salle de bain.

h) _____ sa chambre, il y un lit, une armoire et un bureau.

i) _____ le bureau, il y a un ordinateur et une lampe.

j) Dans le salon, il y a une table basse, un canapé et deux fauteuils _____ la fenêtre.

7

A *Vous venez d'arriver au gîte. Mme Thomas la propriétaire vous fait visiter les lieux. Écoutez et encerclez le mot ou l'expression que vous entendez.* You have just arrived at the gîte. Mme Thomas the owner is showing you around. Listen and circle the words or expressions you hear.

a) près de Digne / dans la banlieue de Digne / en plein centre de Digne

b) une maison individuelle / une maison jumelée / un appartement

c) il y a un étage / il n'y a pas d'étages / il y a deux étages

d) la terrasse / le balcon / le verger

e) un court de tennis / une piscine / un cour

f) un miroir / un bidet / un lavabo

g) le débarras / le salon-salle à manger / le bureau

h) confortable / moderne / rustique

i) un frigidaire / un congélateur / un grille-pain

B *Ré-écoutez ce même enregistrement et répondez aux questions en français.* Listen to the recording again and answer the following questions in French.

a) Où est situé le gîte?

b) Combien d'étages y a-t-il?

c) Y a-t-il un jardin?

d) Combien de pièces y a-t-il?

e) Qu'est-ce qu'il y a comme meubles dans le salon?

f) Qu'est-ce qu'il manque dans la cuisine?

g) Quel est le numéro de téléphone de Mme Thomas?

qu'est-ce qu'il manque?
what's missing?

C'est la fin des vacances et vous êtes de retour à l'université. Lucie vous envoie la carte d'anniversaire électronique ci-dessous. Envoyez-lui un courriel d'une trentaine de mots, pour lui parler de vous, de vos études et de votre logement. It's the end of the holidays and you're back at university. Lucie sends you the e-birthday card below. Send her an e-mail of about 30 words to tell her about your news, your studies and your accommodation.

www.dromadaire.com

Dessert

La francophonie

 **1** Mon premier est l'ancienne monnaie française (cinq lettres): _ _ _ _ _

Mon deuxième peut être gazeuse ou plate (trois lettres): _ _ _

Mon troisième n'est pas vrai (quatre lettres): _ _ _ _

Un oiseau habite dans mon quatrième (trois lettres): _ _ _

Mon tout est une association regroupant les pays parlant français (douze lettres).

Je suis la: _ _ _ _ _ _ _ _ _ _ _ _

 **2** *Lisez le passage suivant et découvrez . . .* Read the short passage below and find out:

a) *Ce qu'est la francophonie.* (What does *francophonie* refer to?)

b) *Qui l'a fondée et quand?* (Who founded it and when?)

d) *Combien y a-t-il d'états membres?* (How many states are members?)

d) *Quels sont les buts de cette organisation?* (What are the aims of this association?)

vocabulaire utile

un écrivain: *a writer*
unir: *to unite*
partager: *to share*
assurer: *to ensure*

> *L'agence internationale de la francophonie est une association. La francophonie a été fondée le 20 mars 1970 par trois présidents ou chefs d'état africains: le poète et écrivain Léopold Sédar Senghor du Sénégal, Habib Bourguiba de Tunisie et Hamani Diori du Niger.*
>
> **E**nviron 50 pays sont membres de cette association. Beaucoup de pays africains, des pays asiatiques, des pays européens et le Canada sont membres de cette association. Le français unit ces pays. Ensemble, ils désirent coopérer, partager leurs cultures et assurer la survie du français et de la littérature française. Le bureau principal de la francophonie est à Paris, mais il y a aussi trois bureaux régionaux à Lomé (au Togo en Afrique), à Libreville (au Gabon en Afrique) et à Hanoi (au Vietnam en Asie du sud-est).

 **3** *Lisez la biographie de Tahar Ben Jelloun et décidez si les phrases ci-dessous sont vraies ou fausses.* Read Tahar Ben Jelloun's biography and decide whether the statements below are true or false.

Tahar Ben Jelloun est né à Fès au Maroc en 1944. Il étudie la philosophie, puis devient professeur à Tétouan et à Casablanca au Maroc. Il publie aussi des articles politiques. En 1971, il va en France et étudie la psychologie. Il travaille comme psychothérapeute. Puis, il commence à écrire: il publie des articles dans le journal *Le Monde* et plusieurs romans. En 1987, il obtient le prix littéraire Goncourt et depuis il est très connu et écrit beaucoup de livres qui sont traduits dans plusieurs langues dont l'anglais.

a) Tahar Ben Jelloun est algérien.

b) Au Maroc, il étudie la politique.

c) Au Maroc, il est professeur.

d) Il publie des articles politiques.

e) En 1972, il quitte le Maroc.

f) En France, il est étudiant de psychologie.

g) Il publie des articles dans *Le Monde*.

h) Il n'a jamais eu de prix littéraire.

i) Il publie des livres.

j) Ses livres existent en français seulement.

4

A *Lisez tous ensemble cet extrait adapté et simplifié du roman* Les raisins de la galère *de Tahar Ben Jelloun et décidez si les phrases qui suivent sont vraies ou fausses.* Read this adapted and simplified short extract from one of Tahar Ben Jelloun's books, entitled *Les raisins de la galère*, and decide whether the sentences which follow are true or false.

This book tells the story of Nadia, an adolescent girl of North African origin growing up in Resteville (a grey and rather miserable French suburb). Life is not always easy as she finds herself trapped between French and Arabic cultures and ways of life.

Notre maison est belle, insolite. Une maison toute blanche aux murs irréguliers, semblable à une construction grecque […]. Il nous manque que le bleu de la mer. Il nous manque que le bleu du ciel. À Resteville, le ciel est gris, assez bas. Notre maison est comme une erreur de construction dans cet ensemble gris et rationnel.

Notre maison a dix-sept fenêtres, deux portes, une terrasse, des patios et surtout une grande salle de bain équipée de toilettes non pas à la turque, mais à l'européenne! […] Nos voisins ne bénéficient pas de ce confort: nous sommes des privilégiés. Venir d'Algérie et habiter dans une vraie maison avec beaucoup de fenêtres est pour les gens de la mairie une véritable provocation!

Tahar Ben Jelloun, *Les raisins de la galère*, Éditions Fayard, France, 1996, p. 17.

---

vocabulaire utile

insolite: *unusual*
le mur: *the wall*
semblable à: *similar to*
manquer: *to lack, to miss*
bas: *low*
la porte: *the door*
les gens: *people*
la mairie: *town hall*

a) Nadia's house is beautiful, white and unusual.

b) Nadia's house looks like a typical Italian house.

c) Resteville is located at the seaside.

d) In Resteville, everything is grey and depressing.

e) Nadia's house features a bathroom with a toilet.

f) Nadia's neighbours, who live in flats, have no European-style toilets!

g) The town's officials are delighted that Nadia's family owns such a beautiful house.

B What do you think makes this text amusing?

C Why do you think the author chose to call the town suburb 'Resteville'?

Café

Prononciation et orthographe

As you know, some sounds are different in French. One that often poses problems is the sound which corresponds to the letter *u* in the alphabet.

Its international phonetic symbol is [y].

It is quite important to recognise this symbol because whenever you look up a word in a dictionary, its pronunciation is usually indicated in brackets, as above.

To produce this sound, put the tip of your tongue against your bottom front teeth and place your lips in the position you use to whistle: that's it, now try.

This sound is important, as it allow for differentiation between various words.

Exemples: *Sourd* [u] is different from *sur* [y]; *sourd* means 'deaf' and *sur* means 'on'.
Doux [u] is different from *du* [y]; *doux* means 'soft' and *du* means 'some'.
Loup [u] is different from *lu* [y]; *loup* means 'wolf' and *lu* means 'read'.
Tout [u] is different from *tu* [y]; *tout* means 'all' and *tu* means 'you'.
Vous [u] is different from *vu* [y]; *vous* means 'you' (plural) and *vu* means 'seen'.

A *Écoutez l'enregistrement et répétez les mots de vocabulaire.* Listen to the recording and repeat the words.

D'abord le son [u] qui s'écrit généralement ou. First the [u] sound, usually spelt *ou*:

- beaucoup (*a lot of*)
- toujours (*always*)
- sous (*under*)
- jour (*day*)
- jouer (*play*)

Puis le son [y] qui s'écrit généralement u. Second the [y] sound, usually spelt *u*:

- mur (*wall*)
- chaussure (*shoe*)
- nu (*naked*)
- rue (*street*)
- pur (*pure*)

B *Maintenant dites les mots suivants à voix haute*. Now say these words aloud.

- Toulouse / rouge / chou / pelouse   [u]
- zut / buvette / lunettes / Jura   [y]
- Mulhouse   [y] [u]

Travail personnel

Voici quelques idées pour vous aider à fournir un travail personnel. Toutes les activités suggérées sont liées à ce que vous venez d'apprendre dans ce chapitre. Here are some ideas to enable you to do independent work. All the tasks suggested are based on the material you have studied in this chapter.

1
- *Décrivez votre logement d'étudiant et le quartier dans lequel vous résidez en détail. Enregistrez-vous*. Record yourself talking about your student accommodation. Describe the area and the house or flat in detail.

2
- *Trouvez un(e) étudiant(e) francophone et posez-lui des questions sur son pays et sa région d'origine. Préparez vos questions à l'avance et demandez-lui de parler lentement. Enregistrez également cette conversation*. Find a native speaker of French and interview him/her about his/her country and region of origin. Prepare your questions well and ask him/her to speak slowly. Again, record this activity.

- *A l'aide d'un moteur de recherche francophone tel que 'Google.fr' ou 'Lycos.fr', trouvez des informations sur 'la journée internationale de la francophonie' qui a lieu tous les ans*. Use a French search engine such as 'Google.fr' or 'Lycos.fr' and find out more about the international French-speaking day. Worldwide events take place every year.

3
- *Trouvez un programme de grammaire sur Internet vous permettant de travailler les points de grammaire traités dans ce chapitre. Imprimez ces exercices et ajoutez-les à vos travaux*. Find a grammar programme on the Web which will help you practise the grammar points you have studied in this chapter. Print out the exercises and add them to your work.

4
- *Trouvez dix mots nouveaux vous permettant de décrire une maison et, si cela est possible, notez également leurs opposés, comme par exemple 'large' et 'étroit'. Ajoutez cette liste à vos travaux*. Find ten new words connected with the description of a house and, whenever possible, find their opposites too, for example, 'wide' (*large*) and 'narrow' (*étroit*). Add this list to the work you have done so far.

5
- *Retournez à l'activité 4 page 63. Re-lisez les descriptions des gîtes et écrivez un paragraphe similaire transformant votre maison en un gîte*. Go back to activity 4 on page 63. Read the gîte descriptions again and

write a similar paragraph advertising your own home as holiday accommodation.

Interlude digestif

■ Brisez le code

Lisez la définition, brisez le code, trouvez le mot correct et rappelez-vous sa signification. Le même symbole représente toujours la même lettre. Read the definition, crack the code, find the correct word and remember what it means. The same symbol always represents the same letter.

a) Se trouve dans la chambre à coucher: ✱ ✸⁎ ❑

b) Est utile pour regarder des films: ❑ ◔ ✱ ◔ ■ ✸⁎ ✚ ✸⁎ ✤ ◓

c) Pour se laver: ✱ ✿ ■ ✿ ♠ ✤

d) Je n'habite pas en ville. J'habite à la ▲ ✿ ❢ ✿ ✿ ▣ ◓ ◈.

e) Pour skier, il faut des ❢ ✤ ◓ ❑ ✿ ▣ ◓ ◈ ✚.

f) Sur le mur il y a un ❑ ✿ ♠ ✱ ◈ ✿ ⊗ de Monet.

g) Nice, c'est ✿ ⊗   ♠ ✤ ◗ ▢   ▢ ◈   ✱ ✿   ❢ ◈ ◗.

h) Nous sommes américaines: Nous ■ ◈ ◓ ✤ ◓ ✚ des États-Unis.

■ Colloquial language

French people (and particularly young people) do not always use formal French: they often use colloquial language and slang. Here are some slang words connected with the topics studied in this chapter. Be careful to remember to use them in the appropriate context. For instance, it is clearly not a good idea to use them during a work placement or when you first meet your French girlfriend's or boyfriend's parents!

un bled paumé = un petit village	il habite un bled paumé = Il habite un petit village
crécher = habiter	tu crèches où? = où habites-tu?
un appart = un appartement	un petit appart sympa = un joli petit appartement
une baraque = une maison	une grande baraque = une grande maison
une piaule = une chambre	elle est chouette, ta piaule! = ta chambre est jolie!
la/le proprio = la/le propriétaire	c'est ma proprio = c'est ma propriétaire (*landlady*)
un pieu = un lit	je vais au pieu = je vais me coucher
un plumard = un lit	il est au plumard = il est au lit
une borne = un kilomètre	c'est à une borne d'ici = c'est à un kilomètre d'ici.

★ Info-culture

Le monde francophone

All over the world, there are people whose native language is French. In Europe, parts of Belgium (such as Brussels, its capital city!), Luxemburg and Switzerland are French-speaking. At the end of the colonial period in the middle of the twentieth century, many African countries decided to continue to use French as an official language. These include Senegal, Cameroon, Chad, the Ivory Coast, among others. In other African states, although French is no longer the official language, it is considered to be the most important foreign language taught in schools, and many people living in these states can speak French. This is the case in North Africa (Morocco, Algeria and Tunisia) and the Middle East (Lebanon). In Canada, a whole province, Quebec, is entirely French-speaking and you will find French speakers in some parts of the United States, such as Louisiana. Finally, in Asia some of the former French colonies (Vietnam, Cambodia) still have privileged relationships and cultural links with France.

Usually, when people think about France they think about what the French call *la France métropolitaine* (mainland France) and Corsica. But there are a few French islands (Guadeloupe, Martinique, Réunion, St Barthelemy) and one French territory (French Guinea) which are regions of France in the same way as any other French region within the country. These places are called *Départements d'Outre-Mer* (*DOM*). In addition, there are a few other territories which are semi-autonomous but French at the same time. These are called *Territoires d'Outre-Mer* (*TOM*). The most famous among these are New Caledonia and French Polynesia. People living in these places do not have the same rights as the French people living in France and in the *Départements d'Outre-Mer*.

Perhaps the best example of this 'wider France' is the French national football team, which is made up of players of all origins. Because of this, the team that won the World Cup in 1998 earned itself the nickname *blancs, blacks, beurs* ('whites, blacks, beurs': this last is a term which refers to people of North African origin born in France). Zinedine Zidane, who has become a French legend since 1998, is the son of Algerian immigrants. Others, like Patrick Viera and Claude Makelele, have sub-Saharan African origins (Senegal and Zaire), Lilian Thuram is from the French island of Guadeloupe, and Karembeu is from New Caledonia.

Récapitulatif

You should be able to

★ *Comprendre des descriptions écrites ou orales d'un pays, d'une region, d'une maison ou d'un appartement*
Understand written or spoken descriptions of a country, a region, a house or a flat

★ *Décrire oralement votre pays et votre logement*
Speak about your own country and home

★ *Comprendre ce que c'est le monde francophone*
Understand about the francophone world

Faites les exercices ci-dessous et révisez les éléments sur lesquels vous avez des doutes avant d'étudier le chapitre qui suit. Test yourself using the exercises below and revise any of the material you are not sure about before going on to the next chapter.

A *Trouvez l'intrus parmi les mots ci-dessous.* Find the odd one out in each list of words below.

a) appartement / maison / bâtiment / chaise

b) jardin / pelouse / cave / gazon

c) désertique / désert / île / jungle

d) frigidaire / congélateur / four

e) campagne / centre-ville / montagne / plage

B *Joignez chacun des mots à gauche à son opposé à droite.* Join each of the words on the left to its opposite on the right.

1) rustique   **a)** un village

2) la vallée   **b)** urbain

3) le grenier   **c)** la ville

4) une grande ville   **d)** la cave

5) la campagne   **e)** la montagne

C *Remplissez les blancs avec le vocabulaire que vous avez appris dans ce chapitre. Faites l'exercice sans consulter la liste de vocabulaire.* Fill in the blanks with vocabulary you have learnt in this chapter. Don't look at the vocabulary list.

a) J'habite une _____ avec 275 autres étudiants.

b) Elle habite la _____ de son pays.

c) C'est génial! On peut se baigner chez mes amis: il y a une _____ !

d) Vancouver, c'est chouette! Le matin, nous skions à la _____ , et l'après-midi nous nous reposons au bord de la _____ .

e) Il habite une maison _____ : il n'a pas de voisins immédiats.

D *Corrigez les erreurs! Le nombre d'erreurs est indiqué entre parenthèses.* Correct the mistakes in the sentences below! The number of mistakes is shown in brackets.

a) Je venir d'Italie. Mon ville s'appelle Milan. (2)

b) C'est un région fantastique. Il y a la forêt, la montagne est la mer. (2)

c) Ils habitent une maison grande. (1)

d) Il y a trois salles dans mon appartement, plus la cuisine, la salle de bains et les toilettes. (1)

e) Monsieur Dupuis, tu parles anglais? (1)

E *Corrigez les faits suivants! Le nombre d'erreurs est indiqué entre parenthèses.* Correct the following facts! The number of mistakes is shown in brackets.

a) La 'francophonie' est le mot que nous employons pour parler des pays où on parle anglais. Il n'y a pas de pays francophones en Afrique. (2)

b) En Europe, on parle français en France (bien sûr!), en Belgique, aux Pays-Bas et en Suisse. (1)

c) Marseille, c'est une petite ville au bord de la mer. C'est dans l'ouest de la France. (2)

F *Remplissez les blancs dans le texte ci-dessous.* Fill in the blanks in the text below.

a) Marie est française, mais elle est née _____ Algérie.

b) Christina vient _____ Portugal. Elle habite _____ Lisbonne.

c) J'habite un petit appartement _____ troisième étage.

d) Marc, Luc et Caroline sont étudiants. Ils habitent _____ une résidence universitaire.

e) Il _____ _____ six pièces dans ma maison.

f) Il a un jardin tout _____ de la maison et un garage à _____ de la maison.

g) _____ premier étage, il y a deux chambres, une salle de bain et des toilettes.

h) La salle de séjour et la salle à manger sont au _____ -de-chaussée.

G *Faites cet exercice à voix haute. Parlez à tour de rôle.* Do this speaking exercise aloud. Alternate roles with your partner.

A Bonjour, je m'appelle Michelle. Et toi, comment t'appelles-tu et d'où viens-tu?

B *Say you are called Marc and you are from England.*

A D'où viens-tu exactement?

B *Say you are from Blackpool. It is a small town in the north-west of England. You like it, but in the summer there are lots of tourists in Blackpool.*

A Ah, Blackpool, ça doit être beau alors. Décris-moi la région de Blackpool.

B *Say that Blackpool is at the seaside and that's why it is touristy. The region is very nice, it's hilly and very green. There are lots of pretty villages. Ask Michelle where she comes from.*

A Je viens de Nanterre. C'est dans la banlieue Parisienne. Ma famille habite un tout petit appartement au douzième étage d'un grand immeuble. Il n'y a pas de jardin, ni de parc. Tu habites un appartement?

B *Say no. You and your family live in a small semi-detached house. There is a small lawn in the front and a huge garden at the back.*

A Ah, tu as de la chance. Moi aussi, j'aimerais vivre loin de la capitale!

Félicitations! Il est grand temps de passer au chapitre suivant. Well done! It's high time to move on to another chapter.

Index de vocabulaire

Les paysages	*Landscapes*
bord de mer (m.)	*seaside*
campagne (f.)	*countryside*
colline (f.)	*hill*
côte (f.)	*coast*
désert (m.)	*desert*
désertique	*desert-like*
falaise (f.)	*cliff*
forêt (f.)	*forest*
grotte (f.)	*cave*
île (f.)	*island*
jungle (f.)	*jungle*
lac (m.)	*lake*
oasis (m.)	*oasis*
océan (m.)	*ocean*
palmier (m.)	*palm tree*
plaine (f.)	*plain*
plage (f.)	*beach*
plat(e)	*flat*
rivière (f.)	*river*
vallée (f.)	*valley*
volcan (m.)	*volcano*
montagne (f.)	*mountain*
montagneux/-euse	*mountainous*
mer (f.)	*sea*

Le logement	*Accommodation*
appartement (m.)	*flat*
bâtiment (m.)	*building*
cité universitaire (f.)	*halls of residence*
immeuble (m.)	*block of flats*
maison (f.)	*house*
maison individuelle (f.)	*detached house*
maison jumelée (f.)	*semi-detached*
plain-pied (m.)	*bungalow*

La maison/le jardin	*About the house/garden*
arbre (m.)	*tree*
cave (f.)	*cellar*
bureau (m.)	*office/desk*
chambre (f.)	*bedroom*
corridor (m.)	*corridor*
couloir (m.)	*corridor*
cour (f.)	*yard*
cuisine (f.)	*kitchen*
débarras (m.)	*utility room*
entrée (f.)	*hall*
étage (m.)	*floor*
fleur (f.)	*flower*
gazon (m.)	*lawn*
garage (m.)	*garage*
grenier (m.)	*attic*
jardin (m.)	*garden*
pelouse (f.)	*lawn*
pièce (f.)	*room*

piscine (f.)	*swimming pool*
salle à manger (f.)	*dining room*
salle de bain (f.)	*bathroom*
salle de jeux (f.)	*games room*
salle de séjour (f.)	*living room*
toilettes (pl.)	*toilets*

Villes et quartiers	*Cities, towns and areas*
banlieue (f.)	*surburb*
capitale (f.)	*capital city*
centre-ville (m.)	*city/town centre*
quartier (m.)	*town district*
village (m.)	*village*
ville (f.)	*town/city*

Les meubles	*Furniture*
armoire (f.)	*wardrobe*
baignoire (f.)	*bath*
bureau (m.)	*desk/office*
canapé (m.)	*sofa*
chaîne hi-fi (f.)	*music system*
chaise (f.)	*chair*
congélateur (m.)	*freezer*
cuisinière électrique (f.)	*electric cooker*
cuisinière à gaz (f.)	*gas cooker*
douche (f.)	*shower*
évier (m.)	*kitchen sink*
fauteuil (m.)	*armchair*
fenêtre (f.)	*window*
frigidaire (m.)	*fridge*
four (m.)	*oven*
lavabo (m.)	*bathroom sink*
lave-vaisselle (m.)	*dishwasher*
lit (m.)	*bed*
machine-à-laver (f.)	*washing machine*
micro-onde (m.)	*microwave*
moquette (f.)	*carpet*
mur (m.)	*wall*
ordinateur (m.)	*computer*
placard (m.)	*cupboard*
poster (m.)	*poster*
tableau (m.)	*painting*
télévision (f.)	*television*

Les descriptifs	*Descriptives*
assez	*rather, quite*
beau/belle	*beautiful*
confortable	*comfortable*
grand(e)	*big, tall*
énorme	*enormous*
touristique	*touristy*
joli(e)	*pretty*
moderne	*modern*
petit(e)	*small/little*
rustique	*rustic*
très	*very*

Un week-end à la montagne

Plan de l'unité

Apéritif: 80-84

Les moyens de transport

Fonction:	Donner et justifier son opinion
Vocabulaire:	Les moyens de transport: les avantages et les inconvénients
Grammaire:	Les comparaisons
Activités	1–6

Hors-d'œuvre: 85-90

Le voyage

Fonction:	Demander des reseignements et acheter son billet
Vocabulaire:	Les horaires, les billets et les prix
Grammaire:	Présent de l'indicatif des verbes réguliers en *-ir* et *-re*
Activités	1–7

Plat principal: 91-95

Hébergements

Fonction:	Trouver et réserver une chambre ou un appartement
Vocabulaire:	L'hôtel; l'agence immobilière
Grammaire:	Les pronoms interrogatifs et l'interrogation
Activités	1–5

Dessert: 96-99

Le temps, le ski et autres plaisirs

Fonction:	Se renseigner sur les activités de sports d'hiver
Vocabulaire:	Le temps et les sports de neige
Grammaire:	Le futur immédiat (*aller* + verbe)
Activités	1–4

Café: 100-104

Prononciation et orthographe

Travail personnel

Interlude digestif

Récapitulatif

Index de vocabulaire

unité 4 Un week-end à la montagne

In this unit you will

★ *Comparer les différents moyens de transport*
Compare different means of transport

★ *Organiser votre voyage et prendre le train*
Plan your journey and take the train

★ *Réserver votre chambre d'hôtel*
Book your hotel room

★ *Vous renseigner sur les activités de sports d'hiver et parler du temps*
Find out about winter sports activities and talk about the weather

Révision

 Choisissez une image et décrivez-la à votre partenaire. Choose a picture and describe it to your partner.

1

2

Apéritif

Les moyens de transport

**1** *Choisissez l'expression correcte pour compléter les blancs.* Choose the correct expression to fill in the gaps.

| en train | en taxi | en ferry | en métro | en voiture | en bus | en avion | en car |

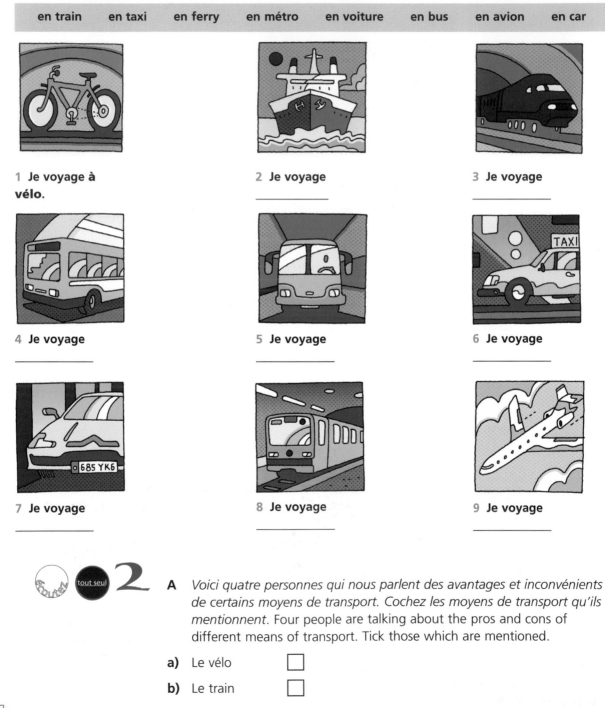

1 Je voyage à vélo.

2 Je voyage _____

3 Je voyage _____

4 Je voyage _____

5 Je voyage _____

6 Je voyage _____

7 Je voyage _____

8 Je voyage _____

9 Je voyage _____

2

A *Voici quatre personnes qui nous parlent des avantages et inconvénients de certains moyens de transport. Cochez les moyens de transport qu'ils mentionnent.* Four people are talking about the pros and cons of different means of transport. Tick those which are mentioned.

a) Le vélo ☐

b) Le train ☐

c) La voiture ☐

d) Le bus ☐

e) L'avion ☐

f) Le ferry ☐

B *Regardez les expressions suivantes et joignez-les à leurs opposés.* Look at the following phrases and match them to their opposites.

1) C'est pratique! **a)** C'est inconfortable!

2) C'est efficace! **b)** C'est stressant!

3) C'est rapide! **c)** C'est lent!

4) C'est confortable! **d)** C'est inefficace!

5) C'est relaxant! **e)** Ce n'est pas pratique!

6) C'est dangereux! **f)** Ce n'est pas cher!

7) C'est cher! **h)** Ce n'est pas dangereux!

C *Ré-écoutez l'enregistrement et notez les expressions ci-dessus qui sont mentionnées.* Listen to the recordings again and write down the phrases in B which are mentioned.

a) _____

b) _____

c) _____

d) _____

e) _____

f) _____

**3**

Donnez votre opinion sur chacun des moyens de transports suivants comme dans l'exemple (a). Give your opinion on each of the means of transport below, as in the example (a).

a ☹ b c d

Je déteste voyager en avion.
C'est cher, ce n'est pas
confortable et c'est dangereux!

A *Lisez ces phrases et répondez aux questions ci-dessous*. Read these sentences and answer the questions below.

L'avion est **plus** rapide **que** le train.

Le train est **moins** rapide **que** l'avion.

Le train est **plus** confortable **que** le car.

Le car est **moins** confortable **que** le train.

Le train est **plus** cher **que** le car.

Le car est **moins** cher **que** le train.

Le ski est **aussi** amusant **que** le snowboard.
La montagne est **aussi** dangereuse **que** la mer.
Les vacances à la montagne sont **aussi** relaxantes **que** les vacances au bord de la mer.

a) What do you think *plus . . . que* means?

b) What do you think *moins . . . que* means?

c) What do you think *aussi . . . que* means?

B *Complétez les phrases suivantes avec le comparatif correct comme dans les exemples 1, 2 et 3*. Complete the following sentences with the correct comparatives as in examples 1, 2 and 3.

1) (+) Le Mont Everest est **plus** élevé **que** le mont Blanc.

2) (−) La tour de Blackpool est **plus** petite **que** la tour Eiffel.

3) (=) Nicole Kidman est **aussi** célèbre **que** Penelope Cruz!

a) (+) Le prince William est _____ riche _____ le premier ministre.

b) (=) Le français est _____ difficile _____ l'allemand.

c) (+) Les plages espagnoles sont _____ jolies _____ les plages anglaises.

d) (−) Les cours magistraux sont _____ intéressants _____ les travaux pratiques.

e) (−) Ma cousine est _____ âgée _____ ma sœur.

f) (=) Le British Museum est _____ intéressant _____ le Louvre.

C *Écrivez cinq phrases de votre choix contenant des comparaisons*. Write five sentences of your choice using comparisons.

Les comparaisons

- Comparing things in French is easy. We use:

  1) Comparisons of superiority: *plus* + adjective+ *que* (more . . . than)

  Le vélo est plus écologique que la voiture.

  2) Comparisons of inferiority: *moins* + adjective+ *que* (less . . . than)

  Le train est moins cher que l'avion.

  3) Comparisons of equality: *aussi* + adjective+ *que* (as . . . as)

  Le ski est aussi dangereux que la gymnastique.

- There are a few exceptions, though:

  1) *bon(ne)* (good) *meilleur* (better)
  Le vin français est meilleur que le vin californien.

  2) *bien* (well) *mieux* (better)
  Il parle bien français, mais il parle mieux anglais.

  3) *mauvais* (bad) *pire* or *plus mauvais* (worse)
  Voyager en car, c'est pire que de voyager en bus.

5 A *David et Julie sont à la cafétéria. Ils organisent leur week-end à la montagne. Écoutez et lisez cette conversation.* David and Julie are in the cafeteria. They are planning their weekend in the mountains. Listen to and read this conversation.

David Bon, alors. On quitte Paris jeudi après-midi et on rentre lundi matin. C'est super, on peut skier vendredi, samedi et dimanche. Es-tu d'accord, Julie?

Julie Oui, très bien! On part à quelle heure?

David Moi, j'ai cours jusqu'à deux heures, donc on peut partir vers trois heures de l'après-midi. On voyage en train, en voiture ou en avion?

Julie En avion! Ça ne va pas, tu es fou! C'est beaucoup trop cher pour un week-end.

David Oui, c'est vrai. Mais, j'adore l'avion. J'aime aussi voyager en voiture. Alors, on prend la voiture?

Julie Oh non, pas la voiture. C'est stressant et puis, ce n'est pas très confortable! Moi, je préfère voyager en train. On prend le TGV. On arrive à Genève en trois heures et demie. Puis, on prend le car ou le taxi pour Flaine. C'est plus rapide, plus confortable et moins cher!

David Ok, d'accord. On prend le train.

- *On* is an informal way of saying *nous*.
- So, *on quitte Paris* means the same as *nous quittons Paris*.

B *Ré-écoutez cette conversation et répondez aux questions ci-dessous.*
Listen to the conversation again and answer the questions below.

a) Quel jour quittent-ils Paris?

b) Combien de jours skient-ils?

c) À quelle heure quittent-ils Paris?

d) Quel est le moyen de transport préféré de David?

e) Pourquoi Julie ne veut-elle pas voyager en voiture?

f) Comment voyagent-ils finalement?

à deux 6

A *Regardez la carte ci-dessous. Repérez Flaine, la gare de TGV de Cluses et les aéroports.* Look at the map of the region below. Find Flaine, Cluses railway station and the airports.

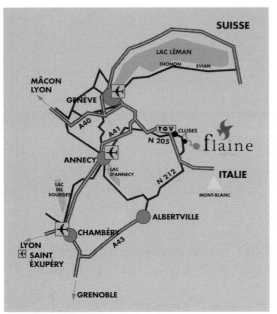

Par le train
Gare de Cluses (30 km)
Liaisons par taxis ou bus
jusqu'à Flaine.
SNCF: tél. 08 92 35 35 35
www.sncf.fr

Alpbus:
Liaison autocar gare de
Cluses–Flaine tous les jours.
Aller simple: 11 €*
Aller/retour: 22 €*
Gratuit pour les enfants de
moins de 4 ans.
Tél. 04 50 03 70 09
Réservez vos places en ligne:
www.altibus.com

Liaison Genève–Flaine
(autocar) tous les jours.
Aller simple: 39,40 €*
Aller/retour: 67,05 €*
Tél. 04 50 37 22 13
Fax 04 50 92 74 96
Pour les départs de Flaine,
réservation obligatoire 24 h à
l'avance au 04 50 90 83 35.

*tarifs 2002/2003

B *Lisez les textes et décidez si les phrases suivantes sont vraies ou fausses.* Read the texts and decide whether the following statements are true or false.

a) La gare de Cluses est à trente kilomètres de Flaine.

b) On peut aller à Flaine en train.

c) Le bus de Cluses à Flaine ne circule pas le samedi et le mercredi.

d) Les enfants de moins de trois ans ne payent pas le bus.

e) Il y a un car entre Genève et Flaine.

f) Un aller-retour Genève-Flaine en autocar coûte 69 €.

g) Il faut réserver une place entre Flaine et Genève.

Hors-d'œuvre

Le voyage

1

A *David décide de faire des recherches sur Internet pour trouver des informations sur les trains pour Genève. Lisez et écoutez cette conversation entre Madame Bruel (la mère de David) et David.* David decides to research information about trains to Geneva on the Internet. Read and listen to this conversation between Mrs Bruel (David's mother) and David.

Mme Bruel David, comment fais tu pour consulter les horaires de trains sur Internet?

David C'est facile, maman. D'abord, tu tapes l'adresse d'un moteur de recherche comme, par exemple, 'google.fr'. Puis, tu tapes 'SNCF'. SNCF, c'est le nom de la compagnie de train. Ensuite, tu choisis l'adresse 'www.voyages-sncf.com': agence de voyages, billets de train et d'avion ... Et voilà, tu es sur le site Internet de la SNCF. Regarde, il suffit de taper les dates et les destinations ou de cliquer sur les offres spéciales.

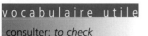

vocabulaire utile

consulter: *to check*
les horaires: *the timetable*
taper: *to type*
SNCF = Société Nationale
des Chemins de Fer:
*French national rail
company*
choisir: *to choose*
il suffit de: *all you need is to*

B *Relisez la conversation ci-dessus et trouvez dans le texte les équivalents français de ...* Read the above conversation again and find in the text the French equivalents for:

a) a search engine

b) an Internet site

c) to click

d) a special offer

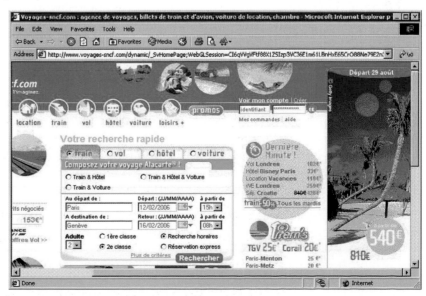

C *Consulter la page Internet SNCF ci-dessus et répondez aux questions suivantes en anglais.* Look at the SNCF web page above and answer the following questions in English.

a) Apart from weekend deals, what else can you research and book on this page?

b) What do you think you will find under the rubric *dernière minute*?

c) On what dates and times is David planning to travel?

d) Does he want to travel first or second class?

e) Is he travelling alone?

Coin langue

Regular verbs ending in *-ir* and *-re*

■ In French, there are two other categories of regular verbs. One of these includes verbs ending in *-ir*, the other verbs ending in *-re*. Although many verbs belong to these two regular categories, you are unlikely to encounter many of them at this stage of your study.

■ **Common verbs in the *-ir* category are:**

finir (to finish), *choisir* (to choose), *réussir* (to succeed), *grandir* (to grow up), etc.

Finir

*je fin**is***	I finish	*nous fin**issons***	we finish
*tu fin**is***	you finish	*vous fin**issez***	you finish (formal or plural)
*il fin**it***	he finishes	*ils fin**issent***	they finish (male or mixed)
*elle fin**it***	she finishes	*elles fin**issent***	they finish (all female)

■ Note: there are quite a few *-ir* verbs which do not follow this pattern. You have already encountered some like *venir, devenir, revenir, partir, sortir*.

■ **Common verbs in the *-re* category are:**

vendre (to sell), *se détendre* (to relax), *descendre* (to go down), *attendre* (to wait), *perdre* (to lose), *répondre* (to answer).

Vendre

*je vend**s***	I sell	*nous vend**ons***	we sell
*tu vend**s***	you sell	*vous vend**ez***	you sell (formal or plural)
il vend	he sells	*ils vend**ent***	they sell (male or mixed)
elle vend	she sells	*elles vend**ent***	they sell (all female)

■ Note: there are quite a few *-re* verbs which do not follow this pattern. You have already encountered some like *prendre* (to take), *mettre* (to put), *vivre* (to live).

2 *Remplissez les blancs dans les phrases ci-dessous.* Fill in the gaps in the sentences below.

Les verbes réguliers

a) Le lundi, je commence à neuf heures et je _____ à seize heures. (finir)

b) A quelle heure tu _____ le vendredi soir? (finir)

c) Tu prends une pizza et moi, je _____ une salade. (choisir)

d) Le samedi soir, nous nous _____ en ville. (se détendre)

e) Excusez-moi, vous _____ des cartes postales? (vendre)

f) J'_____ le bus pour aller à l'université. (attendre)

Quelques verbes irréguliers: partir, sortir, venir, prendre, mettre

g) À quelle heure _____-ils? (venir)

h) Tu _____ du café ou du thé? (prendre)

i) Ils _____ tous les week-ends. (partir)

j) Tu _____ ce week-end? (sortir)

k) Nous _____ deux heures pour rentrer chez nos parents. (mettre)

3 A *Julie va à la gare pour se renseigner sur les horaires et les prix des trains de Paris à Genève. Écoutez et lisez cette conversation.* Julie goes to the station to find out about the times and prices of the trains from Paris to Geneva. Listen to and read this conversation.

Première partie: les horaires

Julie Bonjour. Je voudrais aller à <u>Genève</u> <u>jeudi</u> <u>après-midi</u>. Je voudrais partir <u>après 15h</u>. Y a-t-il un train pour <u>Genève</u> <u>après 15h</u>, s'il vous plaît?

L'employé Un instant, s'il vous plaît. Il y a un train direct <u>à 14h38</u>. C'est un TGV. Le prochain train est <u>à 16h44</u>. Mais il faut changer à <u>Lausanne</u>.

Julie Ah non, je préfère le train de <u>14h38</u>. Il arrive <u>à Genève</u> à quelle heure?

L'employé Il arrive à <u>18h11</u>.

Julie C'est parfait. Je voudrais repartir de <u>Genève</u> <u>lundi</u> <u>matin</u> <u>avant 8h</u>. Y a-t-il un train pour Paris <u>avant 8h</u>?

L'employé Oui, il y a un train direct à <u>7h51</u> et il arrive à Paris <u>à 11h25</u>.

Julie C'est parfait! Merci, <u>monsieur</u>. Au revoir.

B *Écoutez et répétez cette conversation.* Listen to and repeat this conversation.

C *Pratiquez cette conversation.* Practise this conversation.

D *Refaites ce même exercice, mais cette fois utilisez les informations ci-dessous pour modifier les passages soulignés*. Practise this same conversation again and substitute the underlined sections with the information below.

Date de départ: dimanche 7 janvier / soir / vers 18h
Date de retour: samedi 13 janvier / matin / avant 9h
Voyage: de Paris à Bruxelles (Belgique)

Les horaires

Paris Nord	17h55	18h25
Bruxelles Midi	18h20	19h50
Bruxelles Midi	7h40	8h40
Paris Nord	9h05	10h05

4—A *Julie se renseigne sur les prix des trains de Paris à Genève. Écoutez et lisez cette conversation*. Julie is finding out about the prices of trains from Paris to Geneva. Listen to and read this conversation.

Deuxième partie: les prix

Julie	C'est combien <u>un aller-retour</u> <u>Paris-Genève</u>, s'il vous plaît?
L'employé	En première ou en deuxième classe?
Julie	En <u>deuxième classe</u>.
L'employé	Fumeur ou non-fumeur?
Julie	<u>Non-fumeur</u>, s'il vous plaît.
L'employé	Alors, le tarif normal, c'est <u>138 €</u>. Il y a aussi une offre spéciale dernière minute <u>à 124 €</u>, mais vous devez acheter votre billet le jour de votre départ.
Julie	Ah non, je préfère acheter mon billet aujourd'hui. Donc <u>138 €</u>, c'est très bien. Merci, monsieur.

B *Écoutez et répétez cette conversation*. Listen to and repeat this conversation.

C *Pratiquez cette conversation*. Practise this conversation.

D *Refaites ce même exercice, mais cette fois utilisez les informations ci-dessous pour modifier les passages soulignés*. Do this same exercise again, but this time substitute the underlined sections with the information below.

1 × Paris ↔ Bruxelles (un aller-retour), ①,

un aller-retour: 75 € / offre spéciale: 68 €

 **5** **A** *Écoutez et lisez cette conversation.* Listen to and read this conversation.

David	Bonjour, monsieur. Je voudrais <u>deux allers-retours</u> <u>Paris-Genève</u>.
L'employé	Vous voyagez aujourd'hui?
David	Non, je voudrais partir le <u>jeudi 12 février</u> à <u>14h38</u> et revenir le <u>lundi 16 février</u> à <u>7h51</u>.
L'employé	Très bien. Vous désirez voyager en première ou en deuxième classe, fumeur ou non-fumeur?
David	En <u>deuxième classe</u>, <u>fumeur</u>, s'il vous plaît. C'est combien?
L'employé	<u>276 €</u>, monsieur. Comment désirez-vous payer?
David	Avec ma carte de crédit. C'est possible?
L'employé	Bien sûr, monsieur. Faites votre code confidentiel.
David	Voilà.
L'employé	Merci, monsieur. Voilà vos billets et bon voyage!
David	Merci. Au revoir!

B *Faites le jeu de rôle ci-dessus.* Do the above role-play.

C *Relisez la conversation et trouvez les équivalents français de* . . . Read the conversation again and find the French for:

a) Are you travelling today?

b) How much is it?

c) By credit card.

d) Is it possible?

e) Have a nice journey!

D *Pratiquez cette conversation, mais cette fois utilisez les informations ci-dessous pour modifier les passages soulignés.* Practise this conversation, but this time substitute the underlined sections with the information below.

1 × Paris ↔ Bruxelles (un aller-retour), ,

Date de départ: dimanche 7 janvier / 17h55
Date de retour: samedi 13 janvier / 8h40
Un aller-retour: 75 €

 **6**

A *Écoutez ces mini-dialogues et choisissez l'image qui convient à chacun d'entre eux.* Listen to these mini-dialogues and match them to the correct pictures.

a ☐   b ☐   c ☐   d ☐   e ☐

B *Reliez ces lieux à leurs équivalents anglais.* Now match these French words to their English equivalents.

1)	*le quai*	**a)**	the lost property office
2)	*le guichet*	**b)**	the ticket office
3)	*la salle d'attente*	**c)**	the platform
4)	*les toilettes*	**d)**	the waiting room
5)	*le bureau des objets trouvés*	**e)**	the toilet

C *Maintenant, traduisez les phrases suivantes en français.* Now translate the following sentences into French.

a) Where is the waiting-room, please?

b) The ticket office is next to the waiting room.

c) The train for Marseille leaves from platform 12.

d) Where is the lost property office?

e) The toilet is opposite the waiting room.

 **7**

Écoutez les annonces à la gare et complétez le tableau ci-dessous. Listen to the station announcements and fill in the table below.

Numéro de train	Provenance	Destination	Horaire	Quai
1495	Lyon		8h34	
	Besançon	Paris-Est		11
788	Strasbourg		10h21	
12061		Nancy		12
	Colmar		11h32	

Plat principal

Hébergements

1 **A** *Lisez les phrases ci-dessous et reliez-les à l'image correcte.* Read the sentences below and match each of them to the correct picture.

1   **2**   **3**   **4**

a) Avez-vous une chambre de libre, s'il vous plaît?

b) Avez-vous un emplacement pour une tente, s'il vous plaît?

c) Je voudrais louer un chalet à la montagne.

d) Je voudrais la clé de la chambre numéro 1001, s'il vous plaît.

B *Relisez les phrases et trouvez les équivalents français de . . .* Read the sentences again and find the French for:

a) a vacancy

b) to rent a chalet

c) the key

d) a pitch for a tent

e) bedroom number 1001

2 **A** *David et Julie sont à la cafétéria. Ils organisent leur week-end à la montagne. Écoutez et complétez les blancs dans cette conversation.* David and Julie are in the cafeteria. They are planning their weekend in the mountains. Listen and fill in the gaps in this conversation.

David Julie, tu _____ aller à l'hôtel ou louer un appartement?

Julie Je _____ sais pas. Ça dépend. L'hôtel, c'est plus _____ et c'est plus confortable aussi. L'appartement, c'est _____ cher et on a plus de liberté. Toi, qu'est-ce que tu préfères?

David Moi, je préfère _____ . C'est vrai, c'est plus _____ . Mais, par contre, on n'_____ pas besoin d'aller au supermarché, de préparer à _____ ou de _____ la vaisselle. Et puis, c'est seulement pour un week-end, alors ça va. Ce _____est pas trop cher!

Julie Oui, tu as raison, et louer un _____ pour un week-end seulement, ce n'est pas facile!

B *Soulignez toutes les négations dans ce passage.* Now underline all the negatives in this passage.

C *Pratiquez cette conversation.* Practise this conversation.

3

A *Lisez ces descriptions d'hôtels et d'appartements à Flaine et décidez si les phrases suivantes sont vraies ou fausses.* Read these descriptions of hotels and flats in Flaine and decide whether the following statements are true or false.

1

Hôtel-Club "Le Flaine"

Venez visiter notre hôtel-club sur notre site www.mmv.fr

Une situation privilégiée au cœur de Flaine-Forum, à quelques pas des pistes, avec une vue imprenable sur le domaine skiable. 72 chambres de 2, 3 ou 4 lits équipées d'une salle de bain avec WC, téléphone direct, télévision.

Formule pension complète (buffets et services à table, soirées à thèmes ou régionales, possibilité de panier pique-nique pour le midi), animations et spectacles, clubs enfants avec espace de vie et de jeux spécialement aménagés (de 18 mois à – de 12 ans), activités jeunes (de 12 à – de 15 ans), (Anim'Jeunes en vacances scolaires françaises uniquement). Bar/Salon plein sud, restaurant, espace de jeux, salon de détente, salle de spectacle, local ski aménagé.

2

Agence Astrid Immobilier

Du studio au 4 pièces.
Galerie des Marchands – 74 300 FLAINE

Flaine Forêt:
Tél: +33 (0)4 50 90 86 41 – Fax: +33 (0)4 50 90 84 03

Flaine Forum:
Tél: +33 (0)4 50 90 83 91 – Fax: +33 (0)4 50 90 87 03
E-mail: astridim@caramail.com
Internet: www.astridimmo.com

Ouverture 7 jours sur 7 de 9h30 à 12h et de 14h30 à 18h30.
Exemples de tarifs en euros

Studio 4 pers.	197 à 327 €
2 pièces 6 pers.	265 à 446 €
3 pièces 8 pers.	362 à 584 €

Prix par semaine et par logement. Réductions à partir de la 2ème semaine.

Mini séjours (3 jours mini.) et arrivée à la carte acceptés.

3

Hôtel Cascade

Situé en pleine nature, au bord du GR 96, à 5 min à pied du Forum (accès en voiture par Flaine Forêt). 12 chambres.

Tarifs par personne et par jour

35 euros en chambre double + petit déjeuner

59 euros en chambre simple + petit déjeuner

Hôtel-Club «Le Flaine»

a) Il y a cinquante-deux chambres à l'Hôtel-Club «Le Flaine».

b) Les chambres sont avec salle de bain, toilettes, téléphone et télévision.

c) Il n'est pas possible d'obtenir un pique-nique à midi.

d) Il y a un bar à l'hôtel.

e) Il y a une piscine à l'hôtel.

Hôtel Cascade

f) L'hôtel est situé au centre-ville.

g) Le petit déjeuner est inclus dans le prix de la chambre.

h) Il n'y a pas de chambre simple à l'Hôtel Cascade.

Agence Astrid Immobilier

i) L'agence est ouverte tous les jours de la semaine.

j) L'agence offre des studios, des appartements à deux pièces et des appartements à trois pièces.

k) L'agence offre une réduction aux clients qui restent deux semaines à Flaine.

B *Relisez ces descriptions et reliez les expressions françaises ci-dessous à leurs équivalents anglais.* Read the descriptions again and match the French phrases below with their English equivalents.

Hôtel-Club «Le Flaine»

1) Situé au cœur de Flaine   **a)** With a view of the ski slopes

2) Avec une vue sur le domaine skiable   **b)** Full board

3) Pension complète   **c)** Relaxation room

4) Espace de jeux   **d)** Situated in the centre of Flaine

5) Salon de détente   **e)** Play area

Hôtel Cascade

1) Situé en pleine nature   **a)** Price per person per day

2) Une chambre simple   **b)** A double room

3) Tarif par personne et par jour   **c)** Situated in natural surroundings

4) Une chambre double   **d)** A single room

Agence Astrid Immobilier

1) Prix par semaine   **a)** Short breaks possible

2) Réduction à partir de la deuxième semaine   **b)** Discount available from the second week onwards

3) Mini-séjour accepté   **c)** Price per week

4) Arrivée à la carte   **d)** Arrival at any time

C *Traduisez les phrases ci-dessous en français.* Translate the sentences below into French.

a) I'd like a double room, please.

b) Have you got a room with bath, toilet and television?

c) Where is the relaxation room?

d) My hotel is situated in the heart of Paris.

e) I have a room with a view of the sea.

4 A *Écoutez et lisez cette conversation.* Listen to and read this conversation.

David	Bonjour, avez-vous une chambre de libre, s'il vous plaît?
Réceptionniste	Oui, monsieur, quelle sorte de chambre voulez-vous?
David	Je voudrais <u>une chambre</u> <u>double</u> <u>avec toilettes</u>, <u>douche ou salle de bain</u>, <u>télévision</u> et <u>téléphone</u>.
Réceptionniste	Oui, j'ai une chambre <u>avec toilettes</u>, <u>douche</u>, <u>téléphone</u> et <u>télévision</u>. C'est pour combien de nuits?
David	<u>Trois</u>, s'il vous plaît. C'est combien par nuit?
Réceptionniste	<u>35 euros</u> par personne et par nuit.
David	C'est parfait. Le petit-déjeuner est-il compris?
Réceptionniste	<u>Oui, monsieur, il est compris</u>. Voici votre clé. C'est la chambre <u>213</u>. C'est au <u>deuxième</u> étage. L'ascenseur est sur votre gauche.
David	Merci. Y a-t-il un restaurant à l'hôtel?
Réceptionniste	<u>Oui</u>, monsieur. <u>Il y a un restaurant au rez-de-chaussée</u> et <u>une piscine au sous-sol</u>.
David	Très bien. Merci et au revoir!
Réceptionniste	Au revoir et bon séjour, monsieur.
David	Ouah! Julie, cet hôtel est génial. On va bien s'amuser ici!

B *Pratiquez la conversation ci-dessus.* Practise this conversation.

C *Refaites le même exercice, mais cette fois utilisez les informations ci-dessous pour modifier les passages soulignés.* Do the exercise again and substitute the underlined sections with the information below.

1 ×   4 ×

5

A *Comparez ces phrases et les questions qui leur correspondent. Que remarquez-vous?* Compare these sentences and the questions which are linked to them. What do you notice?

1) Vous avez des amis français. **a)** Avez-vous des amis français?

2) Tu vas à l'université en bus. **b)** Vas-tu à l'université en bus?

3) Tu finis tes cours à sept heures. **c)** À quelle heure finis-tu tes cours?

B *Complétez les questions suivantes.* Complete the following questions.

a) **Oui**, j'adore le sport. _____-vous le sport?

b) J'ai **trois examens.** **Combien** d'examens _____-vous?

c) Marc se couche **à onze heures**. **À quelle heure** se _____ _____ ?

d) Julie a **vingt-deux ans**. **Quel** âge _____ _____ ?

e) Le restaurant universitaire est **Où** _____ le _____

au premier étage. _____ ?

f) Ils vont en Espagne **en juillet**. **Quand** _____-ils en Espagne?

g) Ils vont en Espagne **en avion**. **Comment** _____-_____ en Espagne?

h) Marina fait **du cyclisme**. **Que** _____ _____ ?

C *Traduisez les questions que vous venez de compléter en anglais.* Now translate the questions you have just completed into English.

Poser des questions

■ To ask a question in French, you need to invert the verb and the pronoun.

Exemples: Il est anglais./**Est-il** anglais?
Oui, ils ont une voiture./**Ont-ils** une voiture?
Non, je n'aime pas le sport./**Aimes-tu** le sport?

■ You also need to learn the following words.

où?	where?	*à quelle heure?*	at what time?
quand?	when?	*combien?*	how many?/how much?
qui?	who?	*comment?*	how?
quel? or *quelle?*	which?	*pourquoi?*	why?
que? or *qu'?*	what?		

Dessert

Le temps, le ski et autres plaisirs

■ La météo: quel temps fait-il aujourd'hui?

A *Écoutez le bulletin de la météo des neiges et complétez le tableau ci-dessous.* Listen to the forecast for snow and fill in the table below.

Station de ski	Altitude	Temps	Températures minimales et maximales	cm de neige
Avoriaz	1800 m	soleil/chaud	5°/12°	210 cm
Chatel				
Courchevel				
Flaine				
Les Carroz				

B *Décrivez en quelques phrases le temps qu'il fait aujourd'hui.* Using a few phrases, say what the weather is like today.

C *Décrivez le temps typique qu'il fait en juillet et en décembre dans votre pays ou région d'origine.* Say what the weather is like in your country or region in July and December.

A *Comparez ces phrases qui nous parlent d'aujourd'hui et de demain. Que remarquez-vous?* Compare these sentences which describe how things are today and how they will be tomorrow. What do you notice?

a) Il fait beau et chaud à Avoriaz.   Demain, il **va faire** beau et chaud à Avoriaz.

b) Il neige à Chatel.   Demain, il **va neiger** à Chatel.

c) Il pleut à Flaine.   Demain, il **va pleuvoir** à Flaine.

d) Julie et David font du ski.   Demain Julie et David **vont faire** du ski.

e) Je mange au restaurant ce soir.   Demain, je **vais manger** au restaurant.

B *Complétez les blancs dans les phrases au futur immédiat. Aidez-vous des exemples ci-dessus.* Fill in the gaps in the sentences using the immediate future tense. Use the examples above to help you.

a) Il fait froid à Morzine.   Demain, il _____ _____ froid à Morzine.

b) Il neige aux Deux Alpes.   Demain, il _____ _____ aux Deux Alpes.

c) Il pleut à Chamonix.   Demain, il _____ _____ à Chamonix.

d) Marc fait du ski.   Demain, Marc _____ _____ du ski.

e) Elle fait du snowboard.   Demain, elle _____ _____ du snowboard.

f) Nous nous levons tôt.   Demain, nous _____ nous _____ tôt.

vocabulaire utile

la piste: *the slope*
le moniteur: *the instructor*
glisser: *to slide*
tomber: *to fall*

C *Lisez ce texte et ré-écrivez-le au futur en commençant par 'Demain . . . '* Read this text and rewrite it in the immediate future tense, starting with 'Demain . . .'

Aujourd'hui Luc a sa première leçon de ski. Il se lève à sept heures. Il prend son petit déjeuner vers sept heures et demie. Il attend son groupe à l'école de ski. Sur la piste, Luc et son groupe écoutent les instructions de leur moniteur. Le moniteur glisse lentement. Luc et son groupe glissent et tombent . . .

Coin langue

Le futur avec 'aller'

■ This is an informal way of expressing the future tense, which is nevertheless commonly used in French. It is equivalent to 'is going to' in English.

■ To form it, use *aller* in the present tense followed by the verb in its infinitive form (as found in a dictionary).

Exemples:
*Ce soir, nous **allons manger** en ville.*
Tonight, we are going to eat in town.

*En mai, mes parents **vont déménager**.*
My parents are going to move in May.

*Je **vais étudier** en Allemagne en septembre.*
I'm going to study in Germany in September.

*Que **vas-tu faire** ce week-end?*
What are you going to do this weekend?

*À quelle heure **vas-tu te coucher** samedi?*
At what time are you going to bed on Saturday?

3 *David et Julie consultent des brochures à l'office de tourisme. Regardez les extraits de ces brochures touristiques et trouvez les réponses aux questions ci-dessous.* David and Julie are looking at brochures in the tourist information office. Look at these extracts from tourist brochures and answer the questions below.

vocabulaire utile

le matériel de ski: *ski equipment*

le ski de fond: *long-distance skiing*

le ski de descente: *downhill skiing*

le snowboard: *snowboarding*

Les forfaits

Grand Massif	Tarifs en euros			
	Adulte	**Senior** + de 60 ans	**Junior** de 12 à 15 ans	**Kid** de 5 à 11 ans
Journée				
Forfait Journée	32€	27€	25,50€	23,50€
Forfait à partir de 11h30	28€	23,50€	22,50€	20,50€
Séjours				
2 jours	63,50€	54€	50€	47€
3 jours (photo obligatoire)	91€	77€	73€	68€
4 jours "	121€	103€	96€	89€
5 jours "	150€	128€	120€	111€
6 jours "	160€	136€	128€	117€
7 jours "	183€	155€	144€	136€
8 jours "	210€	179€	163€	155€
Journée supplémentaire (à partir de 5 jours)	26€	22€	21€	19€

1

2

www.skiflaine.com

Vous pouvez obtenir chaque jour les ouvertures et fermetures des pistes et remontées mécaniques en direct, avoir la météo et les conseils du jour, découvrir le domaine skiable et ses bons spots, connaître les services à votre disposition…

Nouveautés 2003/2004

Webcams, vente de forfait en ligne avec le système mains libres et vente en ligne de séjours et de packages.

PROMO PÂQUES 2004

3 jours Grand Massif les 10, 11 et 12 avril au prix de 62 € (adulte, enfant, senior)

OFFRE « PACKAGE » (Noël, printemps,…)

en collaboration avec les hébergeurs de la station et sur www.skiflaine.com. Pour en savoir plus : contactez le service commercial du domaine skiable au 04 50 90 40 00 ou surfez sur www.skiflaine.com

Grand Massif

a) What are the four different age groups?

b) What type of pass costs 28 euros?

c) How much would a seven-day pass cost you?

d) What do you need when you buy a pass for three days or more?

www.skiflaine.com

e) What daily services does the dog advertise?

f) What special offer can you get for Easter?

Des cours collectifs

Ambiance relax et joyeuse

Peu d'élèves par cours. Une semaine entière avec le même moniteur pour créer l'ambiance et le suivi pédagogique. Succès et plaisir assurés de la classe débutant à la classe compétition.

3

L'école de ski

a) Does the school advertise individual or group tuition?

b) How long is the tuition for?

c) What is the formula for a friendly atmosphere and real progress?

d) What is the range of levels advertised?

4 *Regardez le prospectus ci-dessous. Quelles activités Flaine vous offre-t-elle? Quelles informations supplémentaires concernant ces activités vous donne-t-on? Look at the brochure below. What activities are offered in Flaine? What are we told about each activity?*

Piscine couverte
Piscine couverte et chauffée à 26°.
Pataugeoire. Cours d'aquagym.
Tél. : 04 50 90 62 91

Bowling
Bowling 6 pistes, à Flaine Forêt.
Tél. : 04 50 90 93 96

Billard
Au bar le Diamant Noir et au Bowling, à Flaine Forêt.
Tél. : 04 50 90 84 65

Patinoire
Patinoire naturelle située sur le Forum, ouverte tous les jours selon la météo.
Tél. : 04 50 90 89 31

Cyber café
Avec carte téléphonique au White Grouse Pub. Une deuxième borne à la Perdrix Noire à Flaine Forêt.

Centre culturel
Expositions, bibliothèque dans la Galerie Marchande à Flaine Forum.
Tél. : 04 50 90 41 73

Escalade
Mur artificiel situé à l'Auditorium (Flaine-Forêt). Cours & renseignements: 06 87 35 85 52

Conduite sur glace
Apprenez à maîtriser un véhicule sur une route verglacée en toute sécurité.
Flaine Front de Neige.
Baptêmes et cours.
Tél. : 04 50 90 82 59

Motoneige
Vivez une soirée inoubliable et pilotez votre motoneige!
Magasin Snowski à Flaine Forum.
Tél. : 04 50 90 83 06

Parapente
Voler, le plus ancien rêve de l'Homme, accessible à tous!
Vols biplace ou cours.
Alain Barnier, Tél. : 04 50 90 01 80

Vols en hélicoptère
Vue du ciel, la région est encore plus impressionnante!
Tél. : 04 50 74 22 44

Traîneaux à chiens
Devenez maître d'une magnifique horde de chiens "Huskies".
Tél. : 04 50 89 00 89

Café

Prononciation et orthographe

As a rule, the endings of many French words are silent. However, in the feminine, we add an -e to the written form and pronounce the final consonant.

Exemples:

anglais → the *s* is silent   anglaise → the *s* is no longer silent
dangereux → the *x* is silent   dangereuse → the ending is no longer silent

-er verbs

The *-ent* ending for the third person plural *ils* and *elles* is also silent.

Exemples:

Ils s'appellent Marc et Luc.
Elles adorent le vin.
Ils regardent la télévision.

A   *Essayez de deviner comment se prononcent les mots ci-dessous. Puis écoutez l'enregistrement pour vérifier vos réponses.* Try to predict how to say the words below. Then listen to the recordings to check your answers.

- ils parlent   elles jouent   nous parlons   vous travaillez   elles voyagent
- un forfait   un restaurant   la douche   froid   froide
- un débutant   une débutante

Travail personnel

Voici quelques idées pour vous aider à fournir un travail personnel. Toutes les activités suggérées sont liées à ce que vous venez d'apprendre dans ce chapitre. Here are some ideas to enable you to do independent work. All the tasks suggested are based on the material you have studied in this chapter.

1

- *Vous allez à Flaine en avion. À l'aide du site Internet suivant trouvez un vol sur Genève:* www.ebookers.fr/index.html. *Imprimez les détails.* You are going to Flaine by plane. Use the Internet site to find a flight to Geneva. Print out the details.

2

- *Trouvez un programme de grammaire sur Internet ou un livre de grammaire. Travaillez les points de grammaire traités dans ce chapitre. Imprimez ou photocopiez ces exercices et ajoutez-les à vos travaux.* Find a grammar programme on the Web or a grammar book. Practise the grammar points you have studied in this chapter. Print out or photocopy the exercises and add them to your portfolio.

3 ■ *Trouvez un(e) étudiant(e) francophone et posez-lui des questions sur ses projets de vacances. Préparez vos questions à l'avance et demandez-lui de parler lentement. Enregistrez cette conversation.* Find a native speaker of French and interview him/her about his/her holiday plans. Prepare your questions well and ask him/her to speak slowly. Record this activity.

4 ■ *Consultez Internet pour trouver des informations supplémentaires sur des vacances en France. Faites des recherches sur Chamonix, une station de ski située dans les Alpes françaises, www.chamonix.com. Faites aussi des recherches sur Le Lavandou, une station balnéaire www.lelavandou.com. Consultez les sites Internet indiqués et essayez de comprendre les informations qui s'y trouvent.* Find out more on the Web about holidays in France. Look for a resort in the Alps called Chamonix www.chamonix.com and for another at the seaside called Le Lavandou www.lelavandou.com. Look at the French version of these sites and see what information you can understand. Then write up in French an account of the activities on offer.

Interlude digestif

Cette bande dessinée illustre comment se comporter au ski. Essayez de comprendre ces conseils. Look at the cartoon strip about recommended behaviour when skiing. How much of it can you understand?

★ Info-culture

Le ski et les sports d'hiver

Going skiing, although not cheap, is fairly common in France. There are a number of ski resorts in France. The main mountain range is the Alps, situated in the south-east, which separate France from Switzerland and Italy. The second most important mountain range is the Pyrenees. They are in the south-west and form the border between Spain and France. The Massif Central in the centre of France, although less well known, nevertheless offers several good ski resorts. Finally, the Vosges in the north-east also offer good skiing, but for a shorter period of time. The Vosges are on the border between France and Germany.

Most people take a winter break. The school holidays, which last two weeks, are usually in February. The most popular winter sport is downhill skiing. However, an increasing number of young people go snowboarding. Nordic, or cross-country skiing, is also popular.

What you need to know when you are going skiing:

les chaussures de ski: ski boots	*le forfait:* ski pass
les skis: skis	*le téléphérique:* cable car
les bâtons: ski sticks	*le télésiège:* chair lift
les fixations: the bindings	*le tire-fesse:* ski lift

What you may be asked when hiring your ski gear:

Quelle est votre pointure?	What is your shoe size?
Combien mesurez-vous?	How tall are you?
Combien pesez-vous?	How much do you weigh?
Quel est votre niveau?	What's your level?
débutant/intermédiaire/expérimenté	beginner/intermediate/advanced
une caution de 5 euros	a five euro deposit

Récapitulatif

You should be able to

★ *Comparer les différents moyens de transport*
Compare different means of transport

★ *Organiser votre voyage et prendre le train*
Plan your journey and take the train

★ *Réserver votre chambre d'hôtel*
Book your hotel room

★ *Vous renseigner sur les activités de sports d'hiver et parler du temps*
Find out information about winter sports activities and talk about the weather

Faites les exercices ci-dessous et révisez les éléments sur lesquels vous avez des doutes avant d'étudier le chapitre qui suit. Test yourself using the exercises below and revise any of the material you are not sure about before going on to the next chapter.

A *Trouvez l'intrus parmi les mots suivants.* Find the odd-one-out in the following lists of words.

a) bus / train / gare routière / météo

b) salle d'attente / guichet / quai / magazine

c) pratique / arriver / confortable / lent

d) ouvert / beau / ensoleillé / froid

e) aller-retour / fumeur / forfait / deuxième classe

f) tante / tente / descente / oncle

g) forfait / neige / ski / restaurant

h) partir / voyager / gare / skier

i) cliquer / consulter / taper / voyager

B *Corrigez les erreurs de grammaire/ou d'orthographe! Le nombre d'erreurs est indiqué entre parenthèses.* Correct the grammar and spelling mistakes in the sentences below! The number of mistakes is shown in brackets.

a) Aver-vous une chambre deux libre? (2)

b) Le forfait coûter trente-trois euro. (3)

c) Je voudrait un chambre avec douche et telévision. (3)

d) Je préfère le train par ce que c'et plus comfortable. (3)

C *Répondez par écrit aux questions suivantes.* Answer the following questions in writing.

a) Préférez-vous l'avion ou le train?

b) Pourquoi?

c) Quel moyen de transport détestez-vous?

d) Pourquoi?

e) Préférez-vous l'hôtel, le camping ou louer un appartement?

f) Pourquoi?

g) Préférez-vous la montagne en été ou en hiver?

h) Pourquoi?

D *Refaites l'exercice ci-dessus (C) oralement.* Re-do the exercise above (C) orally with your partner.

Nous voici déjà à la fin de l'unité 4! Here we are, already at the end of unit 4!

Index de vocabulaire

Les moyens de transport	Means of transport
autobus/bus (m.)	bus
autocar/car (m.)	coach
avion (m.)	plane
bateau (m.)	boat
bicyclette (f.)	bicycle
ferry (m.)	ferry
métro (m.)	tube
taxi (m.)	taxi
train (m.)	train
vélo (m.)	bike
voiture (f.)	car

La description	Description
bien	well
bon marché	cheap
cher	expensive
confortable	comfortable
dangereux	dangerous
efficace	efficient
inconfortable	uncomfortable
inefficace	inefficient
lent	slow
mauvais	bad
meilleur/mieux	better
pire	worse
pratique	convenient
rapide	fast
relaxant	relaxing
stressant	stressful

On voyage	Travelling
aller simple (m.)	single
aller-retour (m.)	return
arrivée (f.)	arrival
arriver	to arrive
billet (m.)	ticket
cafétéria (f.)	cafeteria
changer	to change
consulter	to check
correspondance (f.)	connection
destination (f.)	destination
départ (m.)	departure
direct	direct
fumeur	smoking
non-fumeur	non-smoking
gare (f.)	station
gare routière (f.)	coach station
guichet (m.)	ticket office
guichet automatique (m.)	ticket machine
horaire (m.)	timetable
magazine (m.)	magazine
offre spéciale (f.)	special offer
partir	to leave
prendre	to take
première classe (f.)	first class
deuxième classe (f.)	second class
place (f.)	seat
provenance (f.)	coming from

réserver	to book
salle d'attente (f.)	waiting-room
ticket (m.)	ticket
toilettes (pl.)	toilet
quai (m.)	platform
voyage (m.)	journey
voyager	to travel

Le logement	Accommodation
agence immobilière (f.)	estate agency
ascenseur (m.)	lift
avoir besoin	to need
chambre (f.)	bedroom
chambre de libre (f.)	vacancy
clé/clef (f.)	key
demi-pension (f.)	half-board
emplacement (m.)	pitch for a tent
inclus(e)	included/including
louer	to rent/to hire
ouvert(e)/fermé(e)	open/closed
pension complète (f.)	full board
prix (m.)	price
par personne	per person
par jour/par semaine	per day/per week
réduction (f.)	discount
restaurant (m.)	restaurant
salle de jeux (f.)	games room
studio (m.)	one bedroom flat
tente (f.)	tent
vue (f.)	view

Les questions	Question words
à quelle heure?	at what time?
combien?	how many?/much?
comment?	how?
où?	where?
pourquoi?	why?
quand?	when?
quel/quelle?	which?
que/qu'?	what?
qui?	who?

Le temps	Weather
altitude (f.)	altitude
beau	nice/sunny
brouillard (m.)	fog
brume (f.)/brumeux	mist/misty
chaud	hot
éclaircie (f.)	brightening up
ensoleillé(e)	sunny
enneigement (m.)	level of snow
frais	cool/fresh
froid	cold
neiger/il neige	to snow/it snows
nuage (m.)/nuageux	cloud/cloudy
orage (m.)/orageux	storm/stormy
pleuvoir/il pleut	to rain/it rains
soleil (m.)	sun
temps (m.)	weather
vent (m.)/venteux	wind/windy

En ville: à Bruxelles

Plan de l'unité

In this unit you will

★ *Demander et comprendre des directions*
Ask for and understand directions

★ *Vous renseigner sur ce qu'on peut visiter et faire à Bruxelles*
Enquire about what there is to see and do in Brussels

★ *Voyager en transports publics*
Travel by public transport

★ *Acheter des souvenirs*
Buy some souvenirs

Révision

Lisez le texte ci-dessous et trouvez les questions qui correspondent aux réponses suivantes. Read the text below and make up questions to match the answers below.

a) L'aérophile est un ballon.

b) C'est un ballon captif parce qu'il est fixé au sol par un câble.

c) L'aérophile peut transporter environ 30 personnes.

d) Il atteint une altitude de 150m.

e) On peut voir la vieille ville, les quartiers commerciaux et le port de Bruxelles.

f) Non, l'aérophile est ouvert tous les jours. Le vol dure 10 minutes.

g) L'entrée coûte 10 euros.

h) Oui, il y a une réduction pour les étudiants.

i) Non, c'est gratuit pour les enfants de moins de cinq ans.

L'aérophile – nom du ballon captif – est le plus grand ballon du monde. Il a une enveloppe de 5.500 m³ gonflée en permanence à l'hélium et une nacelle circulaire pouvant accueillir jusqu'à 30 personnes à la fois. Il est relié au sol par un câble qui, déroulé, élève les touristes-voyageurs à 150 mètres d'altitude.

De là-haut, après avoir dépassé les tours du quartier Nord, le voyageur aura une vue panoramique exceptionnelle sur Bruxelles, étant placé entre la Grand-Place et l'Hôtel de Ville, la Basilique de Koekelberg, l'Atomium, et le quartier européen. La vision de là-haut portera à quelque 30 à 40 km par temps clair. Il permettra de comprendre les réalités urbanistiques de Bruxelles, avec ses quartiers d'habitation, son centre d'affaires ultra-moderne, la vieille ville, les grandes avenues, une gare importante, les espaces verts, le canal, son port et ses industries…

Informations générales

• Addresse: Espace Gaucheret, au bout du Boulevard Roi Albert II, à 1030 Bruxelles (à côté de la Gare du Nord)
• Heures d'ouverture: Tous les jours – Heures d'hiver: 10h à 18h; Heures d'été: 9h à 19h + du 29/5 au 5/10, le jeudi, vendredi, samedi: de 9h à 21h
• Location pour enterprises ou privés sur demande.
• Durée du vol: environ 10 minutes
• Prix: – 10 €
      – 8 € (étudiants, seniors, moins valides, groupes +20 pers.)
      – 5 € (5 à 12 ans) – gratuit pour les moins de 5 ans.
• Réservation obligatoire pour les groupes.

ATTENTION: Le Ballon Belgacom vole en fonction des conditions météorologiques. Il est préférable de téléphoner avant de venir.

Apéritif

Les directions

1 *Regardez ces images et reliez chacune de ces images au mot de vocabulaire qui les décrit.* Look at these pictures and match them to the words which describe them.

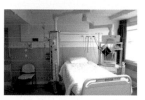
1

2

3

4

5

6

7

8

9

10

11

12

a) un camping

b) un parc

c) un restaurant

d) un stade

e) un musée

f) un marché

g) un hôpital

h) une banque

i) une gare

j) une discothèque

k) une patinoire

l) une piscine

2 **A** *Écoutez ces trois personnes qui décrivent leur ville ou village et cochez ce qu'ils mentionnent dans le tableau ci-dessous.* Listen to these three people describing their home town or village and tick the things they mention in the table below.

	café	restaurant	musée	discothèque	parc	cinéma	hôpital	stade	église
Flavigny									
Dijon									
Beaune									

B *Ré-écoutez ces conversations et décidez si les phrases ci-dessous sont vraies ou fausses.* Listen to the conversations again and decide whether the statements below are true or false.

a) Flavigny est un grand village.

b) Les restaurants de Flavigny sont excellents.

c) Dijon est un village.

d) Il y a une cathédrale à Dijon.

e) Certaines maisons de Dijon datent du Moyen Âge.

f) On peut assister à des concerts de jazz à Dijon.

g) Beaune est une ville industrielle.

h) Les Hospices de Beaune sont un ancien hôpital.

i) On peut goûter les différents vins de Bourgogne dans les caves de Beaune.

j) On peut acheter des produits locaux aux marchés de Beaune.

3 **A** *Stéphane, Marie et d'autres étudiants passent quelques jours à Bruxelles pour visiter les attractions de la ville. Écoutez et lisez la conversation suivante.* Stéphane, Marie and some other students are spending a few days in Brussels to visit the city's attractions. Listen to and read the following conversation.

Stéphane Bonjour, madame. On est là pour quelques jours, qu'est-ce qu'on peut visiter <u>à Bruxelles</u>?

L'employée Oh là là. Il y a beaucoup de choses à voir et à faire <u>à Bruxelles</u>. Il y a d'abord les monuments célèbres comme par exemple: <u>la Grand-Place</u>, <u>le Palais Royal</u>, <u>le Manneken Pis</u> et <u>la gare Bruxelles-Luxembourg</u>. Et puis, il y a des galeries d'art. Il y a aussi des musées. Par exemple, il y a <u>le Musée des Bandes dessinées</u>, <u>le Musée du Chocolat</u> et <u>le Musée Royal de l'Armée et d'Histoire Militaire au parc du Cinquantenaire</u>. Et si vous aimez sortir: il y a des concerts de musique classique, des concerts pops, des théâtres, des restaurants et des cafés et terrasses, bien sûr.

Stéphane Merci beaucoup, madame. Avez-vous un plan de la ville et des brochures?
L'employée Oui, bien sûr. Voilà. Au revoir.
Stéphane Merci, au revoir.

B *Ré-écoutez et pratiquez la conversation ci-dessus.* Listen to the conversation again and practise it.

C *Faites le jeu de rôle ci-dessus.* Now practise this conversation.

D *Refaites le même exercice, mais cette fois utilisez les informations ci-dessous pour modifier les passages soulignés pour parler de Paris.* Do the same exercise, but this time talk about Paris. Substitute the underlined sections with the information below.

Paris

Les monuments célèbres:

La Tour Eiffel

L'Arc de Triomphe

Notre-Dame

Les musées:

Le Louvre

Le Centre Pompidou

Le Musée Jean Moulin

à deux **4** *Consultez ce prospectus et répondez aux questions qui suivent.* Look at this leaflet and answer the questions below.

Le Ministère de la Communauté française
et 149 musées de Wallonie
et de Bruxelles
vous invitent au

**Printemps
des
musées**

Histoire, histoires
Dimanche 2 mai 2004
www.printempsdesmusees.cfwb.be
0800.20000

Printemps des musées 2004

Une opération coordonnée par la direction générale de la Culture, Service du Patrimoine culturel.

Les musées organisent de nombreuses animations autour du thème **Histoire, histoires**.

Ouverture: 5–30 avril, lundi–vendredi, 8h–18h

Rendez-vous le dimanche 2 mai: à deux pas de chez vous, il y a toujours un musée à découvrir . . .

a) Qui vous invitent au printemps des musées?

b) À quelle date se passe le printemps des musées?

c) Combien de musées participent à cet événement?

d) Qu'organisent ces musées?

tout seul **5** **A** *Stéphane, Marie et les autres sont dans le centre de Bruxelles. Lisez les extraits de conversations suivantes et reliez chacune au poster qui convient.* Stéphane, Marie and the others are in the centre of Brussels. Read the following extracts from their conversations and match them to the correct pictures.

1 *Pardon, monsieur, où est le Musée des Brasseurs belges, s'il vous plaît?*

2 *Pour aller à la Porte de Hal, s'il vous plaît?*

3 Le Musée des Instruments de Musique, s'il vous plaît?

4 **Pardon, mademoiselle, où se trouve le Musée de la Bande dessinée?**

5 **Je cherche le Musée des Chemins de Fer.**

6 Pardon, madame, je cherche le Musée Royal de l'Armée et d'Histoire Militaire.

Musée des Brasseurs belges

Musée national de la bière

Grand-Place 10
Bruxelles 1000

Tous les jours: 10h-17h; sam et dim: 12h-17h

Train/Metro/Tram 3 52 55 56 81
Bus 34 48 95 96

a

CENTRE BELGE DE LA BANDE DESSINÉE

La BD de ses origines prestigieuses à ses développements les plus récents.

Rue des Sables 20
Bruxelles 1000

Mar au dim: 10h-18h

Train/Metro/Bus 29 38 60 63 65 66 71

b

LA PORTE DE HAL

Ce dernier vestige de l'architecture militaire urbaine du XIVe siècle est ouvert lors d'événements ponctuels.

Boulevard du Midi
Bruxelles 1000

Mar, mer, ven: 9h30-17h
Jeu: 9h30-20h
Sam et dim: 10h-17h

Train/Metro/Tram 3 55 90
Bus 20 48

d

MUSÉE des CHEMINS de FER BELGES

Histoire et techniques des chemins de fer en Belgique.

Gare du Bruxelles-Nord
Rue du Progrès 76
Schaerbeek 1000

Lun au ven: 9h-16h30 + 1er sam du mois

Train/Tram 3 52 55 56 81 90
Bus 14 38 57 61

f

MUSÉE DES INSTRUMENTS DE MUSIQUE

c

Ce musée, l'un des plus importants au monde, réunit une collection exceptionnelle de tous temps et de tous lieux.

Rue Montagne de la Cour 2
Bruxelles 1000

Mar, mer, ven: 9h30-17h
Jeu: 9h30-20h
Sam et dim: 10h-17h

Train/Tram 92 93 94
Bus 20 34 95 96

e

MUSÉE ROYAL DE L'ARMÉE et D'HISTOIRE MILITAIRE

Collection d'armes, d'uniformes et de matériel militaire. Important centre de documentation historique.

Parc du Cinquantenaire 3
Bruxelles 1000

Mar au dim: 9h-12h + 13h-16h45

Metro/Tram 81 82
Bus 22 27 28 36 61 67 80

B How many different ways of asking directions can you find? What exactly do they all mean?

C *Maintenant écoutez et répétez ces phrases.* Now listen to and repeat these sentences.

Coin langue

Les directions

■ The simplest way of asking for directions is to say *pour aller . . . ?*, which is means 'how to get to . . . ?' However, you need to change the preposition after *aller* according to the gender and number of the noun which follows.

Exemples:

*Pour aller **à la** piscine?*   How to get to . . . ? (feminine noun)
*Pour aller **à l'**hôpital?*   (noun starting with vowel or silent *h*)
*Pour aller **au** marché?*   (masculine noun)
*Pour aller **aux** musées?*   (plural)

e x p r e s s i o n s   u t i l e s

pardon madame, mademoiselle, monsieur:
excuse me sir, miss, madam (polite forms)
où est . . . ? *where is . . . ?*
où se trouve . . . ? *where is . . . ?*
je cherche . . . : *I'm looking for . . .*

6 A *Stéphane, Marie et les autres sont devant l'office du tourisme sur la Grand-Place. Écoutez et lisez la conversation ci-dessous.* Stéphane, Marie and the others are standing outside the tourism information office. Listen to and read the following conversation.

Stéphane   Pardon, monsieur, pour aller au Musée des Instruments de Musique, s'il vous plaît?

Le passant   Le Musée des Instruments de Musique? Hum, attendez. Ah, oui. Prenez la rue aux Herbes. Traversez la place Agora, puis continuez tout droit. Descendez la rue de la Madeleine. Traversez la place de l'Albertine et c'est là. Le musée est derrière la place de l'Albertine.

Stéphane   C'est loin?

Le passant   Non, c'est à cinq minutes d'ici.

Stéphane   Merci beaucoup, monsieur. Au revoir.

B *Reliez les expressions françaises à gauche à leurs équivalents anglais à droite.* Match the French expressions on the left with their English equivalents on the right.

1) Prenez la rue aux Herbes.

2) Traversez la place.

3) Continuez tout droit.

4) Descendez la rue de la Madeleine.

5) C'est là.

6) C'est loin?

7) Non, c'est à cinq minutes d'ici.

a) There it is.

b) No, it's five minutes from here.

c) Is it far?

d) Take the street named 'aux Herbes'.

e) Cross the square.

f) Carry straight on.

g) Go down the street named 'la Madeleine'.

> ### expressions utiles
>
> prenez la rue Victor Hugo: *take the street named 'Victor Hugo'.*
> allez tout droit: *go straight on.*
> tournez à gauche: *turn left.*
> tournez à droite: *turn right.*
> c'est sur votre gauche: *it's on your left.*
> c'est sur votre droite: *it's on your right.*
> Don't confuse *tout droit* (straight ahead) with *à droite* (to the right)!

7

A *Stéphane est sur la Grand-Place et il veut aller au Musée des Instruments de Musique. Lisez les trois directions suivantes et consultez le plan en face. Décidez laquelle de ces directions vous amène au Musée des Instruments de Musique et pour les autres indiquez où vous arrivez.* Stéphane is at the Grand-Place and he wants to get to the Musical Instruments museum. Read the following three instructions and look at the map opposite. Decide which instruction will get you to this museum and work out where you will get to in the other two cases.

Stéphane Pardon, monsieur, pour aller au Musée des Instruments de Musique, s'il vous plaît?

Réponse numéro 1:

Allez jusqu'à la place Agora, tournez à gauche, prenez la rue de la Montagne, continuez tout droit. Passez le parc et c'est là.

Réponse numéro 2:

Allez jusqu'à la place Agora. Traversez la place. Continuez tout droit et prenez la rue de l'infante Isabelle. Prenez la rue du Mont des Arts et continuez tout droit. Vous passez le parc et c'est là.

Réponse numéro 3:

Prenez la rue du Heuvel Colline et traversez les galeries St-Hubert. Tournez à gauche et prenez la première à droite: c'est la rue Léopold et le musée est sur votre gauche.

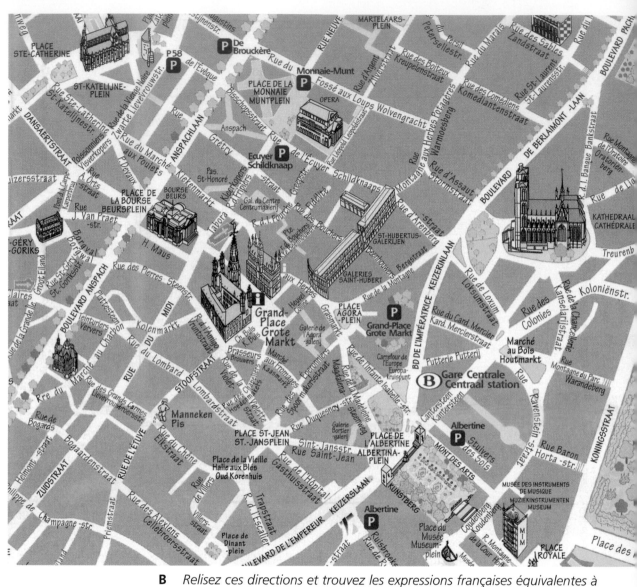

B *Relisez ces directions et trouvez les expressions françaises équivalentes à*
. . . Read the instructions again and find the French for:

a) Carry on as far as the square.   **d)** Take the first on your right.

b) Cross the square.   **e)** It's on your left.

c) Go past the park.

expressions utiles

jusqu'à la place: *as far as the square.*
jusqu'au bout: *right to the end.*
jusqu'au carrefour: *as far as the crossroads.*
jusqu'aux feux: *as far as the traffic lights.*
jusqu'au rond-point: *as far as the roundabout.*
passez le parc: *go past the park.*
traversez la place: *cross the square.*
traversez la rue: *cross the street.*
traversez le pont: *cross the bridge.*
prenez la première à droite: *take the first on the right.*
prenez la troisième à gauche: *take the third on the left.*

 tout seul **8**

Vous êtes sur le parking Monnaie près de l'opéra. Écoutez les trois conversations suivantes tout en regardant le plan ci-dessous. Pour chacune de ces conversations, décidez où vous arrivez. You are at the car park (parking Monnaie) near to the opera. Listen to these three conversations and look at the map. Decide where you get to in each case.

1) Vous arrivez au _____ .

2) Vous arrivez à la _____ .

3) Vous arrivez à la _____ .

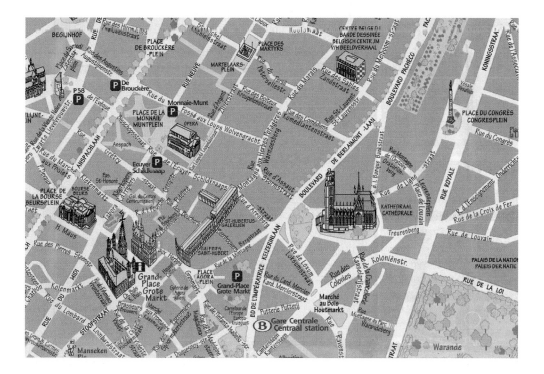

à deux **9**

A *Regardez ces phrases et traduisez-les en anglais.* Look at these sentences and translate them into English.

a) Téléphone à Marc.
Téléphonons à Marc.
Téléphonez à Marc.

b) Finis ce devoir.
Finissons ce devoir.
Finissez ce devoir.

c) Envoie un texto à Marc.
Envoyons un texto à Marc.
Envoyez un texto à Marc.

d) Vas-y en voiture.
Allons-y en voiture.
Allez-y en voiture.

B   *Dans quel contexte pensez-vous qu'on utilise ce genre de phrases?* In what situation do you think we use this type of sentence?

C   *Quelle est la différence entre 'achète', 'achetons' et 'achetez', etc.?* What is the difference between achète, achetons and achetez, etc.?

D   *Complétez le tableau suivant.* Complete the table below.

Entre!	Entrons!	Entrez!
Écoute ce CD.	_____ ce CD.	_____ ce CD.
_____ à gauche.	Tournons à gauche.	_____ à gauche.
Ne rougis pas!	Ne rougissons pas!	Ne _____ pas!
Lis ce livre.	_____ ce livre.	Lisez ce livre.
_____ à la bibliothèque!	Allons à la bibliothèque!	_____ à la bibliothèque!
_____ ce test!	Faisons ce test!	_____ ce test!
Ferme la porte!	_____ la porte!	_____ la porte!

Coin langue

L'impératif

■ The imperative is used to give commands or advice and to make suggestions. It is formed by using the *tu, nous* and *vous* forms of a verb in the present tense.

■ The *tu* form is used to express an informal command. Note that the -*s* which usually marks the *tu* form in the present tense of an -*er* verb is absent in the imperative.

Exemple: **Regarde** *ces photos!*

■ The *vous* form is used for a formal command or a command addressed to more than one person.

Exemple: **Revenez** *ici!*

■ The *nous* form is used for a collective command/suggestion including the speaker.

Exemple: **Allons** *au cinéma ce soir!*

■ *To be* and *to have* are irregular in the imperative:

to be: *sois, soyons, soyez*
to have: *aie, ayons, ayez*

Exemples: **Soyez** *à l'heure!*
*N'***ayez** *pas peur de l'examen de français!*

Hors-d'œuvre

Les musées

1

A *Stéphane et Marie sont à l'office du tourisme. Ils se renseignent sur le Musée Royal de l'Armée et d'Histoire Militaire et sur le Musée Royal de l'Afrique Centrale. Écoutez la conversation numéro 1 et cochez la case qui correspond à ce que vous venez d'entendre.* Stéphane and Marie are in the tourist information office. They are finding out about two museums. Listen to the first conversation and tick the correct boxes below.

Le Musée Royal de l'Armée est ouvert . . .

a) tous les jours ☐ tous les jours sauf le lundi ☐

b) de 9h à 12h et de 13h à 16h45 ☐ de 9h à 10h et de 14h à 16h45 ☐

B *Écoutez la conversation numéro 2 et cochez la case qui correspond à ce que vous venez d'entendre.* Listen to the second conversation and tick the correct boxes below.

Le Musée Royal de l'Afrique est ouvert . . .

a) tous les jours sauf le lundi ☐ tous les jours sauf le samedi ☐

b) de 10h à 17h du mardi au vendredi ☐ de 10 à 17h du mardi au samedi ☐

C *Ré-écoutez et lisez ces deux conversations.* Listen to and read the two conversations again.

Conversation 1:

L'employée	Bonjour, monsieur. Vous désirez?
Stéphane	Bonjour, mademoiselle. Je voudrais des renseignements sur <u>le Musée Royal de l'Armée et d'Histoire Militaire</u>. Le musée est-il ouvert tous les jours?
L'employée	Il est ouvert <u>tous les jours sauf le lundi</u>.
Stéphane	Quels sont les horaires d'ouverture?
L'employée	Le musée ouvre de <u>9h à 12h</u> et de <u>13h à 16h45</u>.
Stéphane	C'est combien l'entrée?
L'employée	<u>C'est gratuit, monsieur</u>.
Stéphane	Merci, mademoiselle. Au revoir!
L'employée	Au revoir, monsieur.

Conversation 2:

L'employée	Bonjour, mademoiselle. Vous désirez?
Marie	Bonjour. Je voudrais des renseignements sur le Musée Royal de l'Afrique Centrale. Le musée, est-il ouvert tous les jours?
L'employée	Il est ouvert tous les jours sauf le lundi.
Marie	Quels sont les horaires d'ouverture?
L'employée	Le musée ouvre de 10h à 17h du mardi au vendredi et de 10h à 18h les samedis et dimanches. Le musée est fermé le lundi.
Marie	C'est combien l'entrée?
L'employée	Quatre euros, mademoiselle.
Marie	Y-a-t-il des réductions pour les étudiants?
L'employée	Oui, bien sûr, pour les étudiants c'est un euro cinquante.
Marie	Merci beaucoup. Au revoir!
L'employée	Au revoir, mademoiselle.

D *Relisez ces conversations et reliez les expressions françaises à gauche à leurs équivalents anglais à droite.* Read the conversations again and match the French phrases on the left to their English equivalents on the right.

1) Le musée est-il ouvert?

2) Tous les jours.

3) C'est combien l'entrée?

4) Les horaires d'ouverture.

5) Des réductions pour les étudiants.

6) C'est gratuit.

7) Le musée est fermé.

8) Sauf le lundi.

a) *Is the museum open?*

b) *Except for Mondays.*

c) *The opening times.*

d) *It's free of charge.*

e) *Every day.*

f) *The museum is closed.*

g) *How much is the entrance fee?*

h) *Student discounts.*

E *Pratiquez la conversation 1.* Practise the first conversation. *Puis refaites cette conversation, mais cette fois utilisez les informations ci-dessous pour modifier les passages soulignés.* Practise the conversation again, but this time substitute the underlined sections with the information below.

MUSÉE DU TRANSPORT URBAIN BRUXELLOIS

Le passé du transport en commun à Bruxelles à partir de 1869.

Avenue de Tervuren 364B

Woluwe-St-Pierre 1150

Sam, dim et jours fériés: 13h30-19h

(avril-septembre)

Tram 39 44

Bus 36 42

2

A *Stéphane et Marie sont à l'office du tourisme. Ils se renseignent sur les possibilités d'excursions. Écoutez et lisez la conversation suivante.* Stéphane and Marie are in the tourist information office. Listen to and read the following conversation.

L'employée	Bonjour, messieurs-dames. Vous désirez?
Marie	Bonjour. Est-ce que vous organisez des excursions au départ de Bruxelles?
L'employée	Oui, bien sûr. Je peux vous proposer trois excursions: une visite d'Aix-la-Chapelle, une visite de Louvain, ou une journée à Hofstade. Aix-la-Chapelle est une très jolie ville médiévale. Louvain est une ville gothique et Hofstade est un centre de sports aquatiques.
Marie	Les excursions sont-elles en car ou en train?
L'employée	Toutes les excursions sont en car. Deux heures de car pour Aix-la-Chapelle, une heure et demie pour Louvain et environ une heure pour Hofstade.
Marie	C'est combien par personne?
L'employée	Pour Aix-la-Chapelle c'est 45 euros, pour Louvain 35 euros et pour Hofstade 20 euros.
Marie	Qu'est-ce-que vous nous recommandez?
L'employée	Aix-la-Chapelle – c'est très célèbre et c'est absolument magnifique.
Marie	Alors, Stéphane, qu'est-ce que tu en penses? On y va?

B *Relisez la conversation et décidez si les phrases ci-dessous sont vraies ou fausses. Corrigez celles qui sont fausses.* Read the conversation again and decide whether the statements below are true or false. Correct those which are false.

a) L'office de tourisme organise quatre excursions au départ de Bruxelles.

b) Aix-la-Chapelle est une très jolie ville.

c) Louvain est une ville très moderne.

d) Les excursions sont en car.

e) L'excursion pour Hofstade est gratuite.

f) L'employée recommande Aix-la-Chapelle.

Plat principal

Les transports publics

A *À Bruxelles, on peut voyager en métro, en tramway et en bus. Pour aller en banlieue, on peut aussi prendre le train. Il y a trois lignes de métro: la ligne 1A, la ligne 1B et la ligne 2. Il y a près d'une centaine de lignes de bus et de nombreuses lignes de tram. Voici le plan du métro et des lignes de tram en tunnel. Consultez le plan du métro ci-dessous et répondez aux questions suivantes.* In Brussels you can travel by tube, tram or bus. You can also go by overground train to get to the suburbs. There are three tube lines: 1A, 1B and 2. There are almost 100 bus routes and many tramways. Here is a map of the tube system and underground tram lines. Look at the tube map and answer the following questions.

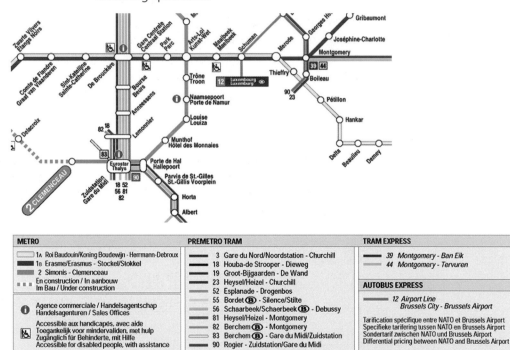

METRO		PREMETRO TRAM		TRAM EXPRESS	
1A Roi Baudouin/Koning Boudewijn - Herrmann-Debroux		3 Gare du Nord/Noordstation - Churchill		39 Montgomery - Ban Eik	
1B Erasme/Erasmus - Stockel/Stokkel		18 Houba-de Strooper - Dieweg		44 Montgomery - Tervuren	
2 Simonis - Clemenceau		19 Groot-Bijgaarden - De Wand			
En construction / In aanbouw Im Bau / Under construction		23 Heysel/Heizel - Churchill		**AUTOBUS EXPRESS**	
		52 Esplanade - Drogenbos		12 Airport Line Brussels City - Brussels Airport	
Agence commerciale / Handelsagentschap Handelsagenturen / Sales Offices		55 Bordet (B) - Silence/Stilte			
		56 Schaarbeek/Schaerbeek (B) - Debussy		Tarification spécifique entre NATO et Brussels Airport	
Accessible aux handicapés, avec aide Toegankelijk voor mindervaliden, met hulp Zugänglich für Behinderte, mit Hilfe Accessible for disabled people, with assistance		81 Heysel/Heizel - Montgomery		Specifieke tarifering tussen NATO en Brussels Airport	
		82 Berchem (B) - Montgomery		Sondertarif zwischen NATO und Brussels Airport	
		83 Berchem (B) - Gare du Midi/Zuidstation		Differential pricing between NATO and Brussels Airport	
		90 Rogier - Zuidstation/Gare du Midi			

www.stib.irisnet.be/FR/31000F.htm

Vous êtes à la Gare du Midi.

a) Pour aller à la Porte de Namur, c'est quelle ligne?

b) Pour aller à Merode, c'est direct?

c) Pour aller à Montgomery, c'est quelle ligne? C'est direct? Il faut changer à quelle station?

B *Faites les jeux de rôle ci-dessous. Utilisez les phrases ci-dessus et les expressions utiles qui suivent.* Do the following role-plays. Use some of the phrases you have just met and the useful expressions below.

a) Vous êtes à De Brouckère. Vous voulez aller à Merode.

b) Vous êtes à De Brouckère. Vous voulez aller à Sainte-Catherine.

c) Vous êtes à De Brouckère. Vous voulez aller à l'Hôtel des Monnaies.

e x p r e s s i o n s   u t i l e s

se renseigner sur les transports publics: *finding out about public transport*
pardon, madame/monsieur/mademoiselle: *excuse me, madam/sir/miss.*
pour aller à (Merode), c'est quelle ligne? *which line goes to (Merode)?*
c'est direct? *is it a through service?*
oui, c'est direct. *yes, it's a through service.*
Non, il faut changer à . . . : *no, you must change at . . .*
Il faut changer à quelle station? *at what station must I change?*
il faut changer à quel arrêt? *at what stop must I change?*
c'est le troisième arrêt: *it's the third stop.*
c'est le prochain arrêt: *it's the next stop.*
c'est la prochaine station: *it's the next tube station.*
où est la station de métro la plus proche? *where's the nearest tube station?*
où est l'arrêt de bus le plus proche? *where's the nearest bus stop?*
je voudrais un ticket de bus/metro/tram. *I'd like a bus/tube/tram ticket.*

A *Lisez les informations sur la carte 'Jump' et remplissez les blancs dans le texte ci-dessous avec les mots suggérés en gras.* Read the information about the 'Jump' pass and then fill in the gaps in the text below using the words suggested in bold.

Les transports en _____ de Bruxelles sont _____ à utiliser. Ils _____ aussi peu coûteux et ils respectent

_____ . Avec la carte 'Jump', il est possible de

_____ avec les quatre sociétés de _____ en commun de

Bruxelles. C'est très pratique, parce qu'on n'a pas besoin de _____

différents pour utiliser le _____ , le tram ou le bus. Le même ticket est

valable pour tout!

billets	transport	l'environnement	voyager
commun	sont	faciles	métro

Toujours plus performants, les transports en commun dans la région bruxelloise s'efforcent d'être LE moyen de transport le plus facile, le moins coûteux et le plus respectueux pour l'environnement. Depuis le 1ᵉʳ février 2003, les cartes de 1, 5, 10 voyages et la carte d'un jour sont devenues des cartes Jump vous permettant ainsi de voyager indifféremment avec les quatre sociétés de transport en commun dans Bruxelles (STIB, TEC, SNCB et De Lijn). Finie la multiplication des billets, adieu les poches pleines de monnaie, bonjour la facilité et la fluidité. Avec les tickets Jump, sautez d'une voiture à l'autre... sans prendre la vôtre.

• **Comment** ça marche ?

L'avantage Jump se trouve sur les cartes de 1, 5 et 10 voyages, ainsi que sur la carte d'un jour. Vous n'avez dès lors plus besoin que d'un seul ticket pour voyager dans Bruxelles, même lorsque votre trajet vous impose de passer, par exemple, de la STIB au TEC ou de la SNCB à De Lijn et vice versa !
Plus simple et plus rapide pour tout le monde, la fluidité y gagne beaucoup.
La durée de vos trajets aussi !

• **Où** se les procurer ?

➤ **SNCB** : aux guichets des gares bruxelloises.
➤ **TEC** : auprès du conducteur.
➤ **De Lijn** : auprès du conducteur.
➤ **STIB** : dans les agences commerciales, aux guichets métro, dans les distributeurs automatiques. A bord des trams et bus seulement, les cartes d'un voyage et d'un jour.

Plus d'infos ? - www.ticketjump.be
- Tél. STIB : 02.515.2000
- Tél. De Lijn : 016.31.37.37
- Tél. TEC : 010.23.53.53
- Tél. SNCB : 02.528.28.28

• **Combien** coûtent-ils ?

➤ 1 voyage : .... 1,40 €
➤ 5 voyages : .... 6,30 €
➤ 10 voyages : .... 9,20 €
➤ 1 jour : .... 3,70 €

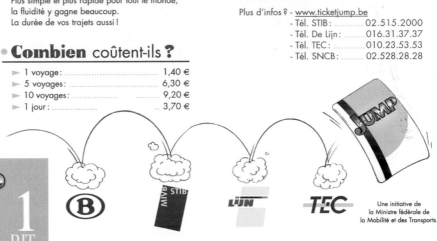

Une initiative de
la Ministre fédérale de
la Mobilité et des Transports.

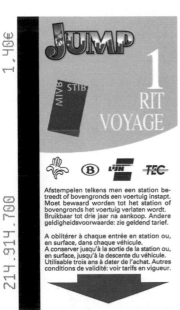

B *Relisez le texte et décidez si les phrases suivantes sont vraies ou fausses.* Read the text again and decide whether the statements below are true or false.

a) Avec un ticket unique vous pouvez voyager avec toutes les compagnies de transport public de Bruxelles.

b) Une carte de cinq voyages coûte seulement 9,20 €.

c) On ne peut pas acheter de cartes de 5 et 10 voyages dans les bus et dans les trams.

d) Pour se renseigner, on peut consulter l'adresse Web: www.ticketjump.fr.

Dessert

Souvenirs

1 *Écoutez la liste de couleurs ci-dessous et répétez-la.* Listen to the names of the colours listed below and repeat them.

rouge	vert(e)
jaune	violet(te)
orange	noir(e)
rose	brun(e)
bleu(e)	gris(e)

2 **A** *Écoutez et lisez cette conversation.* Listen to and read this conversation.

La vendeuse	Bonjour, monsieur, vous désirez?
David	C'est combien les cartes postales, s'il vous plaît?
La vendeuse	C'est cinquante cents pour les grandes et trente-cinq cents pour les petites.
David	Merci. Je vais prendre quatre petites. Avez-vous des timbres?
La vendeuse	Oui, bien sûr. C'est pour l'Europe?
David	Oui, s'il vous plaît.
La vendeuse	Combien de timbres voulez-vous?
David	Quatre, s'il vous plaît. Je vous dois combien au total?
La vendeuse	Alors, quatre fois trente-cinq plus quatre fois cinquante cents, ça fait trois euros quarante, monsieur.
David	Voilà. Dix euros. Je suis désolé, je n'ai pas de monnaie.
La vendeuse	Pas de problème. Je vous rends la monnaie. Voilà . . . Six euros soixante.

B *Relisez la conversation et trouvez dans le texte les équivalents français des expressions anglaises ci-dessous.* Read the conversation again and find in the text the French for the expressions in English below.

a) How much are the postcards?
b) Have you got any stamps?
c) How much do I owe you?
d) Here you are.
e) I am sorry.
f) I have no change.

C *Pratiquez cette conversation.* Practise this conversation.

D *Traduisez les phrases suivantes.* Translate the following sentences.

a) Have you got any postcards, please?

b) I would like five postcards.

c) I would like four stamps for Europe and one stamp for the United States.

d) I am sorry. I have no change.

e) Goodbye and have a nice day!

E *Écoutez cette conversation et cochez les réponses correctes.* Listen to this conversation and tick the correct answers.

a) Marie achète . . .   un T-shirt ☐   un stylo ☐

b) Elle choisit . . .   le rouge ☐   le bleu ☐

c) Elle paye . . .   douze euros ☐   deux euros ☐

F *Ré-écoutez cette conversation. Lisez-la, puis trouvez dans le texte les équivalents français des expressions anglaises ci-dessous.* Listen to the conversation again. Read it and find in the text the French for the phrases below.

Marie	Bonjour, madame. Avez-vous des T-shirts de Bruxelles, s'il vous plaît?
La vendeuse	Oui, bien sûr. C'est pour un enfant ou un adulte?
Marie	Un enfant, c'est pour mon petit frère.
La vendeuse	Suivez-moi. Nous avons ce T-shirt 'Bienvenue à Bruxelles' ou ce T-shirt 'Tintin'.
Marie	Je préfère le T-shirt 'Tintin'. Avez-vous d'autres couleurs? Et il coûte combien?
La vendeuse	Il existe en rouge, jaune, vert et bleu. Il coûte douze euros.
Marie	Très bien. Je voudrais un T-shirt bleu. Merci. Ce stylo rouge, c'est combien?
La vendeuse	Six euros.
Marie	Oh non, c'est trop cher! Alors voilà douze euros pour le T-shirt.
La vendeuse	Merci beaucoup, mademoiselle. Au revoir et bonne journée.

a) Have you got a T-shirt with a Brussels logo?
b) Follow me!
c) Have you got any other colours?
d) It's too expensive!
e) Have a good day!

G *Pratiquez cette conversation.* Practise this conversation.

H *Remettez les mots suivants dans l'ordre.* Rearrange these words in the correct order.

a) mon un je T-shirt pour voudrais frère.

b) préfère le je T-shirt noir.

c) oh désolé c'est suis je grand trop!

d) des avez de casquettes Bruxelles vous?

Café

Prononciation et orthographe

Getting the French *r* right can be quite difficult. It is a very hard sound, which comes from the back of your throat. It sounds a little like the sound you make when you clear your throat! Try putting the back of your tongue at the back of the palate.

A *Écoutez l'enregistrement et répétez ces mots de vocabulaire.* Listen to the following words and repeat them.

- prénom
- grand
- intéressant
- stressant

- arriver
- Angleterre
- quatre
- au revoir

B *Essayez de prononcer ces mots. Puis écoutez l'enregistrement pour vérifier votre prononciation.* Try to to say the words below. Then listen to the recording to check your pronunciation.

- cathédrale
- grand
- brochure
- renseignement
- théâtre
- timbre

- carrefour
- tout droit
- tournez
- prenez la première rue à droite
- traversez le parc

Travail personnel

Voici quelques idées pour vous aider à fournir un travail personnel. Toutes les activités suggérées sont liées à ce que vous venez d'apprendre dans ce chapitre. Here are some ideas to enable you to do independent work. All the tasks suggested are based on the material you have studied in this chapter.

1 ■ *Trouvez un(e) étudiant(e) francophone et renseignez-vous sur sa ville d'origine. Que peut-on visiter? Préparez vos questions à l'avance et demandez-lui de parler lentement. Enregistrez cette conversation.* Find a native speaker of French and find out more about his/her town. What is there to see? Prepare your questions well and ask him/her to speak slowly. Record this activity.

2 ■ *Trouvez un programme de grammaire sur Internet ou un livre de grammaire. Travaillez les points de grammaire traités dans ce chapitre. Imprimez ou photocopiez ces exercices et ajoutez-les à vos travaux.* Find a grammar programme on the Web or a grammar book. Practise the grammar points you have studied in this chapter. Print out or photocopy the exercises and add them to your portfolio.

3 ■ *Faites la liste des directions pour aller de chez vous au bureau de poste le plus proche, et de chez vous à la bibliothèque universitaire.* Write down a list of directions to get from your home to the nearest post office, and from your home to the university library.

4. ■ *Trouvez des informations sur Internet sur la ville de Mulhouse. Rendez-vous sur le site: www.ot.ville-mulhouse.fr. Choisissez la section Découvrir Mulhouse et essayez de trouver des informations sur les musées, le zoo et certains événements culturels.* Find out more on the Web about the town of Mulhouse. Use the following website: www.ot.ville-mulhouse.fr. Check the section entitled Découvrir Mulhouse.

What can you find out about the museums, the zoo and the various cultural events taking place?

Interlude digestif

★ Info-culture

Belgium

When you are learning French, you are also learning about French and the French-speaking world. Belgium is often overlooked in this respect, since only the capital Brussels and a small region in the south of Belgium (*La Wallonie*) speak French. So here are a few facts about Belgium.

- Belgium is a small, densely populated country (around 328 inhabitants per square kilometre).
- Belgium is a parliamentary kingdom: its flag is black, yellow and red.
- Belgium is divided into three regions: Flanders (Flemish-speaking), *La Wallonie* (French-speaking) and Brussels (officially bilingual, but mainly French-speaking).

- Most Belgian cities are beautiful and quite a few date back to the Middle Ages.
- Brussels is an international and cosmopolitan city: the European Parliament, Nato and many international and global companies have set up offices in Brussels.
- Some of the most famous singers in France are in fact Belgian: Jacques Brel, Plastic Bertrand, Axel Red. The famous actress Audrey Hepburn was also Belgian.
- Belgium produces 172,000 tons of chocolate per year and there are more than 2000 chocolate shops in Belgium.
- The Belgian national dish is *moules-frites*. It consists of mussels served with chips.
- The Belgians use different words from the French: *septante* instead of *soixante-dix*, *nonante* instead of *quatre-vingt-dix* and *la drache* instead of *la pluie*.

Récapitulatif

You should be able to

★ *Demander et comprendre des directions*
Ask for and understand directions

★ *Vous renseigner sur ce qu'on peut visiter et faire à Bruxelles*
Ask about what there is to see and do in Brussels

★ *Voyager en transports publics*
Travel by public transport

★ *Acheter des souvenirs*
Buy souvenirs

Faites les exercices ci-dessous et révisez les éléments sur lesquels vous avez des doutes avant d'étudier le chapitre qui suit. Test yourself using the exercises below and revise any of the material you are not sure about before going on to the next chapter.

A *Trouvez l'intrus parmi les mots ci-dessous.* Find the odd one out in each list of words below.

a) à gauche / tournez / traversez / continuez

b) tout droit / à droite / à gauche / la place

c) la gare / la discothèque / la station de métro / l'arrêt de bus

d) le tram / le train / le métro / la voiture

e) jaune / un ticket / la ligne / l'arrêt

f) orange / rose / vert / rouge

g) une carte postale / un timbre / un stylo / un cinéma

h) la discothèque / le cinéma / la patinoire / la piscine

i) traverser / prendre / visiter / organiser

B *Corrigez les erreurs de grammaire ou d'orthographe! Le nombre d'erreurs est indiqué entre parenthèses.* Correct the grammatical or spelling mistakes in the sentences below! The number of mistakes is shown in brackets.

a) Pour allé à le parc, s'il vous plaît? (2)

b) Je chercher le musé d'art moderne. (2)

c) Continuez toute droit et tournez gauche. (2)

d) Je préfère la casquette vert. (1)

C *Traduisez les phrases suivantes en français.* Translate the following sentences into French.

a) How do I get to the bank, please?

b) Have you got any postcards?

c) How much is a tube ticket?

d) Which line is it to get to the chocolate museum?

e) Is it a through service? Where do I have to change?

f) Excuse me. Where is the nearest bus stop, please?

g) My favourite colour is blue.

h) I am really sorry, I have no change.

Il est temps de quitter la Belgique et l'Unité 5! It's time to leave Belgium and Unit 5!

Index de vocabulaire

Les lieux dans la ville	Places in town
auditorium (m.)	concert hall
banque (f.)	bank
boîte de nuit (f.)	night club
café (m.)	café
camping (m.)	campsite
cathédrale (f.)	cathedral
centre commercial (m.)	shopping centre
centre sportif (m.)	sports centre
château (m.)	castle
discothèque (f.)	disco
église (f.)	church
gare (f.)	station
gare routière (f.)	coach station
hôpital (m.)	hospital
jardin public (m.)	public gardens
marché (m.)	market
musée (m.)	museum
parc (m.)	park
parking (m.)	car park
patinoire (f.)	ice rink
pharmacie (f.)	chemist's
piscine (f.)	swimming pool
poste (f.)	post office
restaurant (m.)	restaurant
stade (m.)	stadium
supermarché (m.)	supermarket
théâtre (m.)	theatre
zoo (m.)	zoo

Directions et points de repère	Directions and landmarks
arriver	to arrive
bout (m.)	end

carrefour (m.)	crossroads
chercher	to look for
continuer	to carry on
descendre	to go down
droite (f.)	right
feux (pl.)	traffic lights
fleuve (m.)	large river
gauche (f.)	left
ici	here
jusqu'à	until
là/là-bas	there/over there
monter	to go up
passer	to pass
place (f.)	square
pont (m.)	bridge
prendre	to take
rivière (f.)	river
rond-point (m.)	roundabout
route (f.)	road
rue (f.)	street
suivre	to follow
se trouver	to be situated
tout droit	straight on
tourner	to turn
traverser	to cross
tunnel (m.)	tunnel

Le tourisme	Tourism
entrée (f.)	entrance/entrance fee
excursion (f.)	day trip
fermé	closed
fermer	to close
guide (m.)	guide/guide book
gratuit(e)	free of charge

horaires d'ouverture (pl.)	opening times	**Les souvenirs**	*Souvenirs*
organiser	to organise	casquette (f.)	cap
ouvert(e)	open	carte postale (f.)	postcard
ouvrir	to open	cendrier (m.)	ash tray
payant(e)	paying	cher/chère	dear/expensive
recommander	to recommend	monnaie (f.)	change
réduction (f.)	discount	stylo (m.)	pen
renseignement (m.)	enquiry	timbre (m.)	stamp
sauf	except		
visite (f.)	visit	**Les couleurs**	*Colours*
		argent	silver
Les transports publics	*Public transport*	blanc/blanche	white
arrêt (m.)	bus stop/tram stop	bleu(e)	blue
billet (m.)	ticket	brun(e)	brown
carte de voyage (f.)	travel card	gris(e)	grey
changer	to change (over)	jaune	yellow
correspondance (f.)	connection	noir(e)	black
coûter	to cost	orange	orange
coûteux/couteuse	expensive	or, doré(e)	gold
direct(e)	direct, through service	mauve	lilac
durée (f.)	duration	rose	pink
ligne (f.)	line	rouge	red
proche	close/nearby	vert(e)	green
prochain(e)	next	violet/violette	purple
station (f.)	tube station		
trajet (m.)	journey		
ticket (m.)	ticket		

Autobiographies et passé
Plan de l'unité

unité **6** Autobiographies et passé

Dans cette unité, vous allez

★ **En découvrir plus sur un personnage historique français**

★ **Parler de votre passé**

★ **Parler de vos dernières vacances**

★ **Parler de votre routine au passé**

Révision

Le jeu des dates

A *Lisez ces dates à haute voix.*

a) 1885

b) 1935

c) 1431

d) 1996

e) 1895

f) 2002

g) 1789

B *Puis décidez laquelle de ces dates correspond à chacun des événements ci-dessous.*

1) Premier film tourné par les frères Lumière.

2) Découverte du vaccin contre la rage par Pasteur.

3) Mort de Jeanne d'Arc sur le bûcher.

4) Première femme française dans l'espace.

5) Début de la carrière d'Édith Piaf.

6) Introduction de la monnaie européenne: l'euro.

7) Date de la Révolution Française.

Apéritif

La vie d'un personnage célèbre

1

A *Écoutez ces enregistrements et lisez les passages ci-dessous. Complétez les dates qui manquent.*

a) Son enfance et ses études

La Tour Eiffel est le chef-d'œuvre le plus célèbre de Gustave Eiffel.

Gustave Eiffel est né le 15 décembre _____ à Dijon. Il a étudié à Dijon jusqu'en 1850. En _____ , il est parti faire des études à Paris.

b) Sa vie personnelle

Il s'est marié en 1862, et il a eu cinq enfants (trois filles: Claire, Laure, Valentine et deux garçons: Édouard et Albert). Quinze ans plus tard, en _____ , sa femme est morte à l'âge de trente-deux ans seulement.

c) Sa carrière professionnelle

En _____ , il a commencé à travailler comme secrétaire dans une compagnie de construction.

En 1857, il a construit son premier pont à Bordeaux.

En 1866, il a voyagé partout dans le monde. Il a construit des ponts en France, en Espagne, en Roumanie, en Égypte et même au Pérou et en Bolivie.

En _____ , il a créé la structure métallique de la Statue de la Liberté qui se trouve aujourd'hui à New York.

d) La Tour Eiffel

En 1884, avec ses collègues Koechlin et Nougier, Eiffel a eu l'idée de construire une tour à Paris.

La construction de cette tour a commencé en _____ . En

_____ la tour est enfin finie. En mai 1889, plus de 2 millions de

personnes ont visité la tour!

Mais les opinions sont variées: certaines personnes adorent la tour,

d'autres la détestent!

B *Dans les textes ci-dessus, trouvez les phrases françaises équivalentes à . . .*

a) He studied in Dijon.

b) He started work.

c) He travelled all over the world.

d) Two million people visited the tower.

C What did you notice about the past tense of -*er* verbs? How would you say the sentences below in French?

a) He played football. **b)** They ate in a restaurant.

Coin langue

The past perfect with *avoir*

■ The *passé composé* of most verbs is made with *avoir* in the present tense followed by the past participle.

■ The past participle of -*er* verbs ends in -é, for example, *joué.*

■ The past participle of -*ir* verbs ends in -*i*, for example, *fini.*

■ Finally, the past participle for -*re* verbs ends in **-*u***, for example, *vendu.*

■ Regular verbs follow this pattern.

-*er* verbs **Jouer**	-*ir* verbs **Finir**	-*re* verbs **Vendre**
j'**ai** joué	j'**ai** fini	j'**ai** vendu
tu **as** joué	tu **as** fini	tu **as** vendu
il/elle **a** joué	il/elle **a** fini	il/elle **a** vendu
nous **avons** joué	nous **avons** fini	nous **avons** vendu
vous **avez** joué	vous **avez** fini	vous **avez** vendu
ils/elles **ont** joué	ils/elles **ont** fini	ils/elles **ont** vendu

 **2** *Choisissez la forme verbale correcte.*

a) Hier soir, j'(ai / avons / a) regardé la télévision.

b) Paul (avez / ai / a) visité Paris en février.

c) Les enfants peuvent sortir: ils (ont / a / ai) fini leurs devoirs.

d) Qu'(as / a / ont)-tu choisi?

e) (A / Avez / Avons)-vous vendu votre voiture?

f) Anne et Virginie ont peur. Elles (a / as / ont) entendu un bruit bizarre.

 **3** *Mettez les verbes entre parenthèses au passé composé.*

a) Ma sœur Julie est infirmière. Elle (travailler) tout le week-end.

b) Mes copains (manger) dans un super restaurant vendredi soir.

c) Ma petite amie m' (rendre) visite le week-end dernier.

d) Mon ami Paul et moi nous (visiter) Paris à Noël.

e) Lundi, j'(commencer) à travailler dans un centre téléphonique.

 **4** *Traduisez les phrases suivantes en français.*

a) My dad grew up in India. *(grandir)*

b) My friends Lucy and Mary visited New York in April. They loved Manhattan! *(visiter / adorer)*

c) I studied in Manchester and now I work in London. *(étudier / travailler)*

d) What time did they finish their examination? *(finir)*

e) Have you heard the latest gossip? *(entendre le dernier commérage)*

 **5** *Écrivez la biographie d'un homme célèbre de votre pays d'origine. Écrivez six phrases. Aidez-vous du texte sur Eiffel et utilisez Internet pour trouver les informations dont vous aurez besoin.*

Hors-d'œuvre

Votre autobiographie

1 A *Écoutez et lisez cette histoire.*

Je <u>suis</u> né à Paris en France. Mais j'ai grandi en Bretagne et j'ai passé mon enfance au bord de la mer.

J'ai étudié la chimie à Lyon. Puis, je <u>suis</u> allé en Asie et j'ai <u>vécu</u> une année au Népal.

Je <u>suis</u> revenu en Europe et j'ai <u>fait</u> de la recherche dans le pétrole.

L'année dernière, j'ai gagné la loterie et j'ai <u>pu</u> prendre ma retraite! Maintenant, je suis millionnaire. J'ai un yacht énorme et je me repose toute l'année! C'est génial!

B What do you notice about the past forms of *naître* (to be born), *aller* (to go), *vivre* (to live), *revenir* (to come back), *faire* (to do) and *pouvoir* (can)?

C *Répondez aux questions suivantes en vous servant des exemples ci-dessus.*

a) Où êtes-vous né?

b) Où avez-vous grandi?

c) Où avez-vous passé votre enfance?

d) Avez-vous déjà travaillé pendant vos vacances? Où?

e) Avez-vous déjà gagné la loterie?

f) Que faites-vous maintenant?

2 A *Lisez le texte ci-dessous et répondez aux questions.*

Le vrai nom de Johnny Hallyday est Jean-Philippe Smet. Il est né le 15 juin 1943 à Paris. Ses parents ont divorcé et il est allé vivre chez sa tante et ses cousins. Pendant son enfance, il a voyagé dans toute l'Europe avec ses cousins. De 1954 à 1956, il a fait du théâtre. En 1958, il a vu un concert d'Elvis Presley à la télévision et a pris la décision de devenir chanteur de rock! Entre 1958 et 1960 il a écrit beaucoup de chansons et le 14 mars 1960 il a vendu son tout premier disque. Ce disque a eu beaucoup de succès. Quelques mois plus tard, la France a pu voir Johnny Hallyday à la télévision pour la première fois. En 1961, il est devenu très célèbre en France, aussi célèbre que *les Beatles*! En 2002 à plus de soixante ans, il chante toujours. Il est toujours aussi célèbre. C'est le seul vrai «Rocker Frenchy» et les jeunes et les vieux l'adorent!

pendant: *during*

il a pris: *he took*

devenir: *to become*

quelques mois: *a few months*

plus tard: *later*

la première fois: *the first time*

a) Où et quand Johnny est-il né?

Il **est né** le _____ .

b) Qu'a-t-il fait entre 1954 et 1956?

Il **a fait** _____ .

c) Qu'a-t-il vu à la télévision en 1958?

Il **a vu** _____ .

d) Que s'est-il passé ensuite?

Il **a pris** la décision de _____ .

e) Qu'a-t-il fait entre 1958 et 1960?

Il **a écrit** _____ .

f) Son premier disque a-t-il eu beaucoup de succès?

Oui, il **a eu** _____ .

g) Que s'est-il passé quelques mois plus tard?

La France **a pu** voir _____ .

B *Pouvez-vous deviner comment dit-on en français?*

a) I made a cake.

b) They saw a film.

c) He took the train.

d) You (plural) wrote a message.

e) She could come.

The past perfect of a few common irregular verbs

■ The *passé composé* of these irregular verbs is also made with *avoir* in the present tense, followed by the past participle. The difficulty is to remember the irregular past participles.

avoir (to have)	*j'ai* **eu**
boire (to drink)	*j'ai* **bu**
comprendre (to understand)	*j'ai* **compris**
courir (to run)	*j'ai* **couru**
devoir (must)	*j'ai* **dû**
écrire (to write)	*j'ai* **écrit**
être (to be)	*j'ai* **été**
faire (to do, to make, to practise)	*j'ai* **fait**
lire (to read)	*j'ai* **lu**
mettre (to put/to put on)	*j'ai* **mis**
pouvoir (can/be able to)	*j'ai* **pu**
prendre (to take)	*j'ai* **pris**
voir (to see)	*j'ai* **vu**
vouloir (to want)	*j'ai* **voulu**

  **3**

Faites 10 phrases au passé composé en choisissant une expression ou proposition dans chacune des colonnes suivantes. Vous pouvez utiliser certaines expressions plusieurs fois.

Hier soir,	j'ai	lu	trop d'alcool.
L'année dernière,	nous avons	fait	en Espagne.
Ce matin,		vu	du ski à Flaine.
Il y a deux ans,	mes parents ont	été	un excellent vin argentin.
L'été dernier,	mon copain a	bu	un documentaire intéressant.
	Ma copine a		un film d'horreur.
			un article dans le journal.
			un gâteau pour l'anniversaire de Julie.

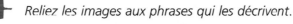 **4**

Reliez les images aux phrases qui les décrivent.

1

2

3

4

5

6

a) Le matin, j'ai surfé sur Internet.

b) L'après-midi, mes copains et moi, nous avons fait la fête chez Marie.

c) Marc est resté à la maison. Il a dû étudier parce qu'il avait un examen lundi.

d) Il pleuvait, alors nous avons pris un taxi pour rentrer de chez Marie.

e) Le soir, j'ai pris des notes et j'ai écrit un paragraphe de ma rédaction.

f) Vers neuf heures j'ai peint pour me détendre.

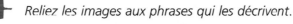

Hors-d'œuvre

5

A *À tour de rôle, posez les questions ci-dessous et répondez-y.*

a

Qu'est-ce que tu as fait samedi matin/après-midi/soir?

b

Qu'est-ce que tu as fait dimanche matin/après midi/soir?

c

Qu'est-ce que tu as bu samedi soir?

B *Écrivez un petit paragraphe décrivant ce que vous avez fait le week-end dernier.*

Plat principal

Retour de vacances

  **1** Reliez les phrases ci-dessous à l'image correcte.

1

2

3

4

5

6

a) Nous <u>sommes allés</u> à un concert de jazz.

b) Il <u>a visité</u> Chicago.

c) Je <u>suis allé</u> à la plage en Espagne.

d) <u>J'ai lu</u> beaucoup de livres intéressants.

e) Ma famille et moi, <u>nous avons fait</u> de la voile en Turquie.

f) J'ai joué au tennis.

2 **A** *Julie et Sophie sont de retour en France. Elles se téléphonent pour se parler de leurs vacances. Écoutez cette conversation et cochez la cache qui correspond à la bonne réponse dans le tableau ci-dessous.*

Où sont-elles allées pendant les vacances?

	Maroc	Tunisie	à la maison
Sophie			
Julie			

B   *Ré-écoutez et lisez cette conversation.*

Julie   Allô, <u>Sophie</u>. C'est moi, <u>Julie</u>

Sophie   <u>Julie</u>, tu es de retour! Quand es-tu rentrée?

Julie   Je suis arrivée à la maison hier après-midi. Ça va?

Sophie   Oui, ça va bien. As-tu passé de bonnes vacances?

Julie   Oh oui. J'ai passé des vacances merveilleuses.

Sophie   Où es-tu allée Julie?

Julie   Je suis allée <u>au Maroc</u>. J'ai visité <u>Marrakech</u>. J'ai fait une excursion <u>en montagne</u> à <u>Ouarzazate</u>. Et pour finir, j'ai passé <u>une semaine</u> <u>au bord de la mer</u> à <u>Agadir</u>. Et toi, <u>Sophie</u>? Qu'as-tu fait?

Sophie   Moi, je suis restée à la maison. J'ai fait du shopping, j'ai lu, je suis allée au cinéma et à la piscine. Rien d'extraordinaire . . . Julie, es-tu libre demain? Tu veux boire un verre au café Ritz vers quinze heures?

Julie   Oui, très bien. À demain au café Ritz.

C   *Faites ce jeu de rôle.*

D   *Refaites la conversation ci-dessus, mais cette fois modifiez les passages soulignés en fonction de vos vacances.*

E   *Relisez la conversation ci-dessus et complétez ce texte à l'aide des mots ci-dessous.*

excursion	bord	Maroc	maison	piscine
vacances	une	livres	voile	shopping

Julie <u>est rentrée</u> de vacances. Julie a passé des _____

merveilleuses. Elle <u>est allée</u> au _____ . Elle a visité des villes, puis

elle a fait une _____ en montagne. Pour finir, elle a passé

_____ semaine au _____ de la mer. Elle est allée à la

plage et elle a fait de la _____ . Sophie n'<u>est</u> pas <u>partie</u> en

vacances. Elle <u>est restée</u> à la _____ . Elle a fait du

_____ , elle a lu beaucoup de _____ et elle <u>est</u>

<u>allée</u> au cinéma et à la _____ .

F   What do you notice in this text about the formation of the past tense of *rentrer, aller, partir* and *rester* and the spelling of the past participles?

The past perfect with *être*

We have seen that the *passé composé* is normally formed by the present tense of *avoir* and the past participle of the verb in question. Fourteen common verbs operate differently using *être* instead of *avoir*. These verbs are:

aller (to go)	*devenir* (to become)	*descendre* (to go down)
arriver (to arrive)	*partir* (to leave)	*monter* (to go up)
entrer (to enter)	*rester* (to stay)	*naître* (to be born)
sortir (to go out)	*retourner* (to come back)	*mourir* (to die)
venir (to come)	*tomber* (to fall)	

je suis allé(e)	*nous sommes allé(e)s*
tu es allé(e)	*vous êtes allé(e)(s)*
il est allé	*ils sont allés*
elle est allée	*elles sont allées*

■ In addition, *venir, naître* and *mourir* also have irregular past participles.

Exemples: Tu es venu(e), je suis né(e), il est mort.

■ In the case of the *passé composé with être*, the past participle agrees in gender and number in exactly the same way as an adjective does.

Exemples:

Lucie et Marie sont arrivées hier soir. (-**es** because we are referring to two females)
Excusez-moi, madame. Où êtes-vous née? (-**e** because we are referring to one female)
Mes frères sont restés à la maison. (-**s** because we are referring to two males)
Maman et papa sont venus en bus. (-**s** because we are referring to more than one person, mixed gender)

To make a sentence negative, you put *ne* or *n'* and *pas* on each side of the part of *être* we are using.

Exemples: *Je **ne** suis **pas** allé à la pisine.*
     *Elle **n'**est **pas** sortie hier soir.*

 **3** *Répondez aux questions suivantes selon l'exemple ci-dessous.*

Exemple: Es-tu déjà allé(e) en Espagne? ☑ Oui, je suis déjà allé(e) en Espagne. *Or:*
☒ Non, je ne suis jamais allé(e) en Espagne.

a) Es-tu déjà allé(e) en Chine?

b) Es-tu déjà allé(e) en France?

c) Es-tu déjà allé(e) aux États-Unis?

d) Es-tu déjà allé(e) en Afrique?

e) Es-tu déjà allé(e) à Paris?

f) Es-tu déjà monté(e) à la tour Eiffel?

g) Es-tu déjà allé(e) . . . ?

h) Es-tu déjà parti(e) à l'étranger une année?

 **4**-**A** *Écoutez ces conversations et trouvez les erreurs dans les textes ci-dessous. Il y a neuf erreurs au total (six dans le texte 1, trois dans le texte 2). Corrigez-les.*

Numéro 1:

Il s'appelle Luc Deschamps. Il est né à Dinan en Bretagne en mille neuf cent quatre-vingt-deux. Cet été, il est parti en vacances en juillet. Il est allé aux États-Unis à Chicago. Il est resté à Chicago une semaine. Il a logé dans un hôtel tout près de la tour Hancock. Il est monté dans la tour et a bu un verre de vin dans le restaurant en haut de la tour. Le week-end, il est sorti avec des amis américains. Ils sont allés voir un match de baseball, puis ils sont retournés en ville en métro.

Numéro 2:

Annie et Marie Verrier sont sœurs jumelles. Elles sont nées le douze juin mille neuf cent soixante-quinze. Cette année, elles sont parties dans le sud de la France. Elles sont arrivées à Avignon le treize juillet tard le soir. Elles n'ont pas trouvé de camping et ont dû loger dans un hôtel. Elles ont visité le Palais des Papes et quelques musées. Puis, elles sont allées à Cassis au bord de la mer. Elles ont fait du ski nautique et du surf. Elles sont rentrées à Paris le vingt juillet et sont retournées travailler le vingt-deux juillet. Elles ont passé des vacances merveilleuses.

B *Ré-écoutez ces conversations et trouvez l'équivalent français de . . .*

a) Where were you born?

b) What is your date of birth?

c) Did you go away this summer?

d) What did you do?

 **5** *Lisez les deux textes ci-dessous et mettez les verbes **en gras** au passé.*

1)

Luc et Paul Lebrun sont deux frères de dix-neuf et vingt-deux ans. Cet été, ils ne (**partir**) pas en vacances. Ils (**travailler**) pour gagner de l'argent pour leurs études. Ils (**travailler**) dans un café pendant deux mois. Pendant leur temps de libre, ils (**faire**) beaucoup de choses différentes. Ils (**aller**) à la piscine, ils (**jouer**) au tennis et ils (**sortir**) avec leurs amis.

2)

Natacha et sa sœur Katia (**aller**) rendre visite à leur grand-mère à Voronej en Russie. Elles (**prendre**) l'avion à Manchester et (**arriver**) à Moscou quelques heures plus tard. Elles (**passer**) quelques jours à Moscou avec leur oncle Sergei. Ensemble, ils (**visiter**) la ville. Puis elles (**repartir**) pour Voronej au sud de Moscou. Avec leur grand-mère, elles (**faire**) du shopping et (**regarder**) la télévision. Le week-end, elles (**aller**) à la campagne au bord d'un lac avec leurs cousins. Ils (**nager**) et (**faire**) du kayak. Le soir, ils (**manger**) du poisson au barbecue. C'était excellent!

6 À l'aide du diagramme ci-dessous, parlez de vos vacances.

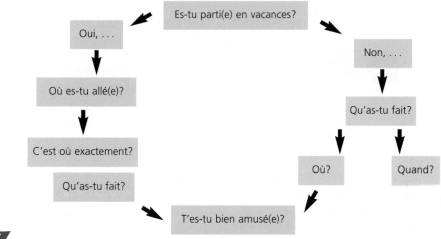

Es-tu parti(e) en vacances?

Oui, …

Non, …

Où es-tu allé(e)?

Qu'as-tu fait?

C'est où exactement?

Où?

Quand?

Qu'as-tu fait?

T'es-tu bien amusé(e)?

7 Écoutez cette conversation et complétez la carte postale ci-dessous.

Cher Paul,

Me voilà à _____ . Nous sommes arrivés _____ en début
_____ . Dimanche, ___ ___ _ ___ nous avons visité la _____
___ et _____ ___ ___ des souvenirs pour _____ ___ . Lundi,
nous sommes allés au _____ Vasa. On peut y voir un navire qui
date du _____ siècle. C'était très _____ . Jeudi, nous allons
_____ le bateau pour nous rendre dans l'archipel et visiter l'île
de Grinda. Nous allons _____ et _____ _____ _____ .

À bientôt!

Luc et Simon

Paul Martin
6 rue des oiseaux
59 000 Lille
France

8 Regardez cette brochure et répondez aux questions ci-dessous.

a) Le musée est-il ouvert tous les jours du 15 juin au 15 septembre?

b) À quelle heure ferme-t-il le soir en juillet et en août?

c) C'est combien l'entrée pour un adulte? Et pour un étudiant?

d) Que peut-on faire sur Internet?

CONSERVATOIRE
RÉGIONAL
DE LA CARTE
POSTALE

Containing 30 000 old postcards and unique in france, the collection illustrates the history of the postcard and the traditions of brittany. Set in an imaginary turn of the village, illustrated panels, a slide show, jigsaws, and multimedia P.C. terminals all make a visit real, practical, and fun.

Mit seiner aussergewöhnlichen Sammlung von 30 000 alten Postkarten, ist das Museum « Conservatoire Régional de la Carte Postale » einzigartig in Frankreich. Eindrucksvoll lerisch entführen wir Sie in das bretonische Landleben. Informationstafeln, Dias, Puzzles, al, CD-Rom und interaktive Spiele begleiten Sie auf Ihrer Zeitreise.

HORAIRES
du 15 Juin au 15 Septembre
Tous les jours de 9 h. 30 à 12 h. 30 et de 14 h. à 18 h.
(19 h. en Juillet et Août)

du 16 Septembre au 14 Juin
Mercredi, Jeudi et Samedi de 14 h. à 17 h. 30
Dimanche de 14 h. à 18 h.
Fermeture annuelle du 1ᵉʳ au 31 Janvier

TARIFS
Adultes : 4 € - Tarifs réduits : 3 €
Enfants + de 8 ans : 2 € - Enfants − de 8 ans : gratuit
TARIFS GROUPES sur demande. Visites 啲

D'AURAY • 56150 BAUD • TEL. 02 97 51 15 14 • FAX/Infos 02 97 39 02 39
web : www.cartopole.org • Mél : Infos@cartopole.org

produits du Cartopole sont en vente sur place

s les cartes sur Internet avec possibilité de
commander des reproductions

www.cartolis.org

Chaque année le 2 ^{ème} dimanche de Mai : Salon de la Carte Postale. 4 000 000 de Cartes en vente, des marchands de toute la France.

Dessert

Une émission télévisée: 'L'Œil de l'espion'

 **A** L'Œil de l'espion *est une émission télévisée semblable à Big Brother, mais les participants viennent de différents pays européens. Lisez les formulaires d'inscription de ces candidats à* L'Œil de l'espion*. Puis, inspirez-vous de ces modèles pour créer votre fiche d'inscription et celle de votre partenaire.*

Nom: *Maldini*
Prénom: *Sergio*
Sexe: *masculin*
Nationalité: *italien*
Anniversaire: *16 février*
Âge: *32 ans*
Signe astral: *verseau*
Situation familiale: *marié*
Physique: *grand, brun, yeux bleus*
Caractère: *amusant, farceur, détendu*
Défaut: *impatient, coléreux*
Préférence: *être à la campagne*
Loisirs: *football et voyages*

Nom: *Sölstrom*
Prénom: *Anita*
Sexe: *féminin*
Nationalité: *suédoise*
Anniversaire: *1 juin*
Âge: *19 ans*
Signe astral: *gémeaux*
Situation familiale: *célibataire*
Physique: *belle, bronzée, blonde*
Caractère: *sérieuse, travailleuse, solitaire*
Défaut: *capricieuse, égoïste*
Préférence: *dormir*
Loisirs: *shopping, arts, littérature*

Nom: *Martinez*
Prénom: *Rosa*
Sexe: *féminin*
Nationalité: *portugaise*
Anniversaire: *28 août*
Âge: *26 ans*
Signe astral: *vierge*
Situation familiale: *célibataire*
Physique: *petite, brune, frisée, yeux noirs*
Caractère: *bruyante, ouverte, bavarde*
Défaut: *hyperactive*
Préférence: *faire la fête*
Loisirs: *sport, discussions politiques*

Nom: *Ivanov*
Prénom: *Vadik*
Sexe: *masculin*
Nationalité: *ukrainien*
Anniversaire: *19 novembre*
Âge: *24 ans*
Signe astral: *scorpion*
Situation familiale: *divorcé*
Physique: *athlétique, cheveux blonds*
Caractère: *mélancolique, timide*
Défaut: *un peu intolérant*
Préférence: *sa famille, ses amis*
Loisirs: *jouer de la guitare, chanter*

B *Écoutez les deux présentations orales envoyées par deux autres candidats à L'Œil de l'espion. Complétez les blancs dans leurs fiches d'inscription ci-dessous.*

Nom: _____
Prénom: *Paul*
Sexe: *masculin*
Nationalité: _____
Anniversaire: _____ *décembre*
Âge: _____ *ans*
Signe astral: *capricorne*
Situation familiale: _____
Physique: _____
Caractère: *travailleur, actif, sociable*
Défaut: _____
Préférence: _____
Loisirs: _____

Nom: _____
Prénom: *Éva*
Sexe: *féminin*
Nationalité: _____
Anniversaire: *3* _____
Âge: *30 ans*
Signe astral: _____
Situation familiale: *mariée*
Physique: _____
Caractère: _____
Défaut: *paresseuse et désorganisée*
Préférence: *rénover la maison et* _____
Loisirs: *lire et* _____

C *En vous servant de vos fiches, essayez tous deux de présenter vos candidatures orales à L'Œil de l'espion. Commencez avec: Je voudrais participer à L'Œil de l'espion. Je me présente: Je m'appelle . . .*

 2

A *Anita est dans le bureau de l'espion. Écoutez et lisez cet entretien entre l'espion et Anita*

L'espion Alors, Anita ça va? Tu t'es calmée?

Anita Non, pas vraiment . . . Vadik est stressant. Il est si intolérant. Ce matin, je me suis levée tard. Je me suis douchée, puis je suis allée à la cuisine pour prendre mon petit déjeuner. Vadik et Sergio sont arrivés. Ils se sont mis à parler politique et ils se sont disputés. Je suis partie au salon. Rosa est venue au salon aussi. Rosa et moi, nous avons travaillé sur nos poèmes. Cette semaine, L'Œil de l'espion nous a demandé d'écrire des poèmes.

L'espion Que s'est-il passé ensuite?

Anita Vadik est arrivé dans le salon. Il a lu mon poème et il s'est moqué de moi. Je me suis énervée. Nous nous sommes disputés. J'ai insulté Vadik. Nous nous sommes battus. Rosa et Sergio ont essayé de nous séparer.

L'espion Et maintenant la pauvre Rosa a un œil au beurre noir! C'est inacceptable! Anita, l'espion te donne un avertissement. Un deuxième avertissement et tu es expulsée!

vocabulaire utile	
tu t'es calmée (se calmer): *you've calmed down*	il s'est moqué de moi (to laugh at): *he laughed at me*
ils se sont mis à (se mettre à): *they started to*	je me suis énervée (s'énerver): *I got annoyed*
ils se sont disputés (se disputer): *they argued*	nous nous sommes battus (se battre): *we fought*
que s'est-il passé? (se passer): *what happened?*	un avertissement: *a warning*

B What do you notice about the past tense of verbs like *se calmer, se lever, se doucher*, etc.?

 **C** *Traduisez en français les phrases suivantes.*

a) I got up at midday. (se lever)

b) He had a shower. (se doucher)

c) We went to bed at 10 o'clock. (se coucher)

d) The children had good fun today. (s'amuser)

The past perfect of reflexive verbs

■ We have seen that some verbs use *être* and the past participle to form the past perfect tense. The reflexive verbs (easy to identify because they start with *se* or *s'*) also use *être*.

■ Here are some reflexive verbs: *se lever* (to get up), *s'amuser* (to have fun), *se coucher* (to go to bed), etc. Let's look at *s'amuser* as an example.

je me suis amusé(e)	nous nous sommes amusé(e)s
tu t'es amusé (e)	vous vous êtes amusé(e)(s)
il s'est amusé	ils se sont amusés
elle s'est amusée	elles se sont amusées

■ Like all the other verbs using *être* in the *passé composé*, the past participle must agree in gender and number with the subject.

 **3** *Choisissez la forme verbale correcte.*

a) Hier soir, je me (ai / suis / avons) couchée vers huit heures.

b) Paul s'est bien (amuser / amusée / amusé) pendant les vacances.

c) Mes amies se sont (levées / lever / levée) tard dimanche.

d) Marc et Marie, à quelle heure vous (sommes / êtes / avez)-vous levés ce matin?

e) Je (m' / me / mes) suis bien reposé ce week-end.

f) Oh mon Dieu! Tu (te / tu / t') es fait mal!

g) Nous nous sommes (rendu / rendé / rendus) à la bibliothèque ce matin.

h) Je me (es / suis / être) ennuyé en classe ce matin.

 **4** *Mettez les verbes entre parenthèses au passé composé.*

a) À quelle heure elle (se lever) ce matin?

b) Il (se rendre) à l'université en voiture.

c) Le matin, nous avons étudié et l'après-midi, nous (se reposer) sur la terrasse d'un café.

d) Les copains sont fatigués. Ils (se coucher) très tard hier soir.

e) Marc a eu un accident de ski. Il (se casser) la jambe.

5 Traduisez les phrases suivantes en français. Les verbes sont indiqués entre parenthèses pour vous aider.

a) Yesterday evening I went out with my friends. (sortir)

b) I showered, got changed and got ready in a few minutes. (se doucher / se changer / se préparer)

c) We went to the discotheque and danced the whole night. (aller / danser)

d) We drank a little and chatted to other students. (boire / bavarder)

e) At 2 in the morning, we left and took a taxi home. (partir / prendre)

f) I went to bed late, around 3 a.m., but we had a very good time. (se coucher / s'amuser)

g) Today I'm very tired and I got up late. (être / se lever)

6 Répondez aux questions suivantes en quelques phrases et décrivez ce que vous avez fait vendredi dernier.

a) À quelle heure t'es-tu levé(e)?

b) Qu'as-tu fait ensuite?

c) Es-tu allé(e) à l'université? Comment? À quelle heure?

d) Qu'as-tu fait vendredi soir?

e) À quelle heure t'es-tu couché(e)?

7 A Nous sommes vendredi soir et c'est le moment d'expulser un candidat. Écoutez cet enregistrement et décidez si les phrases ci-dessous sont vraies ou fausses. Si elles sont fausses, corrigez-les.

a) La première personne qui téléphone s'appelle Paula.

b) Elle est étudiante en droit.

c) Anita est amusante.

d) Anita est intolérante et arrogante.

e) Anita est jolie et elle pense que ça suffit pour séduire!

f) La deuxième personne qui téléphone est espagnole.

g) Il a quarante-quatre ans.

h) Il habite dans le nord-ouest de la France.

i) C'est un fan de Rosa et son but, c'est la victoire finale de Rosa!

j) Il trouve Sergio immature et sympathique.

k) Il est jaloux de Sergio!

B *Ré-écoutez ces deux conversations entre le présentateur de 'L'Œil de l'espion' et des personnes du public. Puis répondez aux questions suivantes.*

a) Quels sont les noms des deux candidats que Sandra et Miguel désirent expulser?

b) Pourquoi? Notez les arguments mentionnés pour justifier leur expulsion.

c) Qu'apprenez-vous sur les personnes qui téléphonent?

C *À vous d'expulser un candidat. Choisissez un candidat et expliquez pourquoi vous voulez l'expulser en quelques phrases. Utilisez les fiches sur les candidats à la page 144.*

Coin langue

■ Les votes sont annoncés en pourcentage. En français, les pourcentages s'expriment de la façon suivante.

> **10%** se dit **dix pour cent**.
> **40,6%** se dit **quarante virgule six pour cent**.

■ *Virgule* means comma. In French, decimals are written with a comma.

8

A *Écoutez et notez les résultats des votes dans le tableau ci-dessous.*

Anita	Eva	Paul	Rosa	Sergio	Vadik
23,7%					

B *Organisez un vote similaire dans votre classe. Qui parmi ces six candidats ci-dessus sera expulsé? Exprimez les résultats en pourcentage.*

Prononciation et orthographe

In French, there are three types of accents: the acute (going up) – é; the grave (going down) – è; and the circumflex (hat-shaped) – ê. These can be found on the following vowels: *a, e, i, o, u*. The roles of these different accents vary considerably.

Exemple:

e, é and *è* refer to different sounds.

a, à or *u, ù, û* enable us to make a distinction between similar looking words with different meanings or grammatical functions.

In the case of *â, î, ô*, the accent is there for historical reasons. In old French, there used to be an *s* which has disappeared and is now replaced by the accent.

■ **e, é, è**

A *Écoutez ces différentes catégories de mots et essayez d'entendre les différences de prononciation.*

■ Le son è:	père	mère	grève	très bien
■ Le son é:	énorme	été	étudiant	prénom
■ Le son e:	je	le	orange	carotte

B *Maintenant essayez de prononcer ces mots. Puis écoutez l'enregistrement pour vérifier vos réponses.*

■ mange
■ mangé
■ crème

- ■ café
- ■ frère
- ■ rose

- ■ rosé
- ■ pâte
- ■ pâté

- ■ préféré
- ■ préfère

■ **a, à / u, ù / u, û**

a without an accent is part of the verb *avoir* (to have): *il **a** un frère* (he has a brother).

à with an accent means 'at': *j'habite **à** Marseille* (I live in Marseille); it can also mean 'to': *je vais **à** Marseille* (I'm going to Marseille).

la without an accent means 'the': ***la** voiture est neuve* (the car is new).

là with an accent means 'there': *pose ton sac **là*** (put your bag there).

ou without an accent on the *u* means 'or': *un thé **ou** un café?* (tea or coffee?).

où with an accent on the *u* means 'where': ***où** habites-tu?* (where do you live?).

du without accent means 'some' or 'from': *je viens **du** Japon* (I come from Japan); *je voudrais **du** pain* (I'd like some bread).

dû with an accent means 'had to': *il a **dû** partir* (he had to leave).

■ â, ê, î, ô, û

In most of the cases where a circumflex accent is used in French, it is to remind us that this word was spelled with an *s* in old French, which was closer to the Latin language. In many cases, these words still have an *s* in English.

Exemples: p**â**te (*pasta*)
hô**p**ital (*hospital*)
ma**î**tre (*master*)
f**ê**te (*party; has a common origin with 'festival'*)

Travail personnel

Voici quelques idées pour vous aider à fournir un travail personnel. Toutes les activités suggérées sont liées à ce que vous venez d'apprendre dans ce chapitre.

1 ■ *Trouvez un(e) étudiant(e) francophone et posez-lui des questions sur ses dernières vacances. Où est-il/elle allé(e)? Qu'a-t-il/elle fait? Préparez vos questions à l'avance et demandez-lui de parler lentement. Enregistrez cette conversation.*

2 ■ *Trouvez un(e) étudiant(e) francophone et demandez-lui de vous parler de ses origines et son passé. Où est-il/elle né(e)? Quand? Où a-t-il/elle vécu? Quand est-il/elle arrivé(e) en Grande-Bretagne? etc. Prenez des notes et écrivez un petit résumé de sa biographie.*

3 ■ *Trouvez un programme de grammaire sur Internet ou un livre de grammaire. Travaillez les points de grammaire traités dans ce chapitre. Imprimez ou photocopiez ces exercices et ajoutez-les à vos travaux.*

4 ■ *Vous êtes à la recherche d'un(e) petit(e) ami(e). Écrivez un profil de 100 mots destiné à être posté sur Internet. Décrivez votre physique, votre caractère, et parlez de votre passé.*

5 ■ *Choisissez une personnalité francophone célèbre dans le domaine de vos études et faites des recherches sur Internet sur cette personne en utilisant le moteur de recherche Google.fr.*

6 ■ *Écrivez un article d'environ 100 mots destiné à un magazine présentant la vie de la personnalité francophone célèbre sur laquelle vous avez fait des recherches.*

Interlude digestif

Trouvez le mot de vocabulaire qui correspond à l'image ci-dessous. Puis sélectionnez la première lettre de chaque mot pour trouver ce qui est arrivé à Luc hier soir.

Alors, qu'est-il arrivé à Luc hier soir?

— — — — — — — — — — — — — — — — .

Utilisez un dictionnaire pour trouver la signification exacte de cette phrase!

★ Info-culture

A French history, historical and legendary figures

During the Roman Empire, France was called Gaul. The Gauls fought to overthrow the roman occupation and this was achieved in 52 BC under the leadership of *Vercingétorix*. However, a year later the Romans defeated him again. The Romans brought about many changes: they developed trade and agriculture and built many cities, roads and bridges.

By 406 AD, various tribes from the east (present-day Germany) settled in Roman France. One of these tribes, the Francs, gradually became more powerful and gave their name to the country. Their most famous chief *Clovis* managed to unite the various settlements – mostly by force – creating France. Clovis' wife was a Christian. She converted him to Catholicism. He was baptised in Reims in 496 shortly after winning a battle, which he believed he had won thanks to his new God! As a result, France became Catholic during Clovis' reign. Later on, *Charlemagne* continued the work of Clovis. He, too, was a Catholic and was crowned emperor in 800 AD. He was an educated man, a fine fighter and an excellent leader. Today's children still have a bone to pick with Charlemagne! According to legend, he invented school!

During the Middle Ages, which are often referred to as the Dark Ages (with some injustice), France was involved in the Hundred Years War against England. The French heroine *Jeanne D'Arc* (Joan of Arc), a young peasant girl, claimed that God had asked her to raise an army to fight the English. She succeeded in liberating a few French cities such as Orleans, Auxerre and others before being captured and burnt by the English in Rouen in 1431.

During the Renaissance, France drifted, while Italy, Spain and Portugal prospered. A bloody civil war between Catholics and Protestants took place. *Henry IV*, a young king who had grown up a Protestant, managed to restore peace by converting several times from Protestantism to Catholicism and back again. According to legend, he was generous and proclaimed that the poor had a right to have one decent meal a week (pot-roasted chicken: *la poule au pot*).

Later on, France re-established itself as a great power and the monarchy became dictatorial. *Louis XIV* was an absolute monarch. He ruled on his own, in a god-like manner, which is why he was nicknamed *le Roi Soleil* (the 'Sun King'). He built the palace of Versailles, which became his official residence. There is little doubt that Louis XIV's totalitarian regime sowed the seeds of the French Revolution, which took place in 1789. *Louis XVI* and his wife *Marie-Antoinette* were both beheaded a few years after the Revolution. In 1792, France was declared a republic. A key figure of the French Revolution was *Robespierre*. He was considered a tyrant by most French people and he ruled in absolute terror.

In 1799, *Napoleon* took over power in France. Napoleon was a general in the French army who had won many battles and was very popular. He was crowned emperor in 1804. He modernised France. He reformed the political, judicial and administrative systems and put in place a structure which is still in use. However, his ambition led him too far and he finally lost power in 1848. He died in exile. The period which followed saw several different types of regimes. In 1870 the republic was reinstated.

During the two world wars, France was invaded, occupied and destroyed in part. Each of these wars had its hero: *Pétain* in the First World War and *De Gaulle* in the Second. De Gaulle became the president of France. His vision was to rule over a prosperous, stable and strong France.

During the 1950s and 60s, many French colonies in Africa and south-east Asia gained their independence. In the case of Algeria, this led to a terrible and cruel war (1958–1962). Many French and Algerians lost their lives and both sides suffered. In May 1968, France itself came very close to a civil war. Student demonstrations and industrial strikes led to violent confrontations between the police and the demonstrators. However, things finally settled down and new educational and social policies were put in place as a result of these upheavals.

Some famous political figures of the 1970s, 80s and 90s were *Pompidou*, who commissioned the modern art museum now named after him, *Mitterrand* who had the Louvre Pyramid built, and *Chirac*. During this period, France invested in new technologies (nuclear power stations, fast trains such as the *TGV*, the *Minitel*, which was the forerunner of the Internet, etc.), and in the development of Europe and common European policies.

Récapitulatif

> **Maintenant vous devriez être capable de**
>
> ⋆ **Présenter un personnage historique français et parler de sa vie**
>
> ⋆ **Parler de votre passé**
>
> ⋆ **Parler de vos dernières vacances**
>
> ⋆ **Parler de votre routine au passé**
>
> **Faites les exercices ci-dessous et révisez les éléments sur lesquels vous avez des doutes avant d'étudier le chapitre qui suit.**

A *Trouvez l'intrus parmi les mots ci-dessous.*

a) écouté / mangé / regardé / fait

b) parlé / allé / arrivé / entré

c) je fais / il a fait / nous faisons / ils font

d) je vais / il fait / aller / je suis allé

e) l'automne / le printemps / l'été / il a été

f) hôtel / gîte / fête / mère

B *Corrigez les erreurs de grammaire ou d'orthographe! Le nombre d'erreurs est indiqué entre parenthèses.*

a) Je allé à la cinéma hier. (2)

b) J'ai mange du chocolate. (2)

c) Elle se lever tot hier matin. (2)

d) Ou est le cafe le plus proche? (2)

e) Tu préférer aller au café où au restaurant? (2)

f) J'ai allé en Italy l'année dernière. (2)

C *Traduisez les phrases suivantes en français.*

a) My sisters went to the theatre yesterday.

b) Have you ever been to China?

c) He was born in Paris.

d) She got up late on Sunday.

e) We baked a chocolate cake.

L'Unité 6, c'est déjà du passé: vive l'Unité 7!

Index de vocabulaire

Biographie	Biography
carrière (f.)	career
chanson (f.)	song
chanter	to sing
chanteur (m.)	male singer
chanteuse (f.)	female singer
chef-d'œuvre (m.)	masterpiece
collègue (m.)	colleague
construire	to build
créer	to create
déménager	to move house
devenir	to become
disque (m.)	record
enfance (f.)	childhood
entreprise (f.)	business
événement (m.)	event
gagner	to win/to earn
grandir	to grow up
mort (f.)	death
mourir	to die
naissance (f.)	birth
naître	to be born
rester	to stay
revenir	to come back
se marier	to get married
tour (f.)	tower
vie (f.)	life
vivre	to live

Plus de verbes	More verbs
aller	to go
bavarder	to chat
boire	to drink
casser	to break
comprendre	to understand
couper	to cut
courir	to run
devoir	must/to have to
dormir	to sleep
entendre	to hear
écrire	to write
faire	to do/to make
insulter	to insult
lire	to read
mettre	to put/to put on
nager	to swim
pouvoir	can/to be able to
prendre	to take
rénover	to renovate
s'amuser	to have fun
s'énerver	to get angry
se battre	to fight

se calmer	to calm down
se disputer	to argue
se mettre à	to start to
se moquer de	to laugh at
se préparer	to get ready
se rendre	to go
se reposer	to rest
tomber	to fall
voir	to see
vouloir	to want

Plus de descriptions	More on descriptions
actif/-ve	active
amusant(e)	funny
arrogant(e)	arrogant
athlétique	athletic
bavard(e)	chatty
beau/belle	beautiful
bronzé(e)	tanned
bruyant(e)	noisy
capricieux/-euse	to have tantrums
charmant(e)	charming
choquant(e)	choking
coléreux/-euse	angry
désorganisé(e)	disorganised
détendu(e)	relaxed
drôle	funny
dynamique	dynamique
égoiste	selfish
ennuyeux/-euse	boring
farceur/-euse	joker
honnête	honest
hyperactif/-ve	hyperactive
immature	immature
impatient(e)	impatient
intolérant	intolerant
jaloux/-euse	jealous
joli(e)	good-looking
mélancolique	melancolic
organisé(e)	organised
ouvert(e)	open
paresseux/-euse	lazy
plein(e) de vie	full of life
séduisant(e)	seductive
sociable	sociable
sérieux/-euse	serious
solitaire	solitary
stressant	to get on one's nerves
sympa	friendly
timide	shy
tolérant	tolerant
travailleur/-euse	hard-working

Sorties et évasions!

Plan de l'unité

Dans cet unité, vous allez

★ *Organiser votre temps libre et vos loisirs*

★ *Vous renseigner sur ce qu'il y a à faire, réserver des places et acheter des billets*

★ *Aller au restaurant et au bar*

★ *Faire des courses, préparer un repas et passer une soirée agréable à la maison*

Révision

Le week-end dernier!

A *Remettez les phrases suivantes dans l'ordre correct.*

a) Je me suis couchée tôt samedi soir et j'ai très bien dormi.

b) Vendredi soir, je suis sortie avec mes amis.

c) J'ai étudié tout samedi après-midi parce que j'ai un examen important la semaine prochaine.

d) Samedi matin, je me suis levée vers onze heures environ.

e) Nous nous sommes promenés sur la plage et nous avons passé une excellente journée.

f) Nous avons bu quelques verres et nous avons dansé jusqu'à deux heures du matin.

g) Nous sommes allés au bar vers vingt et une heures, puis nous sommes allés à la discothèque.

h) J'ai pris mon petit déjeuner, je me suis habillée et je suis allée au centre sportif.

i) Samedi soir, mon amie Lucie est venue manger chez moi. Nous avons fait la cuisine ensemble, nous avons bavardé et regardé un film à la télévision.

j) Il y avait beaucoup de monde à la discothèque.

k) Dimanche, je me suis levée à huit heures du matin et je suis allée au bord de la mer avec mon petit ami Marc.

l) J'ai joué au squash pendant quarante minutes, puis je suis rentrée à la cité universitaire.

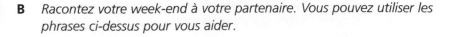

B *Racontez votre week-end à votre partenaire. Vous pouvez utiliser les phrases ci-dessus pour vous aider.*

Apéritif

Temps libre

A *Nous sommes vendredi. Jean-Marc téléphone à Geneviève parce qu'il veut sortir avec elle ce week-end ou la semaine prochaine. Malheureusement, Geneviève est très occupée en ce moment. Lisez les réponses de Geneviève et reliez-les aux images ci-dessous.*

a) Non, je ne suis pas libre, ce soir. Désolée. J'ai promis à ma mère d'emmener mon petit frère au cirque.

b) Non, ce week-end, je ne peux pas. Je ne suis pas là. Je vais voir ma cousine à Paris.

c) Lundi soir? Je ne suis pas libre. Je dois réviser mon espagnol. J'ai un test mardi.

d) Mardi soir, c'est impossible, j'ai ma leçon de flûte et répétition avec l'orchestre.

e) Mercredi soir, c'est l'anniversaire de ma sœur Lucie et nous allons tous au restaurant.

f) Non, je ne suis pas libre. Ma sœur et moi, nous allons au ballet jeudi soir.

g) Vendredi prochain? Oui, je suis libre vendredi. Si on allait au cinéma?

1

2

3

4

5

6

7

B *Relisez les excuses ci-dessus et trouvez les équivalents français de . . .*

a) I can't.

b) I'm not here this weekend.

c) I have to revise.

d) I'm free on Friday.

e) What about going to the cinema?

 2

A *Écoutez ces conversations et cochez les excuses qui sont mentionnées là-dedans.*

a) Je travaille. ☐

b) Je rentre chez mes parents. ☐

c) J'ai cours. ☐

d) J'ai un match de football. ☐

e) Je dois étudier. J'ai un test prochainement. ☐

f) Je fais du baby-sitting. ☐

g) Je déteste les pizzas. ☐

h) Je ne me sens pas très bien. ☐

i) Je suis fauché. Je n'ai plus d'argent. ☐

B *Imaginez quelques excuses supplémentaires.*

C *À tour de rôle, posez les questions suivantes et répondez-y en utilisant des excuses de votre choix.*

A Es-tu libre ce soir?
B Es-tu libre samedi soir?
A Es-tu libre dimanche après-midi?
B Non, je ne suis pas libre . . .

 3

A *Écoutez et lisez cette conversation. Remplissez les blancs.*

Lucie   Allô, Sophie. C'est moi, Lucie.

Sophie   Ah, bonjour Lucie. Ça va?

Lucie   Oui, très bien, et toi? Tu es _____ samedi soir? Il y a un _____ de musique _____ au théâtre du Marais et j'ai _____ billets. Tu veux venir?

Sophie   J'aimerais bien, mais je ne _____ pas. Je _____ à la pizzeria samedi soir.

Lucie   C'est dommage! Tu veux faire quelque chose _____ après-midi alors?

Sophie   Non, je ne peux pas non plus. C'est l'anniversaire de ma _____ . Nous avons organisé une fête de famille au _____ .

Lucie   _____ soir alors? Si on allait au _____ ?

Sophie   D'accord pour le cinéma mardi soir.

B *Lisez et pratiquez la conversation ci-dessus.*

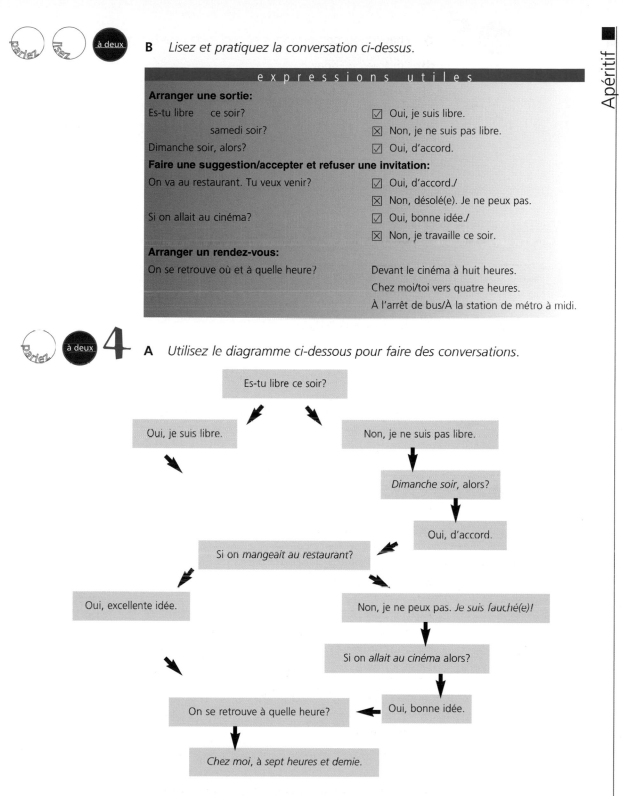

e x p r e s s i o n s   u t i l e s

Arranger une sortie:

Es-tu libre ce soir?	☑ Oui, je suis libre.
samedi soir?	☒ Non, je ne suis pas libre.
Dimanche soir, alors?	☑ Oui, d'accord.

Faire une suggestion/accepter et refuser une invitation:

On va au restaurant. Tu veux venir?	☑ Oui, d'accord./
	☒ Non, désolé(e). Je ne peux pas.
Si on allait au cinéma?	☑ Oui, bonne idée./
	☒ Non, je travaille ce soir.

Arranger un rendez-vous:

On se retrouve où et à quelle heure?   Devant le cinéma à huit heures.

Chez moi/toi vers quatre heures.

À l'arrêt de bus/À la station de métro à midi.

4 A *Utilisez le diagramme ci-dessous pour faire des conversations.*

Es-tu libre ce soir?

Oui, je suis libre.   Non, je ne suis pas libre.

Dimanche soir, alors?

Oui, d'accord.

Si on *mangeait au restaurant*?

Oui, excellente idée.   Non, je ne peux pas. *Je suis fauché(e)!*

Si on *allait au cinéma* alors?

On se retrouve à quelle heure?   Oui, bonne idée.

Chez moi, à *sept heures et demie.*

B *Faites le même exercice, mais cette fois modifiez les expressions en italiques selon votre désir.*

A *Écoutez ces conversations et cochez la case qui correspond à ce que vous entendez.*

a) Pour son anniversaire, Lucie va . . .

organiser une fête à la maison. ☐

passer le week-end à la montagne. ☐

b) Pendant les vacances d'été, Marc va . . .

visiter l'Écosse avec sa famille. ☐

visiter l'Écosse avec ses amis. ☐

c) Cet été, Basile va . . .

finir sa dissertation. ☐

travailler pour gagner de l'argent. ☐

d) Ensuite, Basile va . . .

passer des vacances au bord de la mer. ☐

se reposer et sortir avec ses amis. ☐

B *Maintenant lisez les conversations ci-dessous et trouvez les équivalents français de . . .*

a) I will spend the weekend in the mountains.

b) We will go to Grenoble on Friday evening.

c) We will visit Scotland.

d) I will work.

e) I will finish my dissertation.

f) I will rest.

Conversation 1:
– Lucie, que vas-tu faire pour célébrer ton anniversaire?
– J'ai tout organisé. Je passerai le week-end à la montagne avec mes amis. Nous louerons un gîte. Nous descendrons sur Grenoble le vendredi soir et reviendrons à Paris le dimanche soir. Le samedi soir, nous célébrerons mon anniversaire dans un restaurant.

Conversation 2:
– Marc, que vas-tu faire pour les vacances d'été?
– Je vais partir en vacances avec ma famille. Nous passerons quelques jours à Londres, puis nous visiterons l'Écosse. Nous irons au festival d'Édimbourg et assisterons à de nombreux concerts et spectacles.

Conversation 3:

– Cet été, je travaillerai probablement pour gagner un peu d'argent. Et toi, Basile, que vas-tu faire?

– Je finirai ma dissertation, puis je me reposerai. Je sortirai avec mes amis, et je jouerai au tennis et au football.

C *Relisez ces conversations, observez les verbes au futur et remplissez le tableau suivant.*

Le futur

Verbes en *-er* (réviser)	Verbes en *-ir* (finir)	Verbes en *-re* (vendre)
je _____	je finirai	je vendrai
tu réviseras	tu _____	tu _____
il/elle_____	il/elle finira	il/elle _____
nous _____	nous _____	nous vendrons
vous réviserez	vous finirez	vous _____
ils/elles réviseront	ils/elles _____	ils/elles vendront

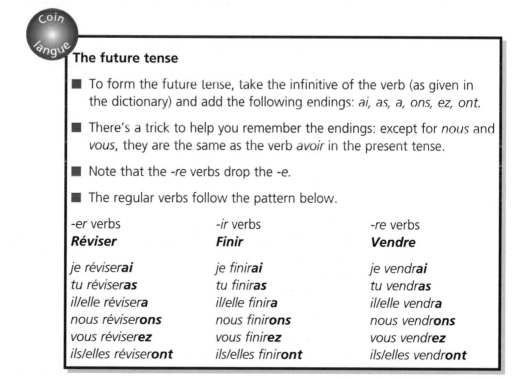

The future tense

■ To form the future tense, take the infinitive of the verb (as given in the dictionary) and add the following endings: *ai, as, a, ons, ez, ont.*

■ There's a trick to help you remember the endings: except for *nous* and *vous*, they are the same as the verb *avoir* in the present tense.

■ Note that the *-re* verbs drop the *-e.*

■ The regular verbs follow the pattern below.

-er verbs **Réviser**	*-ir* verbs **Finir**	*-re* verbs **Vendre**
je réviser**ai**	je finir**ai**	je vendr**ai**
tu réviser**as**	tu finir**as**	tu vendr**as**
il/elle révisera	il/elle finir**a**	il/elle vendr**a**
nous réviser**ons**	nous finir**ons**	nous vendr**ons**
vous réviser**ez**	vous finir**ez**	vous vendr**ez**
ils/elles réviser**ont**	ils/elles finir**ont**	ils/elles vendr**ont**

Hors-d'œuvre

Cinéma, concerts, théâtres et autres ...

A *Reliez les images ci-dessous aux genres de films qui leur correspondent.*

1

2

3

4

5

6

7

8

9

10

a) Un film d'espionnage
b) Un western
c) Un dessin animé
d) Un film historique
e) Un film comique

f) Un documentaire
g) Un film policier
h) Un film de cape et d'épée
i) Un film d'horreur
j) Un film d'amour

B *Que préférez-vous? Que détestez-vous? Pourquoi? Choisissez parmi les raisons suivantes pour justifier vos réponses. Par exemple: 'Je préfère les films policiers parce qu'il y a beaucoup d'action!'*

A *Écoutez le répondeur automatique du cinéma Gaumont de Lyon et décidez à quel genre appartient chacun des films ci-dessous. Notez également la nationalité de chaque film.*

a) *Alexandre*

b) *L'empreinte de la mort*

c) *L'ex-femme de ma vie*

d) *The Grudge*

e) *Rencontre à Wicker Park*

f) *La marche de l'empereur*

B *Ré-écoutez le répondeur automatique du cinéma Gaumont de Lyon, puis décidez si les phrases suivantes sont vraies ou fausses.*

a) La date d'aujourd'hui est le 16 février.

b) On passe six films différents aujourd'hui.

c) Le film *Alexandre* est un film historique.

d) Le film *L'empreinte de la mort* est interdit au moins de quinze ans.

e) *L'ex-femme de ma vie* est un western.

f) Le film *The Grudge* est interdit au moins de douze ans.

g) La *Marche de l'empereur* est à 14h15, 17h15 et 19h45.

h) On ne passe pas de dessin animé aujourd'hui.

i) La place de cinéma adulte coûte huit euros.

j) La place étudiant coûte six euros.

k) La place enfant coûte cinq euros cinquante.

l) Il n'y a pas d'offre spéciale aujourd'hui.

---

expressions utiles

qu'est-ce qu'on passe au cinéma? *what's on at the cinema?*

on passe le dernier film de Scorsese: *the latest Scorsese film is on.*

à quelle heure y a-t-il une séance? *at what time is there a showing?*

il y a une séance à 20h15: *there is a showing at 20.15.*

c'est combien la place? *how much is a ticket?*

avez-vous des réductions pour étudiants? *do you have student discounts?*

je voudrais une place étudiant, s'il vous plaît: *I'd like a student ticket, please.*

le film est interdit au moins de douze ans: *this film is forbidden to children under 12.*

3

A *Lisez la conversation suivante et remplissez les blancs avec le mot correct choisi dans la liste qui suit. Puis, écoutez la conversation pour vérifier vos réponses.*

retrouve	euros	libre	heures	séance	passe
film	allait	tard	place		

Julie   Allô Marc, c'est Julie. Tu es _____ ce soir?

Marc   Oui, je suis libre, qu'est-ce que tu proposes?

Julie   Si on _____ au cinéma?

Marc   Oui, d'accord. Qu'est-ce qu'on _____ au ciné en ce moment?

Julie   On passe *Alexandre*, *The Grudge*, *L'ex-femme de ma vie*, *L'empreinte de la mort* et *Rencontre à Wicker Park*. J'aimerais bien aller voir *Alexandre* ou *L'ex-femme de ma vie*.

Marc   *Alexandre*, c'est bien un _____ historique? Je n'aime pas trop les films historiques. Je les trouve ennuyeux. Je préfère aller voir *Rencontre à Wicker Park*. À quelle heure y a-t-il une _____ ?

Julie   Il y a une séance à 20h45 et une autre à 22h30.

Marc   22h30, c'est trop _____ . Si on allait à la séance de 20h45?

Julie   Oui, d'accord. On se _____ où et à quelle heure?

Marc   Au bar des corsaires à huit _____ . C'est combien la _____ étudiant?

Julie   Six _____ cinquante. À tout à l'heure, au bar des corsaires!

B *Lisez et pratiquez la conversation ci-dessus.*

4 A *Écoutez la conversation et remplissez les blancs.*

L'employé   L'opéra de la Meuse, bonjour.

Sophie   Bonjour, je voudrais des billets pour 'Les ballets Trockadero', s'il vous plait.

L'employé   Oui, pour quelle date?

Sophie   Le _____ mars.

L'employé   Très bien. Nous avons des places en bas à l'orchestre à _____ € ou des places au premier balcon à _____ € ou tout en haut au deuxième balcon à _____ €.

Sophie   Je voudrais _____ places au premier balcon, près du _____ si possible. Avez-vous des tarifs étudiants?

L'employé   Oui, bien sûr. Alors, au premier balcon en tarif étudiant, ça fait _____ € pour deux places. Pouvez-vous me donner les détails de votre carte de crédit?

Sophie	Oui, alors, c'est le _____ / _____ / _____ / _____ .
L'employé	Et la date d'expiration?
Sophie	_____ 2008.
L'employé	Très bien. Merci. Vous pouvez récuperer vos _____ au magasin à partir du 5 mars ou au guichet de l'opéra une _____ avant le spectacle.
Sophie	Merci. À quelle heure _____ le spectacle?
L'employé	À 20h15. Au revoir!

B *Lisez et pratiquez la conversation ci-dessus. Puis refaites ce même exercice, mais cette fois utilisez les informations ci-dessous pour le modifier.*

les tarifs: 18,80€   16€   13,70€   **tarif étudiant: 14€**

 5

A *Lisez le texte ci-dessous et décidez si les phrases qui suivent sont vraies ou fausses.*

En France, comme partout ailleurs dans le monde, vous pouvez acheter des billets sur Internet. L'un des sites les plus connus est celui de la Fnac: www.fnac.com

La Fnac est une chaîne de magasins de matériels audio-visuels, de disques et de livres. Les magasins Fnac sont présents dans toutes les grandes villes de France, mais aussi en Belgique, en Suisse et dans d'autres pays comme le Brésil et la république chinoise de Taiwan, par exemple.

Il est possible d'acheter des billets pour une grande variété de spectacles nationaux et internationaux dans les magasins Fnac, mais aussi sur leur site Internet. La Fnac vous propose plus de quarante-cinq mille spectacles par an – soit environ six mille par jour – dans des domaines aussi variés que la musique classique, pop, africaine, latino-américaine, celtique, la danse classique, la danse moderne, la danse folklorique, le théâtre, l'opéra, le cirque, le sport, le cinéma, des expositions artistiques et photographiques et des débats et rencontres avec des personnalités culturelles importantes comme des réalisateurs de films, des auteurs de livres, des photographes, etc.

Le logiciel informatique «Billetel» développé par la Fnac permet aux clients de réserver et d'obtenir des billets immédiatement pour tous ces spectacles. Les clients peuvent ensuite récupérer leurs billets dans leur magasin Fnac local, ou dans des magasins partenaires comme certains supermarchés français ou se les faire envoyer chez eux par la poste.

a) En France, il est possible d'acheter des billets pour des spectacles sur Internet.

b) Les magasins Fnac vendent des livres, des CD et du matériel audio-visuel.

c) Il est impossible d'acheter des billets pour des spectacles internationaux à la Fnac.

d) La Fnac vend seulement des billets pour des spectacles de musique.

e) Il est aussi possible d'acheter des billets pour des expositions ou débats et rencontres artistiques à la Fnac.

f) Les clients peuvent récupérer leurs billets dans les magasins Fnac et dans certains supermarchés.

g) Il n'est pas possible de recevoir ses billets par la poste.

B *Relisez ce texte et trouvez les équivalents français de . . .*

a) Like everywhere else in the world

b) One of the most famous sites

c) In all big cities

d) It is possible to buy

e) A great variety of shows

f) Computer software

6

A *Suite à une activité sur les spectacles, trois participants à L'Œil de l'espion passent la soirée à discuter de leurs goûts et préférences en matière de spectacles et loisirs. Écoutez-les et remplissez le tableau suivant avec les informations correctes.*

	Spectacle préféré	Spectacle apprécié	Spectacle détesté
Sergio			
Anita			
Paul			

B *Ré-écoutez leur conversation et cochez les raisons qu'ils mentionnent pour expliquer leurs goûts et préférences.*

a) Le théâtre de la Scala est très moderne. ☐

b) L'intérieur de la Scala est magnifique. ☐

c) En Italie il y a beaucoup de chanteurs d'opéra célèbres. ☐

d) Tous les italiens adorent l'opéra. ☐

e) Il y a une super ambiance dans le stade à San Siro à Milan. ☐

f) Les danseurs sont gracieux et expressifs. ☐

g) Les fauteuils de cinéma sont très confortables. ☐

h) Le cinéma, c'est très bien quand on est triste! ☐

i) Le cirque, c'est très ennuyeux. ☐

j) Les spectacles avec des animaux sont cruels. ☐

C *Ré-écoutez leur conversation encore une fois et reliez les phrases en français à gauche à leurs équivalents anglais à droite.*

1) C'est long et ennuyeux.

2) Je ne comprends rien à l'histoire.

3) Je ne suis pas d'accord avec toi!

4) Ça n'a pas d'importance.

5) Ça n'a pas de charme.

6) Les sièges sont inconfortables.

7) Il n'y a pas d'ambiance!

8) Il y a beaucoup de variété.

9) À mon avis.

10) Il est impossible de s'ennuyer.

a) *It has no charm.*

b) *I don't agree with you!*

c) *In my opinion.*

d) *It doesn't matter.*

e) *There's no atmosphere.*

f) *I don't understand the story.*

g) *It is impossible to get bored.*

h) *It is long and boring.*

i) *The seats are uncomfortable.*

j) *There's a lot of variety.*

D *À vous de dire quels genres de spectacles vous préférez, vous aimez et vous détestez. Expliquez pourquoi. Pour vous aider, utilisez les raisons présentées dans cet exercice.*

E *Maintenant, écrivez un paragraphe de 100 mots sur ce même sujet.*

Plat principal

Boire et manger

à deux **1** *Reliez les images ci-dessous aux phrases qui leur correspondent.*

1

2

3

4

5

6

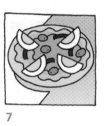

7

8

a) Comme entrée, je voudrais une soupe, s'il vous plaît.

b) Voilà, monsieur, votre bouteille de vin blanc.

c) Un café, s'il vous plaît!

d) Qu'est-ce que vous avez comme sandwichs?

e) Je voudrais un thé au lait, s'il vous plaît.

f) Deux salades niçoises, s'il vous plaît.

g) Bonjour, monsieur. Vous désirez?

h) C'est combien la bière, s'il vous plaît?

tout seul **2** **A** *Écoutez et lisez cette conversation entre Ingrid, Lucie et le serveur du café du lac.*

Le serveur	Bonjour, mesdemoiselles. Vous désirez?
Lucie	Je voudrais un coca-cola, s'il vous plaît.
Ingrid	Et moi, je voudrais une limonade.
Le serveur	Et avec ça? Désirez-vous manger quelque chose?
Ingrid	Qu'est-ce que vous avez comme sandwichs?
Le serveur	Alors, nous avons des sandwichs au fromage, au jambon, au thon et au salami.
Ingrid	Très bien. Je vais prendre un sandwich au salami, s'il vous plaît.
Le serveur	Alors . . . un sandwich au salami, et pour vous, mademoiselle?
Lucie	Avez-vous des omelettes?

Le serveur	Oui, nous avons des omelettes nature, aux fines herbes ou au fromage.
Lucie	Je voudrais une omelette au fromage, s'il vous plaît.
Le serveur	Très bien. Je vous apporte ça dans un instant!

B *Ré-écoutez cette conversation et trouvez les équivalents français de . . .*

a) What would you like?

b) I would like . . .

c) What types of sandwiches have you got?

d) I'll bring it to you in a minute.

C *Lisez et pratiquez la conversation ci-dessus.*

> **e x p r e s s i o n s   u t i l e s**
>
> vous désirez? *can I help you?*
>
> avez-vous choisi? *have you made your choice?*
>
> je voudrais/j'aimerais . . . : *I'd like . . .*
>
> je vais prendre . . . : *I'm going to have . . .*
>
> pouvez-vous m'apporter . . . ? *could you bring me . . . ?*
>
> qu'est ce que vous avez comme . . . ? *what type of . . . have you got?*
>
> je vous apporte ça dans un instant: *I'll bring it to you in a moment.*
>
> voilà! *here you are!*
>
> l'addition, s'il vous plaît! *the bill please!*

3

A *Lisez le texte ci-dessous et décidez si les phrases qui suivent sont vraies ou fausses.*

En France, il y a beaucoup de cafés. La plupart de ces cafés servent des boissons et des petits repas en terrasse ou à l'intérieur. La boisson la plus populaire est le café, mais les Français aiment aussi le chocolat chaud, le vin rouge et en été les sirops, comme par exemple la menthe à l'eau, le cassis à l'eau ou le citron à l'eau. Les étudiants passent beaucoup de temps au café: ils boivent du café, bavardent, jouent au flipper ou au baby-foot, révisent leurs cours ou lisent. En général, ils ne boivent pas ou peu d'alcool. Si vous avez faim, on vous proposera des sandwichs, des quiches, des salades, des croque-monsieurs et des omelettes. En France, il n'est pas rare de passer de longues heures voire l'après-midi entière à la terrasse d'un café.

> **v o c a b u l a i r e   u t i l e**
>
> la menthe: *mint*
>
> le cassis: *blackcurrant*
>
> le citron: *lemon*
>
> le flipper: *pinball machine*
>
> le baby-foot: *table football*
>
> un croque-monsieur: *a toasted sandwich*
>
> voire: *not to say*

a) Les cafés sont peu nombreux en France.

b) Il est possible de manger dans les cafés.

c) La plupart des cafés ont des terrasses.

d) La boisson la plus populaire est le chocolat chaud.

e) Les Français boivent beaucoup de café.

f) Les étudiants jouent au flipper et au baby-foot.

g) Les étudiants étudient aussi au café.

h) Les étudiants boivent beaucoup d'alcool.

i) Il est impossible de commander un sandwich dans un café.

j) Les Français passent peu de temps au café.

B *Écrivez un petit texte similaire à celui ci-dessus pour décrire les habitudes anglaises au pub. Écrivez environ 100 mots.*

4 A *Écoutez et lisez cette conversation entre Alain et la réceptionniste du restaurant 'Le Palais de la Fondue'.*

La réceptionniste	Allô, 'Le Palais de la Fondue', bonjour!
Alain	Je voudrais réserver une table pour <u>quatre personnes</u> pour <u>samedi soir</u>.
La réceptionniste	Un instant. Oui, très bien. À quelle heure, s'il vous plaît?
Alain	<u>Huit heures et demie</u>, si possible?
La réceptionniste	Oui, c'est possible. C'est à quel nom?
Alain	<u>Dubeyrie</u>.
La réceptionniste	Ça s'écrit comment?
Alain	Ça s'écrit <u>D.U.B.E.Y.R.I.E</u>.
La réceptionniste	C'est noté! <u>À samedi soir, monsieur</u>.

B *Pratiquez la conversation ci-dessus.*

C *Refaites ce même exercice, mais cette fois modifiez les passages soulignés à l'aide des informations ci-dessous. Réservez la table à votre nom.*

avril
30
vendredi

5 A *Reliez les images ci-dessous aux phrases qui leur correspondent.*

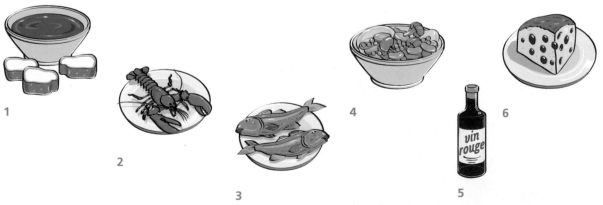

1

2

3

4

5

6

a) Voilà monsieur/dame, votre bouteille de vin rouge!

b) Comme plat principal, je vais prendre le poisson grillé.

c) Comme entrée, je voudrais une soupe de poisson.

d) Qu'est-ce que vous avez comme légumes?

e) La langouste à l'armoricaine, c'est quoi exactement?

f) Comme dessert, je vais prendre le gâteau aux cerises.

6 A *Écoutez et lisez cette conversation entre Alain, Martine et la serveuse du restaurant 'La Perche du Lac'.*

La serveuse	Bonjour. Désirez-vous un apéritif?
Alain	Oui, un gin tonic pour ma copine et un kir pour moi.
La serveuse	Voilà! Avez-vous choisi?
Alain	Oui, comme entrée, je voudrais la soupe de poisson.
Martine	Et moi, les œufs mayonnaise.
La serveuse	Et comme plat principal?
Alain	Je voudrais le poulet frites.
Martine	Et moi, le poisson grillé avec salade.
La serveuse	Très bien. Désirez-vous du vin?
Alain	Oui, une carafe de vin blanc, s'il vous plaît.
Martine	Pouvez-vous aussi nous apporter une carafe d'eau, s'il vous plaît?
La serveuse	Oui, bien sûr.

vocabulaire utile

un kir: *white wine with blackcurrant liqueur*

une entrée: *a starter*

le poisson: *fish*

les œufs: *eggs*

le plat principal: *main dish*

le poulet: *chicken*

les frites: *chips*

la carafe: *a jug*

B *Lisez et pratiquez la conversation ci-dessus.*

C *Faites ce jeu de rôle, mais utilisez le menu ci-dessous pour commander des plats différents. Avant de faire cela, cherchez dans le dictionnaire la signification de . . .*

a) thon

b) moule

c) agneau

d) pomme de terre

e) crêpe

Nos entrées
Salade niçoise (thon, œufs, tomates, salade verte)
Assiette froide (salami, fromage, salades variées)
Soupe de légumes
Moules marinières (moules, vin blanc, fines herbes)
Tarte savoyarde (pommes de terre, fromage et bacon)

* * * * * * * *

Nos plats principaux
Filet d'agneau aux petits légumes
Steak frites
Côtes de porc et légumes du jour
Poisson grillé, pommes de terre, salade

* * * * * * * *

Nos desserts
Mousse au chocolat
Crème brûlée
Crêpes

7 Lisez les descriptions de ces restaurants et trouvez quel restaurant en face est le plus approprié aux situations ci-dessous.

vocabulaire utile

la viande: *meat*
le veau: *veal*
l'agneau: *lamb*
goûter: *to taste*
échapper: *to escape*
la chaleur: *heat*
dépenser: *to spend*
les cadres traditionnels: *traditional settings*
étranger: *foreign*
manger sur le pouce: *to snack*

A
Vous voulez sortir dimanche soir avec des amis japonais. Ils adorent le poisson et les crustacés et vous, vous adorez la viande, surtout le foie gras et l'agneau. Quel restaurant choisissez-vous?

B
Vous êtes avec vos parents. Vous n'avez pas très faim. Vous voulez manger quelque chose de simple, mais vos parents veulent goûter des grands vins. Quel restaurant choisissez-vous?

C
Il est midi et il fait très chaud. Vous êtes au centre du vieux Bordeaux. Vous voulez échapper à la chaleur et vous voulez goûter des produits locaux. Vous n'aimez pas le moderne, vous préférez les cadres traditionnels. Quel restaurant choisissez-vous?

D
Vous êtes dans la vieille ville à Bordeaux. Vous aimez le poisson et le vin blanc. Vous avez mangé français toute la semaine et vous avez envie de goûter à quelque chose de différent, d'étranger. Quel restaurant choisissez-vous?

Au cœur du vieux Bordeaux, dans un ancien atelier artisanal du XVème aux pierres apparentes, le restaurant "Chez Mémère" vous accueille dans un cadre traditionnel et chaleureux. Vous pourrez y savourer une cuisine de qualité issue de produits de terroir. A vous la découverte des produits locaux soigneusement sélectionnés et de la carte des vins qui panache judicieusement grands crus et petits châteaux à des prix tout à fait abordables.

Restaurant climatisé

Midi et Soir:
Menus 20€/30€
Carte: env 25€

Cartes de crédit: CB – MC – AE – DC.

Ouvert tous les jours.

Ici, la cause de la gastronomie de la mer est entendue. Coquillages, crustacés, poissons cuisinés en sauce ou à la vapeur, poistille, bouillabaisse . . . Tous ont droit de cité dans la cuisine de cet expert des produits de la mer. Accommodés et présentés avec raffinement, ils témoignent d'un art consommé de la table. Les amateurs de viande ne sont pas oubliés pour autant, puisque foie gras, ris de veau, bœuf, agneau, magret se retrouvent délicieusement cuisinés au menu et à la carte. Des prix corrects, dans ce cadre très typique du vieux Bordeaux.

Menus – Carte: 30€ environ
Carte traduite en anglais, allemand, espagnol, italien et japonais

Cartes de crédit: CB – MC – EC – AE

Ouvert toute l'année.

Bar-Cave de la Monnaie
Ouvert à toutes et à tous, on y vient boire un verre, acheter une bouteille, manger sur le pouce au comptoir ou se restaurer à table.

Aujourd'hui à Bordeaux, Jean-Pierre XIRADAKIS a souhaité faire revivre la tradition des bars-caves où le vin est omniprésent au verre, en bouteille à la tireuse, à emporter, au comptoir, à table. La décoration chaleureuse et rétro du lieu vous ramènera quelques décennies en arrière dans une ambiance de bar cave de quartier et vous invitera à déguster les appellations de Bordeaux et du grand sud-ouest ou les apéritifs de tradition tel le blanc limé tout en grignotant des tartines "maison". Vous pourrez également apprécier une des formules de restauration proposées midi et soir.

Terrasse d'été, cave voûtée pouvant accueillir jusqu'à 16 personnes pour vos repas d'anniversaire ou réunions.

Ouvert tous les jours de 10h00 à minuit, le dimanche de 10h00 à 15h00

Plat du jour: 7€
Formule: 11€

Cartes de crédit: CB
Tickets restaurants

Parfaitement intégré dans le vieux Bordeaux, le restaurant **Le Sild** offre un décor à la fois sobre et chaud, aux tons bleus, dont le charme serein est rehaussé par de beaux plafonds anciens en stuc. La cuisine aux accents scandinaves, délicate et inventive, fait la part belle au poisson choisi le matin même sur le marché (menu différent tous les midis, carte, buffet le soir). La cave abrite une remarquable sélection de vins français et étrangers et notamment une gamme très riche de vins blancs à prix très modérés. Ambiance décontractée et reposante garantie par le sourire de Peter qui se partage entre salle et cuisine. Une excellente adresse pour déguster, dans un cadre confortable et convivial, une cuisine originale de grande qualité.

Traiteur   Diner   Privé

Cartes de crédit: CB – AE – DC

MENUS: 9€–20€ le midi
20€–35€ le soir

Ouvert le midi du lundi au samedi
le soir les jeudi, vendredi, samedi,
le 1er dimanche du mois pour Brunch à partir de 11h.
Petits groupes sur réservation.

Dessert

Une soirée à la maison

1

A *Écoutez cette conversation et décidez si les phrases suivantes sont vraies ou fausses.*

a) Mohammed veut aller au cinéma ce soir.

b) Il veut sortir avec Virginie.

c) Virginie est libre ce soir.

d) Virginie refuse de sortir.

e) Virginie propose de sortir demain soir.

B *Ré-écoutez cette conversation et répondez aux questions suivantes.*

a) Où Mohammed veut-il aller avec Virginie?

b) Qu'est-ce qu'on y passe?

c) Virginie est-elle libre ce soir?

d) Pourquoi Virginie ne peut-elle pas sortir?

e) Que propose-t-elle alors à Mohammed?

f) À quelle heure se retrouvent-ils?

2

A *Reliez les images ci-dessous aux phrases qui leur correspondent.*

1   2   3   4   5

a) Je voudrais deux cent cinquante grammes de sucre.

b) Je voudrais un paquet de chips.

c) Je voudrais un morceau de gâteau.

d) Je voudrais une boîte de sardines.

e) Je voudrais deux tranches de salami.

B *Reliez les phrases en français de la colonne de gauche à leurs équivalents anglais à droite.*

1) Je voudrais un paquet de biscuits.

2) Je voudrais deux kilos de pommes.

3) Je voudrais cinq tranches de jambon.

4) Je voudrais un pot de crème fraîche.

5) Je voudrais une boîte de thon.

6) Je voudrais 250 g de fromage râpé.

7) Je voudrais une bouteille d'huile d'olive.

a) *I'd like five slices of ham.*

b) *I'd like a tin of tuna.*

c) *I'd like a pot of crème fraîche.*

d) *I'd like a packet of biscuits.*

e) *I'd like 250 g of grated cheese.*

f) *I'd like two kilos of apples.*

g) *I'd like a bottle of olive oil.*

 **3**

A *Virginie veut faire de l'agneau et un gratin dauphinois. Regardez la liste de courses qu'elle a préparée et parmi les éléments suivants, cochez ceux que Virginie doit acheter au supermarché.*

1 ☐

2 ☐

3 ☐

Il me faut . . .
1 morceau d'agneau
1,5 kg de pommes de terre
1 gousse d'ail
3 dl de crème
1 litre de lait

4 ☐

5 ☐

6 ☐

8 ☐

B *Quel ingrédient n'a-t-elle pas trouvé au supermarché?* _____

Il me faut . . .
1 paquet de levure chimique
125 g de farine
150 g de sucre
150 g de margarine molle
75 g de chocolat en poudre (à boire)
3 œufs
3 cuillérées à soupe d'eau

4

A *Virginie veut aussi faire un gâteau au chocolat. Regardez la liste d'ingrédients ci-contre et trouvez leurs équivalents anglais.*

B *Lisez les instructions suivantes et joignez-les à leurs équivalents en anglais.*

La recette de tante Paule

1) Mélanger le tout dans un grand bol.

2) Battre le mélange pendant deux minutes.

3) Préchauffer le four cinq minutes.

4) Verser le mélange dans un moule beurré.

5) Cuire au four pendant quarante-cinq minutes.

6) Décorer-le selon votre envie.

a) *Pre-heat the oven for 5 minutes.*

b) *Cook in the oven for 45 minutes.*

c) *Mix everything in a large bowl.*

d) *Beat the mixture for 2 minutes.*

e) *Pour the mixture into a buttered mould.*

f) *Decorate it as you wish.*

C *Faites ce gâteau chez vous!*

A *Écoutez cette conversation entre Virginie et Mohammed et remplissez les blancs.*

Mohammed Merci _____ , Virginie. C'était _____ ! Tu _____ une super cuisinière! Tu peux m'inviter quand tu veux . . .

Virginie Ouais, _____ . Je vais y réfléchir. Qu'est-ce-que tu veux _____ maintenant? Veux-tu écouter de la _____ ou préfères-tu regarder la télé?

Mohammed Ça dépend. Qu'est-ce qu'il y a à la _____ ?

Virginie Alors, sur la première chaîne, il y a un _____ sur la vie des pingouins . . .

Mohammed Hmmm, fascinant! Et sur les autres chaînes?

Virginie Sur la deuxième, il y a un film d'_____ . Bof, ça ne me dit rien, je _____ les films d'horreur. Et sur la troisième, il y a du patinage artistique.

Mohammed Si on écoutait de la musique? Qu'est-ce que tu _____ comme musique?

Virginie J'ai du classique, du _____ , du pop, un peu de rap et du raï . . .

Mohammed Ouahh! Sympa. Tu as le 'Festival du Raï', si on écoutait ce CD?

Virginie D'accord!

B *Lisez et pratiquez la conversation ci-dessus.*

 **6**

A *Lisez ce texto que Mohammed a envoyé à Virginie le lendemain de la soirée. Pouvez-vous le décoder?*

slt cv
koi 2 9. Mr6 4 l'1vit
CT 5pa
V1 manG ché moi
2m1. 7h
Apl-moi
Biz
A+
Mo

le dictionnaire texto	
slt: salut	v1: viens
cv: ça va?	ché moi: chez moi
koi 2 9: quoi de neuf?	2m1: demain
mr6: merci	7h: sept heures
4: *for*, c'est-à-dire 'pour'	apl-moi: appelle-moi
l'1vit: l'invitation	biz: bises
CT: c'était	a+: à plus tard!
5pa: sympa	

B *Pouvez-vous lui répondre?*

 **7**

Lisez les deux premiers passages et puis mettez les verbes entre parenthèses dans le troisième passage à la forme correcte du futur.

Mohammed

L'année prochaine, je finirai mes études. Je **serai** en troisième année d'informatique. Après mes études, j'**irai** en Espagne. Je travaillerai pendant un mois et ensuite je rendrai visite à ma famille en Tunisie. Mes frères et moi, nous **ferons** du sport et nous **irons** à la plage.

Virginie

Moi, l'année prochaine, je travaillerai dans une agence de publicité à Bordeaux. J'**aurai** beaucoup à apprendre. Ce **sera** difficile, mais excitant. Je ne **pourrai** plus sortir tout le temps, mais je **serai** plus riche et **pourrai** peut-être m'acheter une voiture.

Lucie

Moi, je (être) en deuxième année. J'(aller) à l'université et je travaillerai aussi dans un café. Je (devoir) travailler dur parce que j'(avoir) beaucoup d'examens importants l'année prochaine.

The future tense of a few common irregular verbs:
avoir, *être*, *aller*, *faire*, *devoir*, *pouvoir*, *vouloir*

■ The good news is that the endings for the future remain regular. For all verbs, we simply add the following endings to the stem: *ai, as, a, ons, ez, ont*.

■ The bad news is that the stems change in the case of irregular verbs:

Avoir	*Etre*	*Aller*	*Faire*
j'aurai	je serai	j'irai	je ferai
tu auras	tu seras	tu iras	tu feras
il/elle aura	il/elle sera	il/elle ira	il/elle fera
nous aurons	nous serons	nous irons	nous ferons
vous aurez	vous serez	vous irez	vous ferez
ils/elles auront	ils/elles seront	ils/elles iront	ils/elles feront

Devoir	*Pouvoir*	*Vouloir*
je devrai	je pourrai	je voudrai
tu devras	tu pourras	tu voudras
il/elle devra	il/elle pourra	il/elle voudra
nous devrons	nous pourrons	nous voudrons
vous devrez	vous pourrez	vous voudrez
ils/elles devront	ils/elles pourront	ils/elles voudront

 **8**

A   *Répondez aux questions suivantes.*

a)   Que feras-tu l'année prochaine?

b)   Où seras-tu?

c)   En quelle année seras-tu?

d)   Que feras-tu pour tes loisirs?

e)   Où iras-tu pendant les vacances d'été?

B   *Maintenant, écrivez un paragraphe de 100 mots sur vos projets futurs.*

Café

Prononciation et orthographe

■ The letters c and ç

In French, the sound represented by the letter c is pronounced:

[k] as in the word 'cat', when c is followed by a consonant (except *h*) and the vowels *a, o, u*.

Exemples:

cacahuète, **c**acao, **c**afé, **c**lasse, **c**lé, **c**lient, **c**ochon, **c**ollège, **c**omédie, **c**rier, **c**roissant, **c**uillère, **c**uisine.

[s] as in the word 'celery', when it is followed by the vowels *e, i, y*.

Exemples:

célibataire, **c**entre-ville, **c**inéma, **c**itron, **c**yclisme, **c**yclone.

[ʃ] as in the word 'shoulder', when it is followed by the consonant *h*.

Exemples:

chat, **c**hien, **c**hapeau, **c**hambre

A cedilla (ç) under the c softens it and make it sound like an *s*.

Exemples: ça *and* leçon

A *Maintenant essayez de lire ces mots à haute voix, puis écoutez l'enregistrement pour vérifier votre prononciation.*

- canard
- cosmos
- crème
- cygne
- camembert

- chanteur
- culture
- carotte
- reçu
- célèbre

- cent
- chaise
- couleur
- ciel
- clou

- chocolat
- cravate

Travail personnel

Voici quelques idées pour vous aider à fournir un travail personnel. Toutes les activités suggérées sont liées à ce que vous venez d'apprendre dans ce chapitre.

1
- *Achetez un magazine français. Consultez les programmes de télévision. Décidez à quels genres appartiennent les différents films. Lisez les résumés de ces films et autres informations les concernant.*

2
- *Trouvez des exercices de grammaire dans un livre ou sur Internet vous permettant de travailler le futur. Imprimez ces exercices et ajoutez-les à vos travaux.*

3 ▪ *Trouvez un(e) étudiant(e) francophone et posez-lui des questions sur ses sorties de la semaine. Où est-il/elle allé(e)? Quels films a-t-il/elle vu? A-t-il/elle mangé au restaurant. Si oui, quoi? À votre tour dites-lui ce que vous avez fait cette semaine. Enregistrez cette conversation. Écrivez ensuite un résumé en français de ce qu'il/elle vous a dit.*

4 ▪ *Écrivez un courrier électronique à un ami francophone. Incorporez-y une recette de votre pays. Faites une liste de quantités et d'ingrédients et écrivez toutes les instructions en français.*

Interlude digestif

▪ Le petit test psychologique de la semaine

Répondez aux questions suivantes puis consultez la liste des réponses pour trouver combien de points vaut chaque question.

1) Vous préférez manger:

a) dans un petit restaurant sympa ☐

b) à la cafétéria de l'université ☐

c) chez vous ☐

2) Votre sortie préférée c'est:

a) le cinéma ☐

b) le théâtre ☐

c) une promenade au parc ☐

3) Vous faites des courses, vous achetez régulièrement:

a) un paquet de pâtes ☐

b) du saumon fumé ☐

c) des plats surgelés ☐

4) Vous passez le week-end seul(e) chez vous:

a) vous vous préparez un repas spécial ☐

b) vous ouvrez une boîte de conserve ☐

c) vous vous faites livrer une pizza ☐

5) Vous avez gagné à la loterie, vous:

a) achetez une voiture de course ☐

b) achetez un billet d'avion ☐

c) achetez une maison ☐

Réponses

Q1 a = 3, b = 2, c = 1
Q2 a = 2, b = 3, c = 1
Q3 a = 1, b = 3, c = 2
Q4 a = 3, b = 1, c = 2
Q5 a = 1, b = 2, c = 3

Score entre 11 et 15

Vous aimez le luxe! Et surtout vous vous aimez beaucoup! Vous savez prendre soin de vous et vous aimez vous faire plaisir. Mais attention, n'oubliez pas les autres, eux aussi ont besoin d'attention!

Score entre 6 et 10

Vous aimez les plaisirs simples, mais vous savez aussi qu'il est important de goûter au luxe. Vous savez ce que vous aimez, mais vous hésitez à dépenser trop d'argent. Vous vivez une vie simple, mais vous ne vous privez pas de petits plaisirs. Attention à ne pas devenir avare.

Score en dessous de 6

Peut-être que vous détestez vraiment le luxe. Peut-être que vous appréciez la vie simple et trouvez votre bonheur ailleurs . . . Mais peut-être que vous hésitez un peu trop à dépenser et vos amis pensent que vous êtes avare. Attention aux toiles d'araignée dans votre porte-monnaie!!!

★ Info-culture

Going out in France

The French love to go out. There is an ingrained café culture which means that even the smallest towns have a number of cafés and bars where both old and young congregate to have a drink, chat and play games. Most will have a terrace, used in the winter as well as in summer. This can be surprising if the terrace is on a busy pavement inches away from a busy road! You do not have to drink an alcoholic drink in a bar. Indeed, the majority of people are likely to be enjoying an espresso coffee, a tea or a herbal tea (*tisane*), a fruit juice or a kind of cordial (*menthe à l'eau, cassis à l'eau*, etc.).

The food available in bars varies. Sometimes it is very modest – hot-dogs and sandwiches – but often you may be able to eat quite an elaborate meal. It is always worth considering the *plat du jour* (dish of the day), which is likely to be simple, but very tasty and not too expensive. There are more formal restaurants, of course, and these, too, are very popular (and often very affordable). Many restaurants will offer the specialities of the region, while others may offer ethnic or foreign food.

Because of the close relationships between Africa – North Africa in particular – and France, many foreign restaurants will be Algerian, Moroccan or Tunisian. The common North African dishes served in such restaurants are *couscous, tajines* and *merguez. Couscous* is wheat-based semolina which is served with stewed vegetables and lamb and chicken. A hot chilli sauce called *harissa* usually accompanies the *couscous*. The *tajine* gets its name from the ceramic dish in which it is cooked. There are many different types of *tajines*, made of fish or meat mixed with dried fruits, and they are all very tasty! Finally, the *merguez* are spicy sausages made out of lamb. These are very popular at French barbecues.

The cinema also plays an important role in French society. There is a thriving film industry in France, meaning that there are not only the usual dubbed or subtitled American blockbusters on show, but any number of more local, and often extremely watchable, films. A typical evening may take the form of friends meeting in a bar for an *apéritif*, followed by a good film and then a nice meal.

Other cultural events are equally popular. Professional and amateur theatre groups put on shows of all kinds, and live music from blues and rock to classical and jazz can be heard in venues small and large (bars, concert halls, theatres and stadiums). Again, African culture is well represented in the French music scene. Black African music is very popular, as is *zouk*, a type of music from the French islands in the Caribbean, and *raï*, which originated in Algeria.

Of course, the variety and type of entertainment available depends to a large extent on the size and location of a town. But even in a small, rural town miles from the nearest city, the French love to meet, drink and eat, maybe watch a film and then talk about the film for hours and hours in what sometimes appears to be a fairly pretentious way!

Récapitulatif

Maintenant vous devriez être capable de

★ *Organiser votre temps libre et vos loisirs*

★ *Vous renseigner sur ce qu'il y a à faire, de réserver des places et d'acheter des billets*

★ *Commander à boire et à manger au restaurant et au bar*

★ *Faire des courses, de comprendre une recette en français*

Faites les exercices ci-dessous et révisez les éléments sur lesquels vous avez des doutes avant d'étudier le chapitre qui suit.

A   *Trouvez l'intrus parmi les mots ci-dessous.*

a)   un film d'amour / un film de science-fiction / un film d'espionnage / un documentaire

b)   je ne peux pas / je suis désolé(e) / oui, d'accord / non, je ne suis pas libre

c)   du poulet / des carottes / des haricots / un chou-fleur

B   *Corrigez les erreurs! Le nombre d'erreurs est indiqué entre parenthèses.*

a)   Est-tu libre cet soir? (2)

b)   J'ai suis désole. Je ne peut pas sortir ce soir. (3)

c)   Cest combien, un grand cafe? (2)

d)   Comme entré, je vousdrais des œufs mimosa. (2)

e)   Avez-vous des réduction estudiants? (2)

f)   Désolé. Je travail samdi soir. (2)

C   *Traduisez les phrases suivantes en français.*

a)   I'd like to book a table for three people for Saturday evening.

b)   We can send you your tickets by post.

c)   What's on at the Odeon this week?

d)   I love thrillers but I hate westerns.

Ça y est! On peut s'évader de l'Unité 7!

Index de vocabulaire

Les spectacles	Entertainment		
balcon (m.)	*balcony*	billet (m.)	*ticket*
ballet (m.)	*ballet*	cirque (m.)	*circus*
		concert (m.)	*concert*

guichet (m.)	box-office
opéra (m.)	opera
orchestre (m.)	orchestra
orchestre (m.)	downstairs in theatre
place (f.)	entry/seat
récupérer	to collect
réduction (f.)	discount
séance (f.)	showing

Les films, le théâtre, etc. — *Films, theatre, etc.*

comédie musicale (f.)	musical
danse moderne (f.)	modern dance
danse classique (f.)	classical dance
danse folklorique (f.)	country dancing
dessin animé (m.)	cartoon
documentaire (m.)	documentary
film comique (m.)	comedy
film d'amour (m.)	love story
film d'animation (m.)	animated film
film d'espionnage (m.)	spy film
film d'horreur (m.)	horror film
film de cape et d'épée (m.)	swashbuckling film
film de science-fiction (m.)	science fiction film
film historique (m.)	costume drama
opéra (m.)	opera
opérette (f.)	light opera
pièce de théâtre (f.)	play
raï (m.)	Algerian music
tragédie (f.)	tragedy
western (m.)	western
zouk (m.)	French Caribbean music
être désolé(e)	to be sorry
être fauché(e)	to be skint
être libre	to be free
interdit(e)	forbidden

À manger — *Food*

addition (f.)	bill
agneau (m.)	lamb
bœuf (m.)	beef
canard (m.)	duck
consommé (m.)	thin clear soup
crêpe (f.)	pancake
croque-monsieur (m.)	cheese and ham toastie
crudités (f.)	mixed salads
dessert (m.)	dessert/pudding
entrée (f.)	starter
fromage (m.)	cheese
hors-d'œuvre (m.)	starter
jambon (m.)	ham
œuf (m.)	egg
omelette (f.)	omelette
langouste (f.)	rock lobster
moule (f.)	mussel
pain (m.)	bread
plat principal (m.)	main dish
pâtes (pl.)	pasta

poisson (m.)	fish
potage (m.)	soup
poulet (m.)	chicken
repas (m.)	meal
salami (m.)	salami
sandwich (m.)	sandwich
soupe (f.)	soup
thon (m.)	tuna
viande (f.)	meat
veau (m.)	veal
yaourt (m.)	yogurt

À boire — *Drinks*

apéritif (m.)	aperitif
bière (f.)	beer
café (m.)	coffee
café au lait (m.)	coffee with milk
café crème (m.)	coffee with cream
chocolat chaud (m.)	hot chocolate
coca-cola (m.)	coke
expresso (m.)	strong coffee
jus de fruits (m.)	fruit juice
sirop (m.)	cordial
thé (m.)	tea
thé au lait (m.)	tea with milk
tisane (f.)	herbal tea
vin blanc/rouge/rosé	white/red/rosé wine

Les fruits et les légumes — *Fruits and vegetables*

ananas (m.)	pineapple
banane (f.)	banana
carotte (f.)	carrot
cerise (f.)	cherry
chou (m.)	cabbage
chou-fleur (m.)	cauliflower
framboise (f.)	rasberry
frites (pl.)	chips
légume (m.)	vegetables
melon (m.)	melon
pastèque (f.)	water melon
pêche (f.)	peach
poire (f.)	pear
pomme (f.)	apple
pomme de terre (f.)	potato
salade (f.)	salad
tomate (f.)	tomato

Les quantités — *Quantities*

boîte (f.)	box/tin
bouteille (f.)	bottle
carafe (f.)	jug
carton (m.)	carton/box
gramme (m.)	gram
kilo (m.)	kilo
litre (m.)	litre
morceau (m.)	piece
paquet (m.)	packet
tranche (f.)	slice

Cent quatre-vingt-trois **183**

Que de problèmes!

Plan de l'unité

unité **8** Que de problèmes!

Dans cet unité, vous allez

★ **Parler de vos problèmes de santé**

★ **Vous plaindre de la qualité du service à l'hôtel et au restaurant**

★ **Declarer la perte d'un objet ou un document**

★ **Déclarer un vol et décrire un malfaiteur**

Révision

Une journée difficile!!!

Dans l'Unité 5, nous avons appris comment donner des ordres et des conseils en utilisant l'impératif. Aujourd'hui, Christine, une étudiante qui habite chez ses parents, vit une journée difficile; tout le monde lui donne des ordres.

A *Lisez ces ordres et choisissez l'image qui illustre chacun d'entre eux.*

1

2

3

4

5

6

a) Christine, il est déjà neuf heures. Dépêche-toi, tu es en retard!

b) Ne passe pas toute ta journée devant la télévision!

c) Va chercher ton petit frère à l'école!

d) Il n'a y plus de lait. Va acheter du lait au supermarché!

e) Finis ton projet avant de sortir avec tes amis!

f) Nettoie et range ta chambre!

B *Essayez de vous rappeler l'impératif. Si vous avez tout oublié, consultez l'unité 5.*

C *Complétez ces quatre ordres supplémentaires destinés à Christine.*

a) Ne _____ pas plus tard que minuit! (rentrer)

b) _____ ton petit déjeuner! (prendre)

c) _____ d'envoyer des textos à ta copine! (arrêter)

d) Ne _____ pas des heures au téléphone avec ton petit ami! (passer)

Apéritif

Chez le docteur

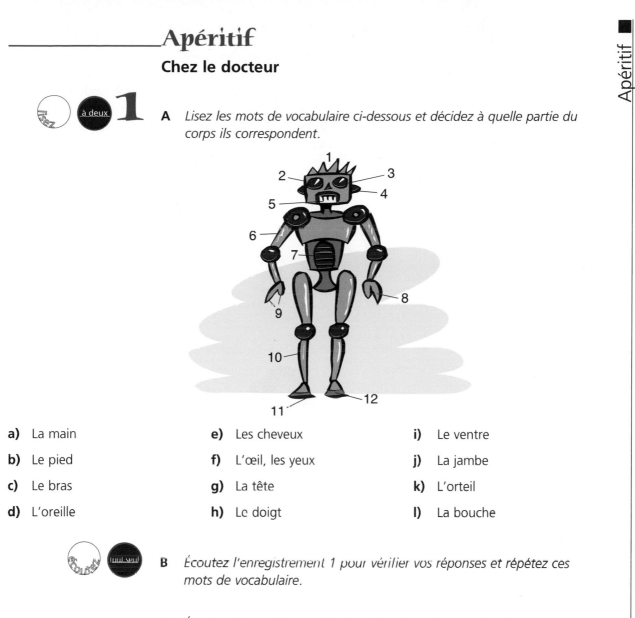

A *Lisez les mots de vocabulaire ci-dessous et décidez à quelle partie du corps ils correspondent.*

a) La main

b) Le pied

c) Le bras

d) L'oreille

e) Les cheveux

f) L'œil, les yeux

g) La tête

h) Le doigt

i) Le ventre

j) La jambe

k) L'orteil

l) La bouche

B *Écoutez l'enregistrement 1 pour vérifier vos réponses et répétez ces mots de vocabulaire.*

C *Écoutez l'enregistrement 2 et cochez les autres parties du corps que vous entendez dans la liste ci-dessous.*

m) Le dos ☐

n) Le nez ☐

o) Le genou ☐

p) La dent ☐

q) L'épaule ☐

r) La joue ☐

s) Le coude ☐

t) La gorge ☐

u) La cheville ☐

v) Le poignet ☐

D *Cherchez la signification des mots de vocabulaire ci-dessus dans un dictionnaire et marquez-les sur le robot ci-dessus.*

Quand l'une des personnes de votre groupe dit: 'Jacques a dit: touche ton doigt', vous devez obéir et toucher votre doigt, mais si cette personne dit seulement: 'touche ton doigt', vous devez désobéir et vous ne devez pas toucher votre doigt. Donnez des instructions à tour de rôle, vous marquez un point à chaque fois que vous agissez correctement. Le gagnant est le premier qui obtient 10 points. Attention: utilisez 'ton' pour les mots masculins, 'ta' pour les mots féminins et 'tes' pour les mots au pluriel.

A *Regardez les images ci-dessous et identifiez les phrases qui les décrivent.*

1

2

3

4

5

6

7

a) J'ai mal à la tête.

b) Christophe a de la fièvre.

c) Il a mal aux dents.

d) J'ai le rhume des foins!

e) Elle a mal à la gorge!

f) Paul a mal à la jambe. Il s'est cassé la jambe au ski.

g) Alain a mal à l'œil. Il a un œil au beurre noir!

B *Écoutez ces mini-conversations et complétez les phrases ci-dessous.*

Numéro 1:

– Salut Marc, ça va?

– Non, je vais chez le médecin. Je ne me sens pas bien. J'ai mal à la _____ et j'ai de la _____ !

Numéro 2:
– Bonjour, Monsieur Dupont. Qu'est-ce qui ne va pas?
– J'ai très mal au _____ .

Numéro 3:
Oh là là. Le shopping, ça suffit! Je suis fatiguée et j'ai mal aux

_____ .

Numéro 4:
Je sors d'un examen. J'ai écrit des pages et des pages et j'ai _____ au poignet.

Numéro 5:
Aïe Aïe Aïe! J'ai mal _____ dents, j'ai besoin d'un dentiste!

C *J'ai mal à . . . is used to express pain in French. Why do you think the French say: J'ai mal **à la** tête, j'ai mal **à l'**œil, J'ai mal **au** pied and j'ai mal **aux** dents?*

D Have you encountered a similar phenomenon before? In what context?

J'ai mal à . . .

J'ai mal à la + feminine word
J'ai mal à l' + word starting with a vowel
J'ai mal au + masculine word
J'ai mal aux + plural

4

A *Écoutez cette conversation entre Christine et son petit ami Luc et choisissez la réponse correcte parmi chacune des options ci-dessous.*

a) Luc n'est pas à la maison. ☐   Luc est au lit. ☐

b) Il est huit heures du matin. ☐   Il est dix heures du matin. ☐

c) Luc a de la fièvre. ☐   Luc n'a pas de fièvre. ☐

d) L'examen a lieu aujourd'hui. ☐   L'examen a lieu la semaine prochaine. ☐

B *Ré-écoutez et lisez cette conversation.*

Christine Bonjour, chéri. Mais qu'est-ce qui se passe? Tu es encore au lit! Dépêche-toi, il est déjà huit heures du matin!

Luc Oh, Christine. Oh là là! Je suis malade! Je ne me sens vraiment pas bien!

Christine Qu'est-ce qui ne va pas?

4

A *Écoutez ces trois conversations et remplissez les cases vides du tableau ci-dessous avec les informations correctes.*

Objet perdu	Date et heure	Lieu	Description
lunettes de soleil	. . . .	vestiaire	rondes
	. . . .	cafétéria	en plastique et en métal
			. . . .
. . . .	ce matin	buffet	en toile
	. . . .	. . . .	. . . .
. . . .	aujourd'hui	. . . .	. . . .
	. . . .	salle d'étude	. . . .
			avec des touches grises

vocabulaire utile

la fourrure: *fur*
la laine: *wool*
la soie: *silk*
la toile: *linen*
le bois: *wood*
le cuir: *leather*
le métal: *metal*
le plastique: *plastic*
le coton: *cotton*
le velours: *cord*
il est en cuir: *it's made out of leather*

B *Ré-écoutez ces conversations et trouvez les équivalents français de . . .*

a) About 8 o'clock.

b) The changing-room.

c) A rucksack.

d) My class notes.

e) The study room.

5

A *À vous de déclarer la perte de ces objets. Utilisez les conversations des exercices 3 et 4 pour vous aider.*

Numéro 1:

Numéro 2:

6 **A** *Lisez et traduisez ces conversations en anglais. À votre avis que signifient les mots soulignés?*

Numéro 1:
– Bonjour, monsieur. J'ai perdu mon porte-monnaie.
– Pouvez-vous <u>le</u> décrire?
– Oui, bien sûr. Il est en cuir et il est de couleur beige. Je <u>l'</u>aime beaucoup.

Numéro 2:
– Bonjour, mademoiselle. Que puis-je faire pour vous?
– J'ai perdu ma petite sœur dans ce centre commercial.
– Pouvez-vous <u>la</u> décrire?
– Oui, elle est petite, blonde et elle a un manteau rouge. Je <u>l'</u>ai cherchée partout.
– Ne vous inquiétez pas. On va <u>la</u> retrouver!

Numéro 3:
– Qu'est-ce-que tu cherches?
– Mes clés de voiture. Je ne sais pas où elles sont.
– Elles sont sur la table. Tu <u>les</u> as posées sur la table quand tu es arrivé.
– Ah oui, je <u>les</u> vois. Merci!

B What do you notice about the place of these pronouns within the sentence?

C Why do you think there are four different ones? Can you explain when each of them is used?

Coin langue

Direct objet pronouns

■ The pronouns *le, la, les, l'* are used to refer to people, animals or things.

■ Their place in the sentence is directly in front of the verb.

■ *Le* replaces a masculine noun, *la* replaces a feminine noun and *les* replaces a plural noun.

Exemples:
*Ce livre est génial. Je te **le** passe, dès que je l'ai fini.*
This book is great. I'll give it you as soon as I've finished it.

*Cette glace est délicieuse. Je peux **la** finir?*
This ice-cream is gorgeous. Can I finish it?

*Les frères de Sophie sont très sympas. Je **les** ai déjà rencontrés.*
Sophie's brothers are nice. I've met them before.

■ *L'* is used instead of *la* or *le* when the verb which follows starts with a vowel.

Exemple:
*C'est mon CD préféré. Je **l'**écoute souvent.*
It's my favourite CD. I often listen to it.

7 *Lisez les phrases suivantes et entourez le pronom correct.*

a) Regarde, là-bas! C'est Christine et son petit ami Luc. Tu **la / les** vois?

b) Oh j'adore ce T-shirt rouge! Je vais **le / l'**offrir à Julie pour son anniversaire.

c) Ah zut! J'ai oublié mon foulard dans ton appartement. Peux-tu me **l' / le** chercher?

d) Les cousines de Maria sont arrivées hier soir. Je **l' / les** ai cherchées à l'aéroport.

e) Anne est ma meilleure amie. Je **la / le** connais depuis mon arrivée à l'université.

f) Ce soir, je travaille sur ma traduction. Je dois **le / la** finir avant mardi.

8 *Remplissez les blancs avec le pronom correct.*

a) Je suis très paresseuse. Je passe des heures devant la télévision, même pendant la journée. Et toi, tu _____ regardes souvent?

b) Tes nouvelles boucles d'oreilles sont superbes. Tu _____ as achetées où?

c) Je crois que Julie aime bien Marc. Elle _____ regarde tout le temps.

d) Je ne peux pas sortir ce soir. Je passe mon permis de conduire demain et je veux ____ réussir.

e) C'est l'heure du dîner. Allons _____ préparer!

Dessert

Au commissariat de police

1

A *Écoutez cette conversation et choisissez la réponse correcte parmi chacune des options ci-dessous.*

a) La voiture de Luc a disparu. ☐

Le vélo de Luc a disparu ☐

b) Le crime a eu lieu à l'université. ☐

Le crime a eu lieu au centre-ville. ☐

c) Le crime a eu lieu le matin. ☐

Le crime a eu lieu l'après-midi. ☐

d) Le vélo de Luc est rouge et noir. ☐

Le vélo de Luc est jaune et noir. ☐

e) L'anniversaire de Luc est en mars. ☐

L'anniversaire de Luc est en juin. ☐

f) Luc doit revenir demain. ☐

Luc doit remplir une fiche. ☐

B *Ré-écoutez et lisez cette conversation.*

Luc	Bonjour, monsieur. Je voudrais déclarer un vol.
L'agent de police	D'accord. Qu'est-ce-qu'on vous a volé?
Luc	Mon vélo.
L'agent de police	Que s'est-il passé?
Luc	Je suis arrivé à l'université ce matin vers 9 heures. J'ai laissé mon vélo dans le garage à vélos et quand je suis sorti de cours à midi, mon vélo n'était plus là.
L'agent de police	D'accord, pouvez-vous me le décrire?
Luc	Oui, bien sûr. C'est un VTT jaune et noir. Il est assez neuf, je l'ai reçu pour mon anniversaire en mars.
L'agent de police	Bien. Remplissez cette fiche, s'il vous plaît.
Luc	Voilà, j'ai fini.
L'agent de police	Merci. Voilà votre copie. Le numéro en haut à gauche certifie que vous avez déclaré ce vol. C'est pour votre assurance.
Luc	Merci, monsieur. Au revoir.

C *Pratiquez ce dialogue à tour de rôle.*

> **vocabulaire utile**
> déclarer un vol: *to report a theft*
> laisser: *to leave*
> un VTT: *a mountain bike*
> certifier: *to certify*
> une assurance: *an insurance*

D *À vous de déclarer le vol suivant. Changez autant de détails que vous voulez. Utilisez la conversation précédente pour vous aider.*

1   2   3   4

2 Remplissez la fiche suivante avec des informations vous concernant. Vous pouvez utiliser un dictionnaire pour vous aider.

Numéro de Référence
150304A2341

FICHE DE DÉCLARATION DE VOL

Date et lieu du vol: ....

Nature de l'objet volé: ....
Êtes-vous le propriétaire? Oui / Non
Description: (marque / numéro d'immatriculation / couleur / signes distinctifs / valeur / date d'achat)

Nom et prénoms: ....

Date de naissance: ....

Profession: ....

Adresse: ....

Numéro de téléphone: ....
Nom et numéro d'agent de police: Jacquet No. 3456
Signature de l'agent: Jacquet

Signature de la personne déclarant le vol: ....

3 Regardez ces portraits et identifiez les différents suspects d'après les descriptions en face.

a   b   c

> **Description 1:**
> C'était un homme d'une trentaine d'années environ. Il avait les cheveux longs et blonds. Il avait une queue de cheval. Il portait aussi des lunettes de soleil. Il portait un blouson en cuir noir et un jean.
>
> **Description 2:**
> C'était un homme assez âgé. Il avait les cheveux blancs et il avait une barbe. Il portait une casquette de marin, un jean et un pull noir.
>
> **Description 3:**
> C'était un jeune homme d'environ vingt/vingt-cinq ans. Il était roux. Il avait une moustache et une cicatrice horrible sur la joue.

 **4** — **A** *Écoutez la conversation suivante et décidez si les phrases qui la suivent sont vraies ou fausses.*

a) Le nom de famille de Christine s'écrit H.U.L.O.T.

b) Christine habite à Toulouse.

c) Son numéro de téléphone est le 03 89 35 45 77.

d) Elle a vu un jeune homme s'enfuir avec le portable d'une étudiante.

e) Le jeune homme avait environ vingt ans.

f) Le jeune homme n'était pas très grand.

g) Le jeune homme était blond.

h) Le jeune homme portait un jean, un sweatshirt, des baskets et une casquette.

i) Le vol s'est passé devant la Faculté des Lettres.

j) Le vol s'est passé vers deux heures et demie.

B *Écoutez cette autre témoin raconter sa version des événements. Trouvez les cinq erreurs qu'il mentionne.*

 C *Reliez les phrases à gauche à leur traduction en anglais à droite.*

1) Je <u>sortais</u> du supermarché.   **a)** *He was about twenty.*

2) J'<u>ai entendu</u> un cri.   **b)** *He was tall and quite slim.*

3) J'<u>ai vu</u> un homme s'enfuir.   **c)** *He had ginger hair.*

4) Il <u>était</u> grand et assez mince.   **d)** *I heard a scream.*

5) Il <u>avait</u> des cheveux roux.   **e)** *I was leaving the supermarket.*

6) Il <u>portait</u> un jean et une veste en cuir.   **f)** *He was wearing a pair of jeans and a leather jacket.*

7) Il <u>avait</u> environ vingt ans.   **g)** *I saw a man running away.*

D *What do you notice about the past tense in this exercise?*

cette personne est la personne qui a commis le vol. Écrivez une description détaillée de cette personne (environ 150 mots).

4 ■ *Trouvez des exercices de grammaire dans un livre ou sur Internet vous permettant de travailler les différents points de grammaire traités dans ce chapitre. Imprimez ces exercices et ajoutez-les à vos travaux.*

Interlude digestif

■ Les mots cachés

Trouvez les onze parties du corps qui se cachent dans ce tableau. Attention, les mots peuvent s'écrire dans tous les sens.

V	Y	L	E	I	T	I	D	P
E	E	A	U	G	P	N	O	E
N	U	S	A	E	I	I	F	L
T	X	E	T	N	S	Z	E	N
E	X	L	E	O	M	E	U	D
P	U	L	T	U	M	E	O	U
U	E	I	E	B	M	A	J	I
L	V	E	D	N	E	D	C	S
I	E	R	E	A	J	U	E	A
E	H	O	S	T	A	A	L	L
A	C	H	E	V	I	L	L	E
S	I	O	S	L	N	R	I	I

Vous donnez votre langue au chat? Vous avez besoin d'un indice? Les mots que vous cherchez sont:

estomac / yeux / jambe / joue / cheville / cheveux / tête / genou / nez / oreilles / pied

■ Les parties du corps et expressions françaises

A *Lisez les expressions ci-dessous et essayez de comprendre ce qu'elles veulent dire littéralement.*

a) perdre la tête = *to lose one's mind*

b) être tombé sur la tête = *to be silly*

c) avoir le bras long = *to have a lot of power or influence*

d) avoir l'estomac dans les talons = *to be very hungry*

e) avoir la gueule du bois = *to have a hangover* (gueule *is slang for mouth*)

f) avoir les dents longues = *to be greedy*

g) mettre le nez partout = *to be nosey*

h) donner sa langue au chat = *to give in and ask for help*

i) avoir perdu sa langue = *to remain silent/the cat got your tongue*

j) attraper quelqu'un la main dans le sac = *to catch someone red-handed*

k) avoir le cœur sur la main = *to be generous*

l) avoir les yeux qui vous sortent de la tête — *to be very surprised*

B *Trouvez des expressions anglaises ou de votre pays d'origine qui utilisent également des parties du corps.*

Par exemple, on dit en anglais: to wear one's heart on one's sleeve (être sensible).

★ Info-culture

Health and the French medical system

If you are ill in France, you can go to any doctor's surgery. Unlike in Britain, the French are not necessarily expected to attend the same surgery whenever they are ill. They are free to get a second opinion from another GP or to change GP whenever they feel like it. They are nevertheless encouraged to register with their doctor and most do so. Everybody in France is given a health booklet recording general information about their health such as the name of their GP, recent innoculations, their blood group, potential allergies, chronic medical conditions and long-term medications, etc. They are encouraged to carry this with them at all times, as they do their identity card or passport. For common health problems, you can go to the chemist's. Although the *pharmacien* or *pharmacienne* is well qualified and able to give you general advice, he or she is not medically trained and you should always go to see the GP if you are unwell.

Surgery hours vary, as doctors are self-employed and are free to organise their time as they wish. You may ring for an appointment if you do not want to wait, but people normally just turn up during surgery hours and wait to be seen. In France, you have to pay the GP when you see him or her (usually around 20 euros or slightly more if you have an appointment). You also pay for your medication at the chemist's. Unlike Britain, the cost of medication may vary a lot depending on which drug you are being prescribed. However, the French *Sécu* (NHS) acts as a watchdog and makes recommendations and controls doctors to ensure that overcostly treatments are not prescribed.

If you are from the EU, you will get your money back from your home country using an E111 form, which is soon to be replaced by a European health card. If you are from overseas, it is recommended that you have travel insurance to cover your medical expenses. Should you be too unwell to go to the surgery, the doctor will visit you at home or in your hotel. All doctors have surgery and visiting hours. A home visit costs slightly more than attending the surgery. For out-of-hours emergencies, you can call your doctor's surgery and your doctor will visit you or direct your call to a duty doctor. At the weekend and on bank holidays, you are expected to call the duty doctor. To find out details, you can either ring your surgery or check your local paper.

Generally speaking, the French are very proud of their welfare state, and of their medical system in particular. The French medical system is heavily subsidised by the state and it costs a lot of money, which is why the government has tried to change things and introduce reforms. While some of these have been accepted, others have created various upsets with hospital doctors, GPs and nurses going on strike, often gaining the support of other professions and patients who do not want to see things changed.

Récapitulatif

Maintenant vous devriez être capable de

★ **Parler de vos problèmes de santé**

★ **Vous plaindre de la qualité du service à l'hôtel et au restaurant**

★ **Déclarer la perte d'un objet**

★ **Déclarer un vol et décrire un malfaiteur**

Faites les exercices ci-dessous et révisez les éléments sur lesquels vous avez des doutes avant d'étudier le chapitre qui suit.

A *Trouvez l'intrus parmi les mots ci-dessous.*

a) ventre / dos / genou / gorge

b) suppositoires / comprimés / coup de soleil / pommade

c) la radio est en panne / la télévision ne marche pas / l'ascenseur est très rapide

d) le steak est trop cuit / il n'a pas de serviette / il n'y a plus de savon

e) un porte-monnaie / un parapluie / un portefeuille / un sac à main

f) jaune / bleue / lourde / noire

B *Corrigez les erreurs de grammaire ou d'orthographe! Le nombre d'erreurs est indiqué entre parenthèses.*

a) J' voudrais un rendé-vous avec le docteur Lebrun. (2)

b) J'ai mal au tête et j'ai de fièvre. (2)

c) Prene trois cuillérée à soupe de sirop avant la repas. (3)

d) Il y a un erreur à l'addition. (2)

e) Je perdu ma portefeuile. (3)

f) Jai oublier mon portable. (2)

g) On ma voler ma sac. (3)

h) Quand j'ai sorti, mon velo avait disparu! (2)

C *Traduisez les phrases suivantes en français.*

a) What is wrong with you?

b) I don't feel very well. I have a cold.

c) Ahhhhh! There's an insect in my salad!

d) The shower doesn't work.

e) Oh damn! I've forgotten my keys in the office.

f) Excuse me, sir. You've dropped (perdre) your scarf!

g) My bike has been stolen!

L'Unité 8 n'est plus un problème . . .

Index de vocabulaire

Les parties du corps	Parts of the body
bouche (f.)	mouth
bras (m.)	arm
cheville (f.)	ankle
cou (m.)	neck
coude (m.)	elbow
dent (f.)	tooth
doigt (m.)	finger
dos (m.)	back
épaule (f.)	shoulder
estomac (m.)	stomach
genou (m.)	knee
gorge (f.)	throat
jambe (f.)	leg
joue (f.)	cheek
main (f.)	hand
nez (m.)	nose
œil (m.) (yeux) (pl.)	eye(s)
oreille (f.)	ear
orteil (m.)	toe
pied (m.)	foot
poignet (m.)	wrist
tête (f.)	head
ventre (m.)	stomach/tummy

Chez le docteur	At the doctor's
avoir mal à . . .	to have a . . . ache
avoir un œil au beurre noir	to have a black eye
ça fait mal	it hurts
se faire mal	to hurt oneself
avoir de la fièvre	to have a fever
avoir des vertiges	to have dizzy spells
avoir la grippe	to have flu
avoir le mal de mer	to be seasick
avoir un rhume	to have a cold
avoir le rhume des foins	to have hay fever
avoir un coup de soleil	to be sunburnt
avoir un rendez-vous	to have an appointment
comprimé (m.)	tablet
conseiller	to give advice
cuillérée à café (f.)	a small spoonful
cuillérée à soupe (f.)	a large spoonful
éternuer	to sneeze
être allergique à	to be allergic to
être asthmatique	to have asthma
être diabétique	to be diabetic
être malade	to be ill
ne pas se sentir très bien	to feel unwell
pastille (f.)	throat lozenges
pommade (f.)	balm/cream
prendre la tension	to check blood pressure
prendre des médicaments	to take medicine
ordonnance (f.)	prescription
suppositoire (m.)	suppository
sirop (m.)	syrup
tousser	to cough

Les objets de valeur	Valuables and materials
argent (m.)	money/silver
bois (m.)	wood
boucle d'oreille (f.)	earring
carte d'étudiant (f.)	student card
carte de crédit (f.)	credit card
carte de séjour (f.)	residence card
clé or clef (f.)	key
collier (m.)	necklace
coton (m.)	cotton
cuir (m.)	leather
écharpe (f.)	scarf
fourrure (f.)	fur
gilet (m.)	cardigan
imperméable (m.)	raincoat
laine (f.)	wool
lunettes (pl.)	glasses
lunettes de soleil (pl.)	sunglasses
métal (m.)	metal
montre (f.)	watch
or (m.)	gold
parapluie (m.)	umbrella
passeport (m.)	passport
permis de conduire (m.)	driving licence
plastique (m.)	plastic
portable (m.)	mobile phone
portefeuille (m.)	wallet
porte-monnaie (m.)	purse
sac à main (m.)	handbag
sac à dos (m.)	rucksack
soie (f.)	silk
toile (f.)	linen
velours (m.)	cord/velvet

Les problèmes	Problems
ampoule (f.)	light bulb
brûlé(e)	burnt
chaud(e)	hot
chauffage (m.)	heating
cher/chère	expensive
climatisation (f.)	air-conditioning
couverture (f.)	blanket
drap (m.)	sheet
être en panne	broken down
être cassé(e)	broken down
épicé(e)	spicy
erreur (f.)	a mistake
froid(e)	cold
interrupteur (m.)	electric switch
marcher	to walk/to work (not broken)
oreiller (m.)	pillow
papier toilette	toilet roll
savon (m.)	soap
serviette (f.)	towel

Le monde du travail!

Plan de l'unité

unité **9** Le monde du travail!

Dans cet unité, vous allez

★ *Parler de certaines professions et comprendre des offres d'emplois*

★ *Postuler pour un emploi et rédiger votre curriculum vitae*

★ *Découvrir une autre façon de travailler: le monde des associations d'aide humanitaire*

★ *Découvrir de nouvelles stratégies professionnelles*

Révision

Vos traits de caractère et qualités professionnelles

A *Reliez les mots de vocabulaire français à gauche à leurs équivalents anglais à droite.*

1)	ponctuel(le)		**a)**	*responsible*
2)	consciencieux(-se)		**b)**	*ambitious*
3)	ordonné(e)		**c)**	*fast*
4)	organisé(e)		**d)**	*helpful*
5)	patient(e)		**e)**	*hard-working*
6)	travailleur(-se)		**f)**	*tidy*
7)	responsable		**g)**	*intelligent*
8)	ambitieux(-se)		**h)**	*efficient*
9)	honnête		**i)**	*charming*
10)	calme		**j)**	*patient*
11)	serviable		**k)**	*sociable*
12)	intelligent(e)		**l)**	*well dressed*
13)	rapide		**m)**	*punctual*
14)	efficace		**n)**	*organised*
15)	charmant(e)		**o)**	*friendly*
16)	élégant(e)		**p)**	*quiet*
17)	sociable		**q)**	*conscientious*
18)	sympathique		**r)**	*honest*

B *Connaissez-vous les opposés de ces mots de vocabulaire? Utilisez un dictionnaire pour les trouver.*

C *Faites votre portrait. Dites à votre partenaire quels sont vos qualités et défauts principaux. Vous pouvez utiliser les expressions suivantes: Je suis … /Je pense que je suis … /Je crois que je suis … /Mes amis disent que je suis … /Selon mes parents, je suis …*

D *Écrivez un paragraphe de 100 mots sur vos qualités et défauts.*

Apéritif

Vive le travail

 **à deux 1** *Regardez les images ci-dessous et reliez-les aux métiers appropriés.*

1

2

3

4

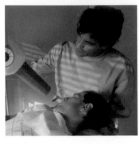

5

6

7

8

9

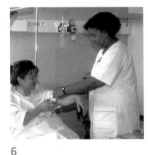

10

11

12

a) Je suis <u>infirmière</u>. Je travaille dans un hôpital.

b) Ma mère est <u>secrétaire</u>. Elle travaille dans un bureau.

c) Je voudrais être <u>dentiste</u> plus tard.

d) L'été, je suis <u>serveur</u> dans un café.

e) Il rêve de devenir <u>pilote</u>. Il adore voyager en avion.

f) Mon frère est <u>mécanicien</u>. Il travaille dans un garage.

g) Il est <u>sportif professionnel</u> depuis deux ans.

h) Mon père est <u>ouvrier</u>. Il travaille dans une usine chimique.

i) Marc est <u>déménageur</u>. Il porte des meubles tous les jours.

j) Je voudrais être <u>femme d'affaires</u>, donc j'étudie le commerce.

k) Elle est <u>professeur</u> d'anglais dans un lycée professionnel.

l) J'adore les animaux et je veux devenir <u>vétérinaire</u>.

A *Donnez vos opinions sur ces métiers. Choisissez un métier dans la colonne de gauche, puis terminez votre phrase en choisissant une opinion dans la colonne de droite.*

Métier	Opinion
Le métier d'infirmier . . .	est fatigant.
Le métier de vétérinaire . . .	est mal payé.
Le métier de mécanicien . . .	est intéressant.
Le métier de pilote . . .	est ennuyeux.
Le métier de serveur . . .	est bien payé.
Le métier de secrétaire . . .	est le meilleur au monde.
Le métier de professeur . . .	est difficile.
Le métier de dentiste . . .	est facile.
Le métier de sportif professionnel . . .	est fascinant.
Le métier d'ouvrier . . .	est utile.
Le métier de déménageur . . .	est stressant.
Le métier d'homme d'affaires . . .	est motivant.
Le métier d'ingénieur . . .	est dangereux.
	est créatif.
	est passionnant.

B *Maintenant, exprimez vos opinions sur les métiers suivants en utilisant les expressions ci-dessus.*

a) Le métier de journaliste

b) Le métier de sculpteur

c) Le métier de footballeur professionnel

d) Le métier de pilote de formule un

e) Le métier d'agent de police

f) Le métier de médecin

A Écoutez ces étudiants vous parler du métier de leur rêve. Dans la liste ci-dessous, cochez les métiers qui sont mentionnés.

a) Le métier de photographe ☐

b) Le métier d'architecte ☐

c) Le métier de cuisinier ☐

D Ré-écoutez ces conversations encore une fois et remplissez les blancs dans les textes ci-dessous.

Conversation 1:

– Bonjour, mademoiselle. Que puis–je _____ pour vous?

– Je suis _____ diplômée d'état et je _____ un emploi.

– Oui, d'accord. Avez–vous déjà _____ ou est–ce que vous cherchez votre _____ emploi?

– J'ai travaillé pendant _____ ans à l'hôpital de Mulhouse. L'année _____ , j'ai quitté mon emploi et j'ai _____ en Inde. Maintenant, je suis de retour en _____ et je cherche du travail.

– Voulez–vous travailler à _____ ou dans un cabinet d'infirmier?

– Ça n'a _____ d'importance.

– D'accord. Un instant, je vais voir ce que je _____ vous proposer.

Conversation 2:

– Salut, Marc. Ça va? Qu'est–ce que tu fais?

– Je consulte les _____ d'emplois dans le journal. Je cherche un emploi pour les _____ d'été.

– Quelle _____ d'emplois cherches–tu?

– Oh, je ne sais pas. Je _____ travailler dans un restaurant ou dans un bureau.

– As–tu déjà _____ dans un bureau?

– Oui, mais je n'ai pas de _____ de secrétariat ni de BTS et ça, c'est vraiment un _____ . C'est le même problème pour les emplois de _____ . Je n'ai pas de diplôme de l'école hôtelière.

– Regarde! On _____ des livreurs de _____ . On ne _____ pas de qualifications pour cet emploi.

– Ah oui, tu as raison. Je crois que je _____ téléphoner.

E Pratiquez ces deux conversations.

F Vous travaillez pour l'agence 'Emplois-étudiants'. Un supermarché local recherche des caissiers ou caissières. Rédigez une annonce pour cet emploi.

5

A Lisez les conversations suivantes. À votre avis que signifient les phrases soulignées?

1 – Société Airbus, bonjour.
  – Bonjour, mademoiselle. J'ai vu une annonce pour un emploi d'ingénieur mécanique. <u>Pouvez-vous *me* donner plus de détails sur cet emploi, s'il vous plaît</u>.
  – Un instant, <u>je *vous* passe le bureau du personnel</u>.

2 – Salut, Marc. Mon frère cherche un emploi-étudiants pour cet été. <u>Peux-tu *lui* donner quelques conseils?</u>
  – Oui, bien sûr. <u>Je peux *te* donner ce magazine</u>. Il y a beaucoup d'adresses utiles dedans.

3 – Excusez-moi, Anne. Savez-vous si nos clients anglais sont déjà arrivés à Toulouse?
  – Non, monsieur. <u>Je *leur* ai dit de *nous* téléphoner de l'aéroport</u>.

B What do you notice about the position of the pronouns (in italics) within the sentences?

C Why do you think there are six different pronouns? Can you explain when each of them is used?

Indirect object pronouns

■ The indirect object pronouns are used to replace the indirect object of a sentence. In French, they are placed in front of the verb like the direct pronoun.

■ In the sentences 'I gave him my car' or 'I gave my car to him', 'my car' is the direct object of the action and 'him' is the indirect object. See the table below to find out more.

Subject pronouns		Indirect object pronouns
je	→	*me* or *m'*
tu	→	*te* or *t'*
elle	→	*lui*
il	→	*lui*
nous	→	*nous*
vous	→	*vous*
ils/elles	→	*leur*

Exemples:

*Peux-tu **me** donner ta traduction?* Can you give **me** your translation?
*Non, mais je peux **te** montrer ma traduction.* No, but I can show **you** my translation.

Christine as-tu de l'argent? Christine, have you got any money?
*Oui, elle en a. Je **lui** ai donné dix euros.*
Yes, she has some. I gave **her** 10 euros.

Vas-tu rendre visite à Marc? Are you going to visit Marc?
*Oui, je vais **lui** apporter un cadeau.* Yes, I'm going to bring **him** a present.

*Peux-tu **nous** prêter ta voiture?* Can you lend **us** your car?

Téléphones-tu souvent à tes parents? Do you call your parents often?
*Oui, je **leur** parle tous les soirs.* Yes, I speak **to them** every evening.

6 *Lisez les phrases suivantes et entourez le pronom correct.*

a) Je n'ai pas parlé à mes parents cette semaine. Je vais **leur / les** téléphoner ce soir.

b) Avez-vous vu Luc? Oui, il **nous / vous** a rendu visite cet après-midi.

c) C'est l'anniversaire de mes parents. Je vais **leur / lui** offrir un billet de concert.

d) À chaque fois que je le regarde, il **me / nous** sourit.

e) Salut, Marc. Peux-tu de **me / je** donner ton numéro de téléphone?

f) Cécile, as-tu invité Marc? Oui, je **lui / leur** ai téléphoné ce matin.

g) Où sont les enfants? Je **leur / ils** ai dit de rentrer à la maison à dix heures.

7 *Remplissez les blancs avec le pronom objet indirect correct. Choisissez-le dans la liste ci-dessous. Attention, certains peuvent être utilisés plusieurs fois!*

lui	vous	leur	me	m'	te

a) Vous ne savez pas ce qui est arrivé à Marc hier soir! Je vais _____ le raconter.

b) Regarde, c'est l'ex de Sylvie. Je vais _____ parler.

c) J'ai rencontré un garçon super sympa à la discothèque et il _____ a donné son numéro de téléphone!

d) C'est l'anniversaire de mariage de mes grands-parents. Je ne sais pas quoi _____ acheter.

e) Marie et Sylvie nous ont invité à manger et nous ne voulons pas y aller. Qu'est-ce que nous allons _____ dire?

f) Si je _____ donne de l'argent, peux-tu aller m'acheter des cigarettes?

g) Ce manteau est magnifique. Où l'as-tu acheté?
Je ne l'ai pas acheté. Ma mère _____ l'a offert.

Hors-d'œuvre

Postuler pour un emploi

 **1** *Lisez le CV ci-dessous, puis répondez aux questions suivantes en français à tour de rôle.*

CURRICULUM VITAE

INFORMATIONS PERSONNELLES

Nom et prénom:	Tudor Isabelle
Adresse:	3, rue des Pins, 54000 Nancy
Numéro de telephone:	03 89 36 92 01
Adresse électronique:	Isatudor@wanadoo.fr
Date de naissance :	06/05/81
Lieu de naissance:	Birmingham (Royaume-Uni)
Nationalité:	Double nationalité française et anglaise
État civil.	célibataire

EXPÉRIENCE PROFESSIONNELLE

2004–2005:	Enseignante d'anglais au Sénégal (Impact Afrique, 7 rue Proust, 75018 Paris)
Été 2004:	Vendeuse en librairie (Union livres, 37 rue des prés 54000 Nancy)
2002–2003:	Serveuse de restaurant (Zest Food, 18 Wellington Road, Londres, R-U)

ÉTUDES ET SCOLARITÉ

2003–2004:	Maîtrise d'interprétariat et de traduction à l'université de Leeds, R-U
1999–2003:	Licence de langues et civilisations étrangères (anglais) à l'université de Nancy
1992–1999:	Saint Martin's School, Pickering Road, Leeds LS1 2RB
1999:	A-level en anglais, histoire, français et études générales (équivalent baccalauréat)
1997:	GCSE en mathématiques, sciences, anglais, français, allemand, histoire, dessin

LANGUES ÉTRANGÈRES

Français:	langue maternelle
Anglais:	langue maternelle
Allemand:	parlé couramment
Espagnol:	niveau débutant

LOISIRS

dessin, peinture, natation et voyages

AUTRES INFORMATIONS

Permis de conduire européen
Brevet de secourisme (St John ambulance)

---

a) Comment s'appelle la candidate?

b) Où habite-t-elle?

c) Quelle est sa date de naissance?

d) Où est-elle née?

e) Quelle est sa nationalité?

f) Qu'a-t-elle étudié à Nancy?

a) Je postuler pour un emploi de serveuse dans un bar. (2)

b) Le poste d'administrateur et disponible imédiatement. (2)

c) Je suis infirmier diplômée d'état et je voudrait travailler dans un hôpital près d'ici. (2)

d) Je né pas de qualifications, mais je suis responsable, organisé et consciencieuse. (2)

e) J'ai décidé de offrir lui cette emploi. (2)

f) J'ai passé tout mes examens et je voudrez postuler pour un emploi de professeur. (2)

g) Moi, ce qui m'intéresserais c'est de travaillé à mi-temps! (2)

C *Traduisez les phrases suivantes en français.*

a) I am looking for a summer job.

b) What are the working hours?

c) I have excellent qualifications: I have a degree and a master's degree in politics.

d) My brother studies very hard: he would like to become a pilot.

e) Have you ever worked before?

D *Quels conseils donneriez-vous à un(e) ami(e) à la veille d'un entretien pour un emploi? Par exemple, vous pourriez dire: À ta place, je me coucherais tôt, etc.*

Le travail de l'Unité 9 est fait. Alors, passons à l'Unité 10.

Index de vocabulaire

Les qualités professionnelles	Professional qualities
ambitieux/-se	*ambitious*
charmant(e)	*charming*
calme	*calm*
consciencieux/-se	*conscientious*
efficace	*efficient*
élégant(e)	*elegant*
hônnete	*honest*
intelligent(e)	*intelligent*
ordonné(e)	*tidy*
organisé(e)	*organised*
patient(e)	*patient*
poli(e)	*polite*
ponctuel(le)	*punctual*
rapide	*fast*
responsable	*responsible*
serviable	*helpful*
sociable	*sociable*
sympathique	*friendly/nice*
travailleur/-se	*hard-working*

Les métiers	Jobs
acteur (m.)	*actor*
actrice (f.)	*actress*
administrateur (m.)	*administrator*
administratrice (f.)	*administrator*
agent de police (m.)	*policeman*
agent des postes (m.)	*postman*
architecte (m. or f.)	*architect*
dentiste (m. or f.)	*dentist*
éboueur	*dustman*
électricien	*electrician*
facteur	*postman*
femme d'affaires (f.)	*businesswoman*
homme d'affaires (m.)	*businessman*

illustrateur (m.)	*illustrator*	espion (m.)	*spy*
infirmier (m.)	*nurse*	espionner	*to spy*
infirmière (f.)	*nurse*	éviter	*to avoid*
ingénieur (m. or f.)	*engineer*	expérience (f.)	*experience*
instituteur (m.)	*primary school teacher*	faire un stage	*to be on a work placement*
institutrice (f.)	*primary school teacher*	inclure	*to include*
journaliste (m. or f.)	*journalist*	indispensable	*necessary*
livreur (m.)	*delivery man*	langue maternelle (f.)	*mother tongue*
livreuse (f.)	*delivery woman*	lettre de motivation (f.)	*application letter*
mannequin (m. or f.)	*model*	logiciel (m.)	*software*
mécanicien (m.)	*mechanic*	mensonge (m.)	*lie*
mécanicienne (f.)	*mechanic*	mentir	*to lie*
médecin (m.)	*doctor*	mettre en valeur	*to stress*
météorologue (m. or f.)	*weather man*	mi-temps (m.)	*part-time job*
ouvrier (m.)	*factory worker*	nécessaire	*necessary*
ouvrière (f.)	*factory worker*	négocier	*to negotiate*
photographe (m. or f.)	*photographer*	partiel	*part-time*
pilote (m. or f.)	*pilot*	permettre de	*to allow/to enable*
professeur (m.)	*secondary school teacher*	permis de conduire (m.)	*driving licence*
radiologue	*radiographer*	plein-temps (m.)	*full-time*
réalisateur (m.)	*film director*	poste (m.)	*position*
réalisatrice (f.)	*film director*	postuler pour	*to apply for*
sage-femme	*midwife*	pourvoir	*to fill*
spationaute (m.)	*astronaut*	qualification (f.)	*qualification*
secrétaire (m. or f.)	*secretary*	qualité (f.)	*quality*
serveur (m.)	*waiter*	raconter	*to tell*
serveuse (f.)	*waitress*	rechercher	*to look for*
sportif professionnel (m.)	*sportsman*	recruter	*to recruit*
sportive professionnelle (f.)	*sportswoman*	réseau (m.)	*network*
traducteur	*translator*	résumer	*to summarise*
vétérinaire (m. or f.)	*vet*	rêve (m.)	*dream*
urbaniste (m. or f.)	*town planner*	rêver de	*to dream about*
		salaire (m.)	*salary*

Les annonces et lettres de motivation — *Job advertisements and applications*

annonce (f.)	*advert*	s'assurer de	*to ensure*
consacrer	*to devote*	savoir	*to know*
contenu (m.)	*content*	se brancher sur	*to connect*
convaincre	*to convince*	se déplacer	*to move*
curriculum vitae (m.)	*CV*	se ressembler	*to look similar*
défaut (m.)	*failure*	soigner	*to cure/to heal*
de pointe	*leading*	solliciter	*to seek/to demand*
diplôme (m.)	*certificate*	souhaité	*desirable*
employé (m.)	*employee*	souhaiter	*to wish*
employeur (m.)	*employer*	souligner	*to underline/to stress, emphasise*
enregistrer	*to register/to record*	stage (m.)	*work placement*
enterprise (f.)	*business*	télécharger	*up- and download*
entretien (m.)	*interview*	vérité (f.)	*truth*

Mosaïques

Plan de l'unité

unité 10 Mosaïques

> **Dans cet unité, vous allez**
>
> ★ **Parler de l'œuvre de quelqu'un**
>
> ★ **Découvrir qui est le plus grand Français de tous les temps**
>
> ★ **Découvrir le château de Fontainebleau et son histoire**
>
> ★ **Parler de quelques innovations technologiques françaises**
>
> ★ **Découvrir la culture et la littérature française**

Révision

Qui est James Bond? Questionnaire inspiré du questionnaire de Proust

A *Répondez aux questions suivantes à l'aide de réponses décrivant le personnage de James Bond.*
Par exemple, vous pourriez dire: Si James Bond était une profession, il serait agent secret!

a) Si James Bond était une profession quelle profession serait-il?

b) Si James Bond était un pays quel pays serait-il?

c) Si James Bond était un moyen de transport, quel moyen de transport serait-il?

d) Si James Bond était une boisson, quelle boisson serait-il?

e) Si James Bond était un plat, quel plat serait-il?

f) Si James Bond était un animal, quel animal serait-il?

g) Si James Bond était un objet, quel objet serait-il?

B *Maintenant choisissez un personnage fictif ou réel et décrivez-le à l'aide de ces phrases. Les autres étudiants de votre classe devront deviner qui est le personnage que vous avez choisi.*
Par exemple: Si vous avez choisi 'Dracula', vous pourriez dire:
Mon personnage est un homme. S'il était une profession, il travaillerait la nuit.
S'il était un endroit, il serait les Carpates en Europe de l'Est . . .
Qui est-ce?

Apéritif

Le plus grand Français de tous les temps

1 Lisez le texte suivant et répondez aux questions qui suivent.

vocabulaire utile

une émission: *a TV programme*
le vainqueur: *the winner*
d'abord: *first*
retenir: *to short-list*
le désordre: *not in order of rank*
l'œuvre: *the works*
un discours: *a speech*
de soutien: *supporting*
prononcer: *to utter*
savoir: *to know*

> Le 3 avril 2005, durant une émission télévisée qui a duré plus de trois heures, les téléspectateurs français ont voté par téléphone, Internet et textos SMS pour nommer le plus grand Français de tous les temps. Cette idée était en fait inspirée d'une émission de télévision similaire qui a eu lieu en 2004 en Grande-Bretagne, puis en Allemagne. Le vainqueur anglais était Winston Churchill et le vainqueur allemand Konrad Adenauer. En France, on a d'abord proposé aux téléspectateurs cent personnalités célèbres françaises appartenant aux domaines de l'architecture, des arts, de l'industrie, de la politique, des sciences, du sport, etc. Les dix finalistes suivants ont été retenus (dans le désordre): Molière, l'Abbé Pierre, Victor Hugo, Louis Pasteur, Marie Curie, Édith Piaf, Bourvil, Jacques-Yves Cousteau, Charles de Gaulle et Coluche. Pendant trois semaines, on a passé à la télévision des documentaires sur la vie et l'œuvre de ces finalistes ainsi que des discours de soutien prononcés par une variété d'acteurs, de journalistes et d'hommes et femmes politiques. La question est de savoir qui les Français ont-ils choisi?

a) Que s'est-il passé en France le 3 avril 2005?

b) Comment les Français ont-il voté?

c) Combien de personnalités célèbres a-t-on proposé aux Français?

d) À quels domaines ces personnalités célèbres appartiennent-elles?

2 Écoutez les présentations de trois de ces scientifiques, puis cochez les phrases qui correspondent à ce que vous entendez.

Louis Pasteur

a) Pasteur est un mathématicien. ☐
Il est un biologiste. ☐

b) Il a vécu au 19ème siècle. ☐
Il a vécu au 16ème siècle. ☐

c) Il a inventé les antibiotiques. ☐
Il a inventé certains vaccins. ☐

Marie Curie

a) Marie Curie est psychologue. ☐
Marie Curie est physicienne. ☐

b) Elle est d'origine polonaise. ☐
Elle est d'origine congolaise. ☐

c) Elle s'est intéressée à la radioactivité. ☐
Elle s'est intéressée à l'électricité. ☐

Jacques-Yves Cousteau

a) Il a fait découvrir la mer aux Français. ☐
Il a fait découvrir l'espace aux Français. ☐

b) Son navire s'appelle 'Le Galapago'. ☐
Son navire s'appelle 'La Calypso'. ☐

c) Il est mort en 1997. ☐
Il est mort en 1987. ☐

3 *Écoutez les présentations de ces quatre autres personnalités et décidez si les phrases qui suivent sont vraies ou fausses. Si elles sont fausses, corrigez-les.*

Molière

a) Molière n'est pas le vrai nom de cette personnalité. C'est un pseudonyme d'artiste.

b) Molière a vécu au dix-huitième siècle.

c) Il a écrit une dizaine de pièces de théâtre.

d) Molière est le Shakespeare français!

Édith Piaf

a) Édith Piaf était chanteuse.

b) Elle était pauvre et travaillait dans un café avant de devenir célèbre.

c) Elle a chanté à la radio, mais n'a jamais chanté à la télévision.

d) Sa chanson la plus connue est 'La vie en rose'.

Bourvil

a) Bourvil est né en 1917.

b) Il était écrivain et poète.

c) Il était simple, généreux et très sensible.

d) Il est mort à l'âge de soixante-trois ans.

Coluche

a) Coluche était d'origine espagnole.

b) Il critiquait le monde politique et la bourgeoisie française.

c) Coluche est aussi célèbre pour sa générosité et ses œuvres humanitaires.

d) De nos jours, 'les Restos du Cœur' n'existent plus.

e) Coluche est mort en 1986 dans un accident de voiture.

4 **A** *Lisez ce texte présentant Victor Hugo et complétez les blancs avec les mots suggérés.*

droits	homme	tragique	apporter	écrivain
	national	animé		

Victor Hugo est connu partout au monde. C'était un poète, un romancier, un _____ politique et un humaniste du dix-neuvième siècle. Les comédies musicales *Les Misérables* et *Notre-Dame* et le dessin _____ *Quasimodo* sont des adaptations modernes de l'œuvre de

Victor Hugo. Victor Hugo est un grand _____ et poète qui est considéré comme le chef de l'École romantique en France. Il est né en 1802 et mort en 1885. Après la mort _____ de sa fille en 1843, il se lance dans la politique et veut _____ des changements sociaux en France. Toute sa vie, il a lutté contre les injustices sociales et pour les _____ de l'homme tout en écrivant des poèmes d'une grande beauté et sensibilité ainsi que de nombreux romans. C'est un héros _____ et aussi un grand-père légendaire. Il a eu des funérailles nationales et est enterré au Panthéon à Paris.

B *Lisez la présentation de l'Abbé Pierre et répondez aux questions qui suivent.*

L'**Abbé Pierre,** de son vrai nom Henri Grouès, est un héros de la Résistance française et l'ami des pauvres. Pendant la guerre, il a caché des juifs. En 1949, il crée l'association «Emmaüs». Cette association qui construit des maisons pour les «sans domicile» devient célèbre et s'exporte dans le monde. Aujourd'hui, elle opère dans une quarantaine de pays. Pendant l'hiver 1954, l'Abbé Pierre lance un appel à la radio pour aider les pauvres. Son discours aura un succès important et déclenchera un mouvement de solidarité impressionnant. L'Abbé Pierre n'hésite pas à utiliser les médias pour attaquer violemment le monde politique et dans certains cas le monde religieux. C'est pour ces raisons qu'il est devenu l'ami et l'idole des Français.

a) Quel est le vrai nom de l'Abbé Pierre?

b) Qu'a-t-il fait pendant la guerre?

c) Quelle est la mission de l'association 'Emmaüs'?

d) 'Emmaüs' existe-t-elle seulement en France?

e) Pourquoi est-il si respecté et admiré par les Français?

C *Lisez la présentation de Charles de Gaulle et remettez les phrases de ce texte dans l'ordre correct. Puis écoutez l'enregistrement pour vérifier vos réponses.*

Charles de Gaulle

a) Après la deuxième guerre mondiale, il devient le chef de la France.

b) Charles de Gaulle est né en 1890 dans le Nord de la France.

c) Il réforme alors le système politique français et crée la cinquième république dont il est le président.

d) Durant la deuxième guerre mondiale, le 18 juin 1940, réfugié à Londres, Charles de Gaulle lance un appel à la radio. Il demande à tous les Français de résister.

e) Il grandit dans une famille catholique, libérale et choisit une carrière militaire.

f) En 1969, il quitte le pouvoir et meurt en 1970 à l'âge de quatre-vingts ans.

g) Entre 1940 et 1944, il lutte avec les Anglais et organise la Résistance française.

h) Le rêve du président Charles de Gaulle est de créer une France forte et indépendante.

i) Aujourd'hui on considère Charles de Gaulle comme un héros national parce qu'il a sauvé la France durant la guerre et a dominé la scène politique française pendant près de trente ans.

 **5**

Écoutez cet enregistrement et complétez le tableau suivant.

Classement	Personnalité	Justification
10ème	Édith Piaf	Elle a apporté du bonheur à la France.
9ème		Il nous a fait découvrir le monde de la mer.
8ème	Molière	
7ème		
6ème		
5ème		Un comédien au cœur d'or.
4ème		
3ème	L'Abbé Pierre	
2ème		
1er		Il a lutté pour la liberté et la grandeur de la France.

 **6**

Parmi les dix finalistes, choisissez votre personnage préféré et justifiez votre choix. Discutez de vos opinions.
Par exemple, vous pourriez dire: Je choisis Victor Hugo parce qu'il est à la fois poète, homme de lettres, homme politique et humaniste.

 **7**

Choisissez la plus grande personnalité de tous les temps de votre pays d'origine. Après avoir fait les recherches nécessaires, écrivez 150 mots sur sa vie et son œuvre.

Hors-d'œuvre

Une France historique

 **1** *Lisez ce texte et répondez aux questions qui suivent.*

Le château de Fontainebleau est situé à une quarantaine de kilomètres au sud-ouest de Paris. Il est possible de s'y rendre en voiture ou en train. Puis, un bus vous emmènera au château à partir de la gare de Fontainebleau Avon.

Le château se trouve au cœur d'une forêt magnifique où les rois ont pratiqué la chasse pendant des siècles.

Depuis sa construction jusqu'à la fin du règne de Napoléon III, le château de Fontainebleau a hébergé une trentaine de souverains. C'est le seul château à détenir un tel record.

vocabulaire utile

au cœur de: *in the heart of*
la chasse: *hunting*
un siècle: *a century*
le règne: *the reign*
héberger: *to provide accommodation*
un souverain: *a king*
détenir: *to hold*

Le château vue extérieure

a) À quelle distance de Paris se trouve le château de Fontainebleau?

b) Par quels moyens de transport peut-on s'y rendre?

c) Le château se trouve-t-il au centre de la ville de Fontainebleau?

d) Pourquoi les rois français allaient-ils au château de Fontainebleau?

e) Combien de souverains ont logé à Fontainebleau?

 **2**

A *Écoutez cet enregistrement et cochez la réponse qui convient à ce que vous venez d'entendre.*

a) Le château de Fontainebleau est mentionné pour la première fois . . .

en 1137. ☐
en 837. ☐

b) À cette époque, les rois s'y rendaient pour . . .

échapper à la peste. ☐
pratiquer la chasse. ☐

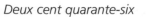

c) La seule partie du château qui date du 12ᵉᵐᵉ siècle est . . .

le grand escalier ☐
le donjon ☐

d) Pour décorer son nouveau château, François 1ᵉʳ a fait venir des artistes . . .

d'Espagne ☐
d'Italie ☐

B *Mettez les verbes entre parenthèses au temps corrects de passé et ré-écoutez l'enregistrement pour vérifier vos réponses.*

Une partie de l'escalier en fer à cheval

En 1137, le château de Fontainebleau est mentionné pour la première fois dans un document légal. Au 12ᵉᵐᵉ siècle, le château (être) une résidence secondaire et les rois de France s'y (rendre) l'automne pour chasser. Ce château (être) très différent du château que nous pouvons visiter aujourd'hui. En fait, le donjon est la seule partie du château qui date du 12ᵉᵐᵉ siècle. Les appartements du roi François 1ᵉʳ (se situer) au premier étage du donjon. François 1ᵉʳ qui (adorer) la chasse (résider) souvent à Fontainebleau. En 1528, il (décider) de reconstruire le château. Il (faire) construire la salle du bal et la galerie François 1ᵉʳ qui relie les appartements du roi à la chapelle. Pour la décoration, il (choisir) des artistes venus d'Italie. Le fils de François 1ᵉʳ, Henri II, (apporter) des changements supplémentaires au château comme par exemple l'escalier que vous pouvez voir sur la photo ci-contre.

(Texte basé sur informations issues de:

www.souppes-fontainebleau.com/fontainebleau/bleau.htm et
www.chateaudefontainebleau.net/frame.htm)

Lisez ce questionnaire et cochez la réponse correcte à chaque question.

a) Au Moyen Âge, Fontainebleau était . . .

un château fort. ☐
un cimetière. ☐
un monastère. ☐

b) À cause sa situation privilégiée au milieu d'une forêt magnifique, il devient . . .

un lieu de refuge. ☐
une résidence de chasse. ☐
un lieu de méditation. ☐

c) La partie la plus ancienne de Fontainebleau est . . .

la fontaine. ☐
la piscine. ☐
le donjon. ☐

d) François 1er décide . . .

de reconstruire Fontainebleau. ☐
de détruire Fontainebleau. ☐
de vendre Fontainebleau. ☐

4 **A** *Écoutez cette conversation et cochez les cases qui correspondent aux réponses que vous entendez.*

a) En ce moment Julien est . . .

à Poitiers en France. ☐
dans le nord-est de l'Angleterre. ☐

b) À Fontainebleau on peut faire . . .

du cheval, du cyclisme et de la marche. ☐
du canoë et de l'escalade. ☐

c) Les artistes-peintres parisiens venaient à Fontainebleau . . .

au Moyen-Âge. ☐
à la Renaissance. ☐
au 19ème siècle. ☐

d) De nos jours, les gens se rendent à Fontainebleau . . .

pour assister à un grand concert pop. ☐
pour échapper au stress de Paris. ☐

B *Ré-écoutez cette conversation et remplissez les blancs ci-dessous.*

– Alors, Julien, tu es étudiant?
– Oui, je suis en _____ année de chimie à l'université de Poitiers, mais en ce moment je fais un _____ chez BP dans le nord-est de l'Angleterre.
– Ça te plaît?
– Oui, ça me plaît beaucoup. J'apprends beaucoup de choses _____ et mes collègues anglais sont très _____ .
– D'où viens-tu? Tu viens de Poitiers?
– Non, non, pas du tout. Je suis né à Paris et mes parents _____ Fontainebleau.
– C'est comment Fontainebleau?
– Ah, c'est très chouette! Tout près de chez mes parents, il _____ a la forêt de Fontainebleau qui est magnifique. On _____ y faire du cheval, de la randonnée à pied ou à _____ et bien sûr du jogging. L'été, il y a beaucoup de touristes qui _____ visiter le château qui est splendide.
– Donc, Fontainebleau est très populaire aujourd'hui?

– Oui, bien sûr. Beaucoup de personnes ont habité ou visité Fontainebleau à travers les siècles. Pendant la Renaissance, c'était seulement les rois qui _____ à Fontainebleau. Au 19ème siècle, les choses ont changé. Les riches _____ à Fontainebleau le _____ pour profiter de la campagne. Les artistes parisiens s'y _____ aussi pour peindre. Maintenant, _____ le monde vient à Fontainebleau pour se _____ , faire du sport et échapper à la _____ et au _____ de Paris.

C *Recréez le dialogue ci-dessus de mémoire. Si vous trouvez cela difficile, référez-vous au texte pour vous aider.*

D *Puis avec votre partenaire recréez ce même dialogue, mais cette fois, modifiez-le pour parler de vous, de vos études, de votre région d'origine et d'un lieu célèbre et touristique situé dans votre région d'origine.*

5

A *Mettez les verbes entre parenthèses à l'imparfait, puis écoutez l'enregistrement pour vérifier vos réponses.*

Quand j'(être) petit, mes grands-parents (habiter) Fontainebleau. Ma sœur Lucie et moi, nous y (passer) nos vacances tous les ans. Nous y (aller) à la Toussaint, à Noël, à Pâques et bien sûr l'été. C'est la forêt que je (préférer). J'y (aller) souvent avec mes amis. On (se lever) tôt et on (partir) à vélo. On (jouer) à cache-cache, on (grimper) aux arbres et l'automne, on (cueillir) des champignons.

B *Mettez les verbes entre parenthèses au passé composé, puis écoutez l'enregistrement pour vérifier vos réponses.*

Un jour, mon grand-père nous (emmener) au château. Nous (visiter) le donjon, les appartements de Napoléon et les jardins. Lucie, qui avait à peine quatre ans, (s'approcher) de l'étang pour regarder les poissons. Elle (se pencher) et elle (tomber) dans l'eau. Quelques minutes plus tard, elle en est (ressortir) trempée!

The pronouns *y* and *en*

■ *y* replaces locations and means 'there'.

Exemple:

*Où est mon portable? Il est dans ton sac. Non, il n'**y** est pas!*
Where's my mobile? It's in your bag. No, it's not there!

■ *y* also replaces objects which follow a verb with *à* such as *penser à, répondre à, obéir à, jouer à,* etc.

Exemple:

*A-t-il répondu à ta question? Non, il n'**y** a pas répondu!*
Has he answered your question? No he hasn't answered it!

■ This pronoun never replaces a person.

■ *en* replaces quantities.

Exemple:

*Combien de livres as-tu emprunté? J'**en** ai emprunté trois.*
How many books did you borrow? I borrowed three of them.

■ *en* also replaces objects which follow a verb with *de* such as *parler de, revenir de, s'occuper de,* etc.

Exemple:

*As-tu parlé de ton problème à ton professeur? Non, je ne lui **en** ai pas encore parlé.*
Have you spoken to your tutor about your problem? No I haven't spoken to him about it yet.

■ This pronoun never replaces a person.

 **6**

Remplacez les expressions soulignées par le pronom y *ou* en.

a) Comment vas-tu <u>à l'université</u>? Je m'_____ rends en bus.

b) As-tu <u>des tickets-restaurant</u>? Oui, il m'_____ reste deux.

c) Zut, je n'ai plus <u>de monnaie</u>. Attends, je t'_____ donne.

d) Joues-tu régulièrement <u>au tennis</u>? Non, pas vraiment, j'_____ joue deux ou trois fois par an.

e) Marc a-t-il déjà répondu <u>au mél de Julie</u>? Non, il n'_____ a pas encore répondu!

Plat principal

Une France moderne

1

A *Écoutez cette présentation de la société Airbus et de son dernier produit le A380 et cochez les cases qui correspondent à ce que vous entendez.*

a) L'Airbus A380 est . . .

un avion. ☐

un bus. ☐

un métro. ☐

b) Il est gigantesque et peut transporter . . .

de 150 à 300 passagers. ☐

de 300 à 500 passagers. ☐

de 500 à 800 passagers. ☐

c) C'est un produit écologique parce qu'il . . .

ne coûte pas cher. ☐

consomme moins d'essence. ☐

est recyclable. ☐

d) L'Airbus A380 est . . .

un produit européen. ☐

un produit africain. ☐

un produit français. ☐

e) L'Airbus A380 sera commercialisé . . .

en 2005. ☐

en 2006. ☐

en 2007. ☐

B *Ré-écoutez cet enregistrement et répondez aux questions suivantes.*

a) Quand l'Airbus A380 a-t-il effectué son premier vol d'essai?

b) Quels sont les points forts de l'A380?

c) Quand va-t-il être commercialisé?

d) Quelles compagnies aériennes prévoient de l'acheter?

e) À quelles sortes de vols est-il destiné?

vocabulaire utile

un vol d'essai: *a test flight*

prévoir: *to forecast*

un long-courrier: *a long-haul flight*

étroit: *narrow/close*

fonder: *to found*

lorsque: *when*

se rajouter à: *to add oneself to*

dépasser: *to overtake*

C   *Ré-écoutez cet enregistrement encore une fois. Puis lisez le texte suivant et trouvez les cinq erreurs présentes dans le texte.*

L'airbus A380 est enfin terminé et a effectué avec succès son premier vol d'essai en avril 2004. L'airbus A380 est un avion révolutionnaire et gigantesque qui peut transporter de 300 à 600 passagers selon les modèles. Son exploitation commerciale n'est pas prévue avant 2008 et sera réservée aux longs courriers. Plusieurs compagnies aériennes comme LanChile, KLM et British Airways s'intéressent déjà à cet avion.

L'Airbus A380, qui est assemblé dans les usines Airbus à Toulouse en France, est le fruit d'une collaboration européenne étroite. En effet, la compagnie Airbus, créée il y a une trentaine d'années, a été fondée lorsque des constructeurs aéronautiques allemands et français se sont associés. Puis, des constructeurs américains et espagnols se sont rajoutés à cette union.

Le succès d'Airbus se mesure par le nombre d'avions vendus. En 2003, les ventes Airbus ont dépassé les ventes de son compétiteur américain Boeing. La question est de savoir si ce succès va continuer et si l'avion A380 va y participer de manière importante.

2   *Lisez ces quelques faits concernant Concorde, puis écrivez un article similaire à celui ci-dessus présentant le supersonique Concorde. Vous pouvez utiliser le présent ou le passé.*

- Premier vol d'essai le 2 mars 1969 et premier vol commercial 7 ans plus tard en 1976.
- Les compagnies aériennes: British Airways et Air France.
- Nombre de voyageurs: plus de 2 000 000 de passagers au total; 128 places dans l'avion.
- Produit fabriqué par la France et la Grande-Bretagne. Fabriqué à Toulouse et à Flinton.
- Utilisé pour des vols transatlantiques Londres–New York et Paris–New York.

Avantages:
- Rapidité (durée du voyage Londres–New York: 3h20/Boeing 747: 7h).
- Vitesse de croisière: environ 2100 km/h.
- Confort (c'est un avion luxueux et confortable). C'est l'avion des présidents.

Inconvénients:
- Très bruyant.
- Consomme beaucoup d'essence.
- La maintenance est devenue trop chère.
- 27 Juillet 2000: accident sérieux et mortel près de Paris. Concorde est mis à la retraite. Aujourd'hui Concorde est une pièce de musée très admirée!

(Informations basées sur www.concorde-jet.com/f_index.php)

3   **A**   *Connaissez-vous des voitures françaises? Si oui, lesquelles? Qu'en pensez-vous?*

B *Lisez cette présentation de la nouvelle Mégane et décidez si les phrases qui suivent le texte sont vraies ou fausses.*

La nouvelle Mégane conçue par Renault est une voiture qui ne s'oublie pas facilement. Elle a une forme originale. Certaines personnes l'adorent, d'autres la détestent, en fait tout le monde a une opinion sur son apparence!

Les créateurs ont aussi soigné l'intérieur. Il y a de l'espace et des possibilités de rangement et les sièges sont confortables.

Ses priorités sont: Le confort du conducteur et de ses passagers. Vous pouvez ajuster la hauteur du siège et du volant et accéder à la radio sur le volant.

La sécurité: La voiture est équipée d'airbags, d'une direction assistée et de freins anti-dérapage, et sa carrosserie absorbe les chocs.

Le respect de l'environnement: La voiture consomme peu d'essence et respecte les lois anti-pollution les plus strictes. Elle est aussi recyclable à 95%.

(Informations basées sur www.renault.fr/index_fr.html)

a) La Mégane a des lignes originales.

b) Son intérieur n'a pas d'importance.

c) C'est une voiture spacieuse.

d) La carrosserie de la Mégane n'est pas résistante.

4

A *Lisez ce texte et remplissez les blancs à l'aide des mots ci-dessous.*

elle	tous	des	son	originale	à	la	ses	créer	près

La DS est une voiture de légende. C'est _____ plus grande voiture française de _____ les temps. C'était aussi la voiture la plus _____ de son époque. Au début _____ années cinquante, le directeur de la création de Citroën rêvait de _____ une nouvelle voiture, totalement différente des voitures qui existaient _____ cette époque. Après des années de recherche, il présente _____ invention au Salon de l'Automobile de 1955 à Paris. Avec _____ formes arrondies parfaites, son confort merveilleux, sa suspension extraordinaire et sa facilité de conduite, _____ surprend et séduit tout le monde. Pendant _____ de vingt ans, cette voiture de grand luxe sera la voiture des présidents de la république française et des stars de la chanson et du cinéma.

vocabulaire utile

une époque: *an era*
la création: *the design*
arrondi(e): *curved*
surprendre: *to surprise*

B *Lisez ce texte et décidez si les phrases qui suivent le texte sont vraies ou fausses.*

vocabulaire utile

bon marché: *affordable*
tout terrain: *all surface*
décapotable: *open-top*

La 2cv est une voiture modeste, bon marché et tout terrain dont la mission est de devenir la voiture du peuple. La conception de cette voiture est si simple qu'il est possible d'en fabriquer un grand nombre en peu de temps, ce qui explique son prix modéré. C'est aussi une voiture résistante, d'une solidité extraordinaire qui a participé au rallye Paris–Dakar de nombreuses fois. Inventée à la fin des années trente, une version décapotable sera présentée au Salon de l'Automobile en 1948. La 2cv restera populaire jusqu'au début des années quatre-vingt-dix.

a) La 2cv est une voiture de luxe.

b) Elle ne coûte pas cher parce qu'elle est facile à fabriquer.

c) La 2cv date des années quatre-vingt-dix.

C *Choisissez une voiture symbolique de votre pays d'origine et présentez-la oralement en quatre ou cinq phrases.*

Dessert

Une France culturelle

 **1**

Répondez aussi vite que possible à toutes ces questions concernant la culture française.

a) Où se trouve la Pyramide du Louvre?
À Paris. ☐
À Lyon. ☐
À Marseille. ☐

b) Qui a écrit *Le Tour du monde en quatre-vingts jours* et *Vingt Mille Lieues sous les mers?*
Victor Hugo ☐
Jules Verne ☐
Paul Verlaine ☐

c) Édith Piaf a chanté une chanson dont le titre était . . .
'La vie en noir'. ☐
'La vie en rose'. ☐
'La vie en jaune'. ☐

d) Qui est Zinédine Zidane?
Un chanteur français. ☐
Un joueur de football français. ☐
Un poète. ☐

e) La Tour Eiffel a été conçue par . . .
un architecte. ☐
un artiste-peintre. ☐
un ingénieur. ☐

f) L'un des plus célèbres peintres français s'appelle . . .
Rembrandt. ☐
De Vinci. ☐
Monet. ☐

g) La musique française d'origine algérienne est . . .
le raï. ☐
le zouk. ☐
le jazz. ☐

h) L'acteur français le plus célèbre se nomme . . .
Jacques Chirac. ☐
Gérard Depardieu. ☐
Luc Besson. ☐

i) Le français Jean-Paul Gaultier est . . .
un danseur classique. ☐
un créateur de mode. ☐
un chanteur d'opéra. ☐

Une France historique, Paris le 14 juillet

Une France moderne, la devanture d'un magasin

A *Lisez ce poème de Victor Hugo et mettez les verbes entre parenthèses au futur. Puis écoutez ce poème pour vérifier vos réponses.*

vocabulaire utile

l'aube: *dawn*
blanchir: *to become white*
attendre: *to wait*
je ne puis: *I can't*
demeurer: *to stay*
sans: *without*
entendre: *to hear*
courbé: *to be bent*
croisé: *crossed*
l'or: *the gold*
la voile: *the sail (from a boat)*
Harfleur: *a town in France*
le houx: *holly*
la bruyère: *heather*

> **Demain, dès l'aube ...**
>
> Demain, dès l'aube, à l'heure où blanchit la campagne,
> Je (partir). Vois-tu, je sais que tu m'attends.
> Je (aller) par la forêt, je (aller) par la montagne.
> Je ne puis demeurer loin de toi plus longtemps.
>
> Je (marcher) les yeux fixés sur mes pensées,
> Sans rien voir au dehors, sans entendre aucun bruit,
> Seul, inconnu, le dos courbé, les mains croisées,
> Triste, et le jour pour moi (être) comme la nuit.
>
> Je ne (regarder) ni l'or du soir qui tombe,
> Ni les voiles au loin descendant vers Harfleur,
> Et quand je (arriver), je (mettre) sur ta tombe
> Un bouquet de houx vert et de bruyère en fleur.
>
> Victor Hugo, *Les Contemplations, livre quatrième, XIV*

B *Maintenant, répondez aux questions suivantes en anglais.*

a) At the end of the first verse, whom do you think Hugo is going to see?

b) What is the general atmosphere of the first verse?

c) By the end of the second verse, do you feel the atmosphere is still the same? Explain.

d) Finally, what do you discover at the end of the poem?

C *Lisez ce poème de Jacques Prévert et soulignez les verbes qui sont au passé composé. Puis écoutez ce poème.*

vocabulaire utile

la cuiller: *the spoon*
allumer: *to switch on*
un rond: *a cercle*
la fumée: *the smoke*
la cendre: *the ash*
le cendrier: *the ash tray*
la parole: *a word*

Déjeuner du matin

Il a mis le café
Dans la tasse
Il a mis le lait
Dans la tasse de café
Il a mis le sucre
Dans le café au lait
Avec la petite cuiller
Il a tourné
Il a bu le café au lait
Et il a reposé la tasse
Sans me parler
Il a allumé
Une cigarette
Il a fait des ronds
Avec la fumée
Il a mis les cendres

Dans le cendrier
Sans me parler
Sans me regarder
Il s'est levé
Il a mis
Son chapeau sur sa tête
Il a mis
Son manteau de pluie
Parce qu'il pleuvait
Et il est parti
Sous la pluie
Sans une parole
Et moi j'ai pris
Ma tête dans ma main
Et j'ai pleuré

Jacques Prévert, *Paroles*,
© Editions GALLIMARD

D *Maintenant, répondez aux questions suivantes en anglais.*

a) What do you think of the choice of vocabulary and the rhythm of this poem? Explain.

b) What do you think about the general atmosphere of the poem? Is it the same all the way through?

E *Lequel de ces deux poèmes préférez-vous? Pourquoi?*

Order of pronouns

■ When there is more than one pronoun in a sentence, they follow this order:

me					
te		le		lui	
se	followed by	la	followed by	leur	followed by *y* and finally *en*.
nous		les			
vous		l'			
se					
s'					

Exemples:

Je lui en ai parlé. I spoke to <u>him</u> about <u>it</u>.

Il me l'a déjà donné. He has already given <u>it</u> <u>to me</u>.

Il nous y envoie tous les samedis. He sends <u>us</u> <u>there</u> every Saturday.

3 *Remettez les mots dans l'ordre correct.*

a) en je voiture y rends m': *I go there by car.*

b) a il téléphoné hier leur: *he rang them yesterday.*

c) en nous deux il fois apporte semaine par: *he brings us some twice a week.*

d) des lui nous chocolats offert avons: *we offered her chocolates.*

e) il reste vous combien en-t-? *how many have you got left?*

f) suis je les la me achetés semaine dernière: *I bought them for myself last week.*

g) lui il trois en reste: *he's got three left.*

4 *Ré-écrivez les phrases suivantes et remplacez la/les partie(s) souligné(s) par le pronom correct.*

a) Il rend visite <u>à ses parents</u> toutes les semaines.

b) Je vais <u>en France</u> deux fois par an.

c) Il a offert <u>des biscuits</u> <u>à sa copine</u>.

d) Il a demandé <u>à sa mère</u> de lui envoyer <u>ses papiers</u>.

e) Mon frère rentre <u>de son séjour en Italie</u>.

f) Il a invité <u>Marc</u> <u>à son concert</u>.

g) Ses amis n'ont pas répondu <u>à notre invitation</u>.

Café

Prononciation et intonation

French has different stress patterns to English and syllables are pronounced more or less equally.

A *Écoutez l'enregistrement et répétez ces mots de vocabulaire.*
- intéressant (in-té-res-sant)
- divertissement (di-ver-tis-se-ment)
- téléférique (té-lé-fé-ri-que)

The tone tends to remain constant throughout the sentence, but drops slightly at the end. If, however, you are asking a question the voice often rises at the end.

B *Écoutez l'enregistrement et répétez ces phrases.*
- Je pars en vacances demain. (*voice drops on* -main)
- Ils travaillent tous les jours de huit heures à dix-neuf heures. (*voice drops on* heures)
- C'est une histoire tragique. (*voice drops on* -que)
- As-tu déjà mangé? (*voice rises on* -gé)
- Tu es de quelle nationalité? (*voice rises on* -té)
- Où habitez-vous? (*voice rises on* vous)

However, French uses contractions in informal speech. The letters *e* in short words such as *me, te, se, le, je,* etc. and the *u* in *tu* tend to disappear.

Exemples:

On **s'**lève à quelle heure demain?
Tu **m'**le donnes ce soir.
J't'en parlerai plus tard. (*in this case because the* t *that follows the* j *sounds almost like* ch)
T'es français?

C *Essayez de prononcer ces phrases. Si vous pensez qu'il existe aussi une autre prononciation, plus familière, pratiquez les deux prononciations. Puis écoutez l'enregistrement pour vérifier vos réponses.*
- À quelle heure prends-tu l'autobus d'habitude?
- Je le prends toujours à huit heures moins le quart.
- On se retrouve samedi?
- Où est l'arrêt de bus le plus proche?
- Je te l'envoie par la poste.
- Tu as de la chance. Tu as vu sa nouvelle voiture!
- C'est toujours moi qui fais la vaisselle!

Travail personnel

Voici quelques idées pour vous aider à fournir un travail personnel. Toutes les activités suggérées sont liées à ce que vous venez d'apprendre dans cette unité.

1 ■ *Trouvez un(e) étudiant(e) francophone et demandez-lui de vous parler de son université ou d'un bâtiment célèbre de sa région d'origine. Parlez-lui de votre université ou d'un bâtiment historique de votre ville ou région d'origine. Enregistrez cette conversation.*

2 ■ *Trouvez un programme de grammaire sur Internet ou un livre de grammaire. Travaillez les points de grammaire traités dans ce chapitre. Imprimez ou photocopiez ces exercices et ajoutez-les à vos travaux.*

3 ■ *Consultez les sites Internet des trois constructeurs français automobiles suivants:*
Renault www.renault.fr
Peugeot www.peugeot.fr
Citroën www.citroen.com
Choisissez un thème qui vous intéresse, lisez les informations qui concernent ce thème et écrivez un paragraphe de 150 mots sur ce sujet.

4 ■ *Consultez le site touristique des châteaux de la Loire qui datent de la Renaissance: www.chateauxloire.com. Cliquez sur les différents châteaux et lisez les informations sur ces châteaux. Choisissez un de ces châteaux et expliquez par écrit pourquoi vous aimeriez le visiter (environ 150 mots).*

5 ■ *Choisissez une personnalité célèbre francophone appartenant à votre domaine d'étude. Faites des recherches à la bibliothèque et sur Internet sur la vie et l'œuvre de cette personnalité. Écrivez une rédaction de 200 mots, présentant la vie et l'œuvre de cette personnalité. Expliquez pourquoi vous l'avez choisie.*

6 ■ *Vous avez prévu de visiter un lieu historique célèbre local avec un(e) ami(e) français(e). Préparez quelques notes écrites présentant et décrivant ce lieu. À l'aide de ces notes faites une présentation orale de ce lieu historique. Enregistrez votre présentation.*

Interlude digestif

■ Et vous? Est-ce que vous y arrivez?

A *Comme partout au monde, les Français s'amusent en testant leur* *diction et prononciation. De nombreuses phrases aux significations bizarres voire surréalistes ont été inventées pour cet usage. Écoutez ces dernières et répétez-les.*

1) Les chaussettes de l'archiduchesse sont-elles sèches ou archi-sèches?

2) Ton thé t'a-t-il ôté ta toux?

3) Le ver vert va vers le verre vert.

■ Allez-y, lancez-vous!

B *Lisez ces phrases, puis écoutez l'enregistrement pour vérifier leur prononciation.*

4) Si ton tonton tond ton tonton, ton tonton sera tondu.

5) Si six scies scient six cyprès, six cent six scies scient six cent six cyprès.

6) Trois tortues trottaient sur un trottoir très étroit.

7) Trois gros rats gris dans trois gros trous ronds rongent trois gros croûtons ronds.

■ Et que signifient-elles?

C *Maintenant, reliez-les à leur traduction en anglais.*

a) If six saws saw six cypresses, six hundred and six saws saw six hundred and six cypresses.

b) Three big fat rats in three big round holes gnaw three big round croutons.

c) Has your tea cured your cough?

d) The green worm is moving towards the green glass.

e) Three tortoises are trotting down a narrow pavement.

f) If your uncle shaves your uncle, your uncle will be shaved.

g) Are the archduchess' socks dry or are they extra dry?

★ Info-culture

Quelques écrivains français

In France, there are quite a few television shows and radio programmes which are devoted to books, both contemporary and classic, featuring interviews with authors, critics, film makers, actors, journalists and politicians. Literature also features strongly in the school curriculum. There are debates among politicians, teachers and educationalists as to which works should be included in the curriculum, but never as to *whether* literature should be taught or not. Bookshops welcome browsers, and even readers (who sometimes stay half a day and leave without buying anything!).

On your visits to France, you will see streets and boulevards, schools and hospitals named after famous literary figures. Even the airport in Lyon is called 'Aéroport Saint-Exupéry'. Here are a few names which all French people will have come across during their school days. Many of these works are available in English translation, so why not have a look at some of them?

16th and 17th centuries:

The philosophers Montaigne, Rabelais and Pascal, the sharp-tongued and rather amusing playwright Molière, and the poets

Du Bellay and Ronsard are key figures of the 16th and 17th centuries.

18th century:

This century is often referred to as the Enlightenment period and it focuses on political and philosophical issues, such as human rights, equality and education. The most famous authors are Montesquieu, Voltaire, Diderot and Rousseau.

19th century:

This century is marked by the following three schools of thought: Romanticism, Realism and, later on, Symbolism. The novelist Chateaubriand, and the poets Lamartine, Musset, Nerval, Vigny and Hugo are all romantics. But Hugo is also a politically engaged author who wrote many plays and novels such as *Les Misérables*. Balzac and Zola are very popular authors who were also key realists. Dumas, who wrote *Les Trois Mousquetaires* ('The Three Musketeers') and the science fiction precursor Jules Verne – author of *Le Tour du monde en quatre-vingts jours* ('Around the world in eighty days') – are extremely popular with young French people. Beaudelaire, Rimbaud and Mallarmé, who were symbolist poets, are also extremely popular.

The 20th century:

This century is marked by the Surrealist and the Existentialist movements. Among the surrealists we find Aragon, Éluard and Cocteau. Cocteau was also a film maker. Sartre, author of *Huis-Clos*, Camus, who wrote *L'étranger,* and Simone de Beauvoir created Existentialism and are still top-selling authors. Some of the most famous poets of the 20th century are Apollinaire, Desnos and Prévert. Although written in prose, *Le Petit Prince* ('The Little Prince') by St-Exupéry, is another extremely famous poetic work.

Contemporary literature:

You might want to read translated work by the following current novelists, who have all won the Goncourt French literary prize: Modiano, Duras, Chamoiseau, Quéffelec, Tahar Ben Jelloun, Makine, Van Cauwelaet and Rufin.

Récapitulatif

Maintenant vous devriez être capable de

★ *Parler de la vie et de l'œuvre de quelqu'un*

★ *Décrire un bâtiment et de parler de son histoire et de ses fonctions*

★ *Décrire un produit et de parler de ses points forts et de ses points faibles*

★ *Apprécier et de commenter sur quelques œuvres littéraires*

Faites les exercices ci-dessous et révisez les éléments sur lesquels vous avez des doutes.

A *Trouvez l'intrus parmi les mots ci-dessous.*

a) l'émission / la télévision / le programme / la fabrication

b) une compétition / un vainqueur / un volant / gagner

c) lancer un appel / rallier le peuple / une voiture / déclencher un mouvement

d) une réforme / une maison / une agence immobilière / un appartement

B *Corrigez les erreurs! Le nombre d'erreurs est indiqué entre parenthèses.*

a) L'général de Gaulle et un héros nationale francais. (4)

b) Ils nous i a emmenés la semaine dernièr. (3)

c) Il as lui demandé de les lui envoyer par la post. (3)

C *Ré-écrivez les phrases suivantes et remplacez la/les partie(s) souligné(s) par le pronom correct.*

a) J'ai prêté <u>mon vélo à ma copine</u>.

b) J'ai fini <u>mon devoir</u>.

c) Je suis allé <u>en France</u> l'année dernière.

d) Je me rappelle bien <u>son cours</u>.

e) Il n'a toujours pas répondu <u>à ma question</u>.

D *Répondez par écrit aux questions suivantes.*

a) D'après vous, qui est la personnalité célèbre la plus importante de votre pays d'origine? Pourquoi?

b) Admirez-vous davantage une personnalité politique, sportive, scientifique ou artistique? Pourquoi?

c) Décrivez en quelques mots votre pays et votre région.

d) Préférez-vous la littérature en prose ou la poésie? Pourquoi?

e) Quelle est votre œuvre littéraire préférée? Parlez-en brièvement.

E *Refaites l'exercice ci-dessus (D) oralement.*

L'Unité 10 est finie et les vacances approchent!

Index de vocabulaire

La télévision et les médias	**TV and media**
avis (m.)	opinion
critique (m.)	a critic
critiquer	to criticise
discours (m.)	speech
domaine (m.)	subject area
émission (f.)	broadcast/programme
être d'accord avec	to agree
gagner	to win
pièce de théâtre (f.)	play
passer à la radio	to be on the radio
poète (m.)	poet
pouvoir (m.)	power

prix (m.)	price
publier	to publish
réformer	to reform
se convertir à	to convert to
se lancer	to launch oneself
lancer un appel	to launch an appeal
romancier (m.)	novelist
vainqueur (m.)	winner

L'histoire	**History**
abriter	to give shelter
ancien(ne)	ancient/old
bâtir	to erect
carpe (f.)	carp

changement (m.)	change
chapelle (f.)	chapel
chasse (f.)	hunting
chasser	to hunt
château (m.)	castle
cimetière (m.)	graveyard
comprendre	to understand/to comprise
construire	to build
cour (f.)	yard
cueillir	to pick
dater de	to date from
détruire	to destroy
donjon (m.)	dungeon
donner sur	to look out on
échapper à	to escape
endroit (m.)	place
entourer	to surround
époque (f.)	era
escalier (m.)	staircase
étang (m.)	pond
fonction (f.)	purpose
juridique	legal
lieu (m.)	place
monastère (m.)	monastery
paysage (m.)	landscape
profiter de	to take advantage of
reconstruire	to rebuild
remonter à	to date back to
règne (m.)	reign
reine (f.)	queen
ressortir	to come out again
roi (m.)	king
s'approcher de	to approach
se démocratiser	to become democratic
se pencher	to lean
siècle (m.)	century
souverain (m.)	a ruler
subir	to undergo
tremper	to soak

La technologie et l'industrie — *Technology and industry*

aile (f.)	wing
allongé(e)	elongated
arrondi(e)	curved
avantage (m.)	advantage
avion (m.)	plane
carrosserie (f.)	bodywork

commercialiser	to commercialise
consommer	to consume
concevoir	to design
conçu(e)	designed
conducteur (m.)	driver
conception (f.)	design
créer	to create
décapotable	open top
dépasser	to overtake
direction assistée (f.)	power steering
essence (f.)	petrol
fabriquer	to manufacture
fonder	to found
frein (m.)	brake
inconvénient (m.)	drawback
intérieur (m.)	inside
long courrier (m.)	long-haul
passager(e) (m.)	passenger
prévoir	to forecast
produit (m.)	product
recycler	to recycle
spacieux/spacieuse	spacious
surprendre	to take by surprise
tableau de bord (m.)	dashboard
tout terrain	all surface
vitesse (f.)	speed
volant (m.)	steering wheel
vol d'essai (m.)	test flight

La culture et la littérature — *Culture and literature*

allumer	to switch on
attendre	to wait
aube (f.)	dawn
bruyère (f.)	heather
cendre (f.)	ash
cendrier (m.)	ashtray
courber	to bend
croiser	to cross
cuiller/cuillère (f.)	spoon
blanchir	to become white
demeurer	to live/to stay
entendre	to hear
houx (m.)	holly
rond (m.)	circle
sans	without
voile (f.)	sail

Grammaire

A　Nouns　*Les noms*

1 Gender *Le genre*

In French, nouns are either masculine (e.g. *le père*) or feminine (e.g. *la mère*). Although it is hard to predict the gender of a word, it is sometimes possible to work it out from its ending.

Although useful, the rules below are only guidelines, as there are many exceptions. It is always best to check the gender of a word in a dictionary.

a)　These categories are usually feminine:

- nouns ending in *-e*: *la voiture, la framboise, la mère*.
  Exceptions: *le dictionnaire, le père, le concombre*

- nouns ending in *-ie, -ion, -té, -te*: *la pharmacie, la pollution, la nationalité, la carotte*.
  Exceptions: *un avion, le karaté*

- countries, fruits and vegetables: *la Roumanie, la banane, l'aubergine*

b)　These categories are usually masculine:

- nouns ending in *-ment, -age, -c, -f, -l, -r*: *le rangement, le collage, le parc, le bœuf, le miel, le car*.
  Exceptions: *la plage, la mer*

- days of the week, weights and measures, languages: *le dimanche, le kilo, le russe*

c)　Some have both a feminine and a masculine form. To change a masculine noun into a feminine one, you add an *–e* at the end. In some cases, you need to double the consonant at the end of the word: *un étudiant → une étudiant**e**; un chien → une chien**ne***.

2 Plural *Le pluriel*

To mark the plural, we use the determinants *les* or *des* and add an *-s* to the end of the noun. In spoken French, the *-s* is usually not pronounced.

Exemples:　la maison → les maison**s**
　　　　　　le camion → les camion**s**

Some plurals are irregular.

a)　Some nouns do not change at all in the plural:

- nouns ending in *-s, -x* or *-z*: *le bus → les bus, le prix → les prix, le riz → des riz*

b) A number of nouns take an -x in the plural:

- most nouns ending in -al: *le cheval* → *les chev**aux***, *un végétal* → *des végét**aux***

- nouns ending in -ail, -eau or -eu: *le travail* → *les trav**aux***, *un cadeau* → *des cadeau**x***, *un jeu* → *des jeu**x***

- a few nouns ending in -ou: *un bijou* → *des bijou**x***, *le genou* → *les genou**x***

c) One noun is totally irregular: *un œil, des yeux*

B Articles *Les articles*

In English, there are three kinds of articles: the definite article (the), the indefinite article (a/an) and the partitive article (some/any). What happens in French?

1 'The' *Le / la / les / l'*

There are four words for 'the' in French: *le, la, les, l'*. Deciding which one to use depends on the gender and number of the noun.

a) *Le* is used to introduce a masculine noun: *le père, le château, le bureau.*

b) *La* is used to introduce a feminine noun: *la mère, la plage, la région.*

c) *L'* is used to introduce a masculine or a feminine noun starting with a vowel or a silent *h*: *l'eau, l'homme, l'hôpital.*

d) *Les* is used to introduce a noun in the plural: *les pères, les mères, les hôpitaux.*

In French, a definite article is needed in cases where it is not required in English.

i) General statements: *J'adore le rap. Les français aiment les sports d'hiver.*

ii) Days of the week when talking about an habitual action: *Je vais au cinéma le samedi* (I go to the cinema on Saturdays). *Je mange chez ma mère le mercredi* (I eat at my mother's on Wednesdays).

iii) Geographical terms: *Il visite souvent la France. Les Anglais adorent la Dordogne.*

iv) To express prices per quantity: *Trois euros le kilo.*

v) Parts of the body: *Il avait les mains dans les poches. Elle a les cheveux gris.*

2 'A/an' *Un / une / des*

There are three words for 'a/an' in French: *un, une, des*. Again, which one to use depends on the gender and number of the noun.

a) *Un* is used to introduce a masculine noun: *un frère, un vélo.*

b) *Une* is used to introduce a feminine noun: *une sœur, une voiture.*

c) *Des* is used to introduce a noun in the plural: *des frères, des voitures.*

In French, we do not use the indefinite article when talking about a job: *Il est professeur* (He is a teacher).

3 'Some/any' *Du / de la / de l' / des*

There are four ways of expressing 'some' or 'any' in French: *du, de la, de l', des.* Again, which one to use depends on the gender and number of the noun.

a) *Du* is used to introduce a masculine noun: *du pain* (some bread), *du vin* (some wine).

b) *De la* is used to introduce a feminine noun: *de la viande, de la bière.*

c) *De l'* is used to introduce a masculine noun or feminine noun starting with a vowel or a silent *h*: *de l'eau minérale, de l'ail.*

d) *Des* is used to introduce a noun in the plural: *des fraises, des vins, des eaux.*

After a negative phrase only *de* is used.

Exemples:
Je n'ai pas **d'**enfants.
Il n'a pas **de** frère.
Il n'y a plus **de** pain.

C Adjectives *Les adjectifs*

Adjectives are used to describe a person or a thing, e.g. 'a **thin** man' (*un homme **mince***), 'a **grey** jumper' (*un pull **gris***). In French, the endings of adjectives change according to the gender and number of the noun they describe. In the dictionary, you are given the masculine form.

a) To form the feminine, add –e: *grand* → *grand**e*** (tall).

b) To form the masculine plural, add an –s: *grand* → *grand**s***.

c) To form the feminine plural, add an -e- and a final -s: *grand* → *grand**es***.

Note:

i) Do not add -e in the feminine form if the masculine form already ends in –e: *un pull ros**e*** (masc), *une chemise ros**e*** (fem) (a pink jumper/a pink shirt).

ii) Do not add -s in the plural form if the masculine form ends in -s or -x: *un homme furieu**x*** (singular), *des hommes furieu**x*** (plural) (a furious man/furious men).

iii) In some cases, the final consonant is doubled as well as adding a final -e. This happens with adjectives ending in *-el* and *-en*: *un parc naturel* (masc), but *une eau naturelle* (fem) (a nature reserve/pure water).

iv) Adjectives ending in *-al* form their masculine plural in *-aux*. The feminine forms are not affected (e.g. *nationale* and *nationales*): *un hymne national* → *des hymnes nationaux* (a national anthem/national anthems).

v) Adjectives ending in *-eux* form their feminine in *-euse*: *un garçon joyeux*, but *une fille joyeuse* (a happy boy/a happy girl).

vi) Some adjectives are completely irregular. Some common ones include: *blanc* → *blanche* (white), *doux* → *douce* (soft), *frais* → *fraîche* (fresh), *beau* → ***belle*** (handsome/beautiful), *cher* → *chère* (dear/expensive), *gros* → *grosse* (fat), *long* → *longue* (long), *neuf* → *neuve* (new).

vii) Some irregular adjectives have a special masculine singular form to be used when the adjective precedes the noun: *beau* → *bel*, *nouveau* → *nouvel*, *vieux* → *vieil*.

Exemple:
Regarde ce **vieil** homme!   *Look at this old man!*

Position of adjectives *Position des adjectifs*

Adjectives normally come after the noun they describe.

Exemples:
C'est un enfant **sage**.   *He is a well-behaved child.*
Il a une voiture **rapide**.   *He has a fast car.*

However, there are a few very common adjectives, which come before the noun:

bon/bonne (*good*)	jeune (*young*)
beau/belle/bel (*beautiful*)	long/longue (*long*)
court/courte (*short*)	mauvais/mauvaise (*bad*)
grand/grande (*big*)	nouveau/nouvelle/nouvel (*new*)
gros/grosse (*fat*)	petit/petite (*small*)
haut/haute (*high*)	vieux/vieille/vieil (*old*)
joli/jolie (*pretty*)	

Exemples: une **bonne** soupe (*a nice soup*)
une **jolie** fillette (*a pretty girl*)
un **jeune** chiot (*a young puppy*)

D Adverbs *Les adverbes*

Adverbs are used to describe a verb: *Il s'est levé **soudainement*** (He got up suddenly).

Many adverbs are formed by adding the ending *-ment* to the feminine form of the adjectives: *dangereuse* → *dangereuse**ment*** (dangerous → dangerously); *facile* → *facile**ment*** (easy → easily).

Note:

a) Adjectives ending in *-ant* or *-ent* (except *-lent*) have adverbs ending in *-amment* and *-emment*: *courant* → *cour**amment*** (fluent → fluently), *prudent* → *prud**emment*** (careful → carefully).

b) Some adverbs are irregular: vrai → vraiment (real → really), bon → bien (good → well), mauvais → mal (bad → badly).

E Comparisons *Les comparaisons*

1 Comparatives *Les comparatifs*

Nouns and verbs can be compared in the following three ways:

■ superiority (more … than: *plus … que* in French),

■ inferiority (less … than, not as … as: *moins … que* in French), or

■ equality (as … as: *aussi … que* in French).

Place *plus, moins* or *aussi* before the adjective or adverb and *que* after it.

Exemples:
L'anglais est **plus** facile **que** le français. (*English is easier than French.*)
Le français est **moins** facile **que** l'anglais. (*French is not as easy as English.*)
Le chinois est **aussi** difficile **que** l'arabe. (*Chinese is as difficult as Arabic.*)
Ma sœur parle **plus** lentement **que** ma mère. (*My sister speaks more slowly than my mother.*)
Ma mère parle **moins** lentement **que** ma sœur. (*My mother speaks less slowly than my sister.*)
Je parle **aussi** vite **que** ma mère. (*I speak as quickly as my mother.*)

Note that there are a few adjectives which do not use *plus … que* to make a comparison:

a) *bon* → *meilleur*
Exemple: Le vin français est **meilleur que** le vin californien. (*French wine is better than Californian wine.*)

b) *bien* → *mieux*
Exemple: Mon petit ami cuisine **mieux que** moi. (*My boyfriend cooks better than me.*)

c) *mauvais* → *pire*
Exemple: Le temps en Ecosse est **pire qu'**en Angleterre. (*The weather in Scotland is worse than in England.*)

2 Superlatives *Les superlatifs*

Use superlatives when you want to say that something or somebody is 'most

'...' or 'least ...'. In French, *le/la/les plus ...* or *le/la/les moins ...* are used. Which one to use depends on the gender and number of what is being compared.

Exemples:

Marc est le garçon **le plus** intelligent de la classe. (*Mark is the brightest boy in the class.*)

Paris est **la plus** jolie ville de France. (*Paris is the most beautiful city in France.*)

Les fonctionnaires sont **les moins** stressés au travail. (*Civil servants are the least stressed at work*.)

Note that in the case of an adverb, *le plus ...* or *le moins ...* are used.

Exemple: Il parle **le plus** couramment. (*He speaks the most fluently.*)
Here, too, *bon, bien* and *mauvais* behave differently:

a) bon → le/la/les meilleur(es)
   Exemple: Le vin français est **le meilleur** au monde. (*French wine is the best in the world.*)

b) bien → mieux
   Exemple: Mon petit ami parle anglais **le mieux**. (*My boyfriend speaks English best.*)

c) mauvais → pire
   Exemple: Travailler de nuit est **le pire**. (*Working at night is the worst.*)

F Possessives *Les adjectifs possessifs*

Possessive adjectives agree in gender and number with the object being possessed and **not** the owner.

Exemples: **Ma** mère est Italienne.
Son frère est très sympa.
Nos parents sont retraités.

Note:

a) *Sa (voiture)* means either 'his (car)' or 'her (car)', depending on the context, as *sa* always agrees with *voiture*.

b) In the case of a feminine noun starting with a vowel, use the masculine form: ***mon*** amie.

	Masculine singular	Feminine singular	Plural
my	*mon*	*ma*	*mes*
your (informal/singular)	*ton*	*ta*	*tes*
his/her/its	*son*	*sa*	*ses*
our	*notre*	*nos*	
your (formal/plural)	*votre*	*vos*	
their	*leur*	*leurs*	

G Pronouns *Les pronoms*

Pronouns are used to replace nouns to avoid repetition in sentences. There are several different kinds of pronouns.

1 Subject pronouns *Les sujets*

The subject pronoun is the one doing the action described by the verb. These are as follows.

je (I)
tu (you, informal or singular)
il (he), *elle* (she)

nous (we)
vous (you, formal or plural
ils (they, masculine or mixed)
elles (they, feminine only)

Note:

a) *Je* becomes *j'* in front of a vowel or a silent h: *j'ai* (I have) or *j'habite* (I live).

b) *Tu* is used to address someone you know well, or a child. *Vous* is used to address a group of people or one person if you do not know that person well. Here, *vous* is used as a mark of respect.

c) Another subject pronoun is *on*. Its litereral translation is 'one', but it is also an informal way of saying 'we'. For instance, when writing a note or a postcard you might say: *on est arrivé tard* (we arrived late).

2 Direct object pronouns *Les compléments d'objet*

The object of a sentence is the person or thing which undergoes the action described by the verb. To replace the object of a sentence, you use an object pronoun.

The direct object pronouns are as follows.

me (me)
te (you)
le (him or it, masculine noun)
la (her or it, feminine noun)

nous (us)
vous (you, formal or plural)
les (them, both genders)

 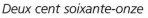

Object pronouns precede the verb in French.

Exemples: Je **les** ai mangés. (*I ate them.*)
                Je **les** ai vus. (*I've seen them.*)

Note that *me, te, le* and *la* become *m', t', l'* if the word which follows starts with a vowel or a silent *h*: *Il **l'**a reçu hier* (*He got it yesterday*).

3 Indirect object pronouns *Les compléments d'objet indirect*

The indirect object is the recipient of the object in a sentence. The indirect object pronouns are as follows.

me (to me)	*nous* (to us)
te (to you, informal)	*vous* (to you, formal or plural)
lui (to her, to him or to it)	*leur* (to them)

Exemple: Je **lui** ai parlé hier. (*I spoke to him/her yesterday.*)

As in the case of direct object pronouns, the indirect object pronoun precedes the verb.

Exemple: Je **lui** apporte le journal. (*I bring him/her the newspaper.*)

If a direct object pronoun is also used in a sentence, the indirect object pronoun goes after the direct object pronoun but before the verb.

Exemple: je **le lui** apporte. (*I bring it to him/her.*)

4 Reflexive pronouns *Les pronoms réfléchis*

These pronouns mean 'myself', 'yourself', 'herself', etc. and are used with reflexive verbs such as *se lever, s'appeler, se coucher*.

The reflexive pronouns are as follows.

me (myself)	*nous* (ourselves)
te (yourself, informal)	*vous* (yourself, formal or plural)
se (herself, himself, oneself)	*se* (themselves)

These pronouns also precede the verb.

Exemples: Je **me** lève. (*I get up.*)
            Nous **nous** appelons Jean et Marc. (*We are called John and Marc.*)

Note that, as previously, *me, te* and *se* become *m', t', s'* if the word which follows starts with a vowel or a silent *h*.

Exemple: Marc **m'**a donné son vélo. (*Marc gave me his bike.*)

5 The pronouns *y* and *en*

a)   The pronoun *y* means 'there' and replaces a location. It also replaces objects in the case of verbs followed by *à* such as *penser à, parler à, répondre à*, etc.

Exemples: J'**y** vais toutes les semaines. (*I go there every week*.)
Je n'**y** pense jamais. (*I never think about it.*)

b)   The pronoun *en* replaces a quantity. It also replaces objects in the case of verbs followed by *de* such as *revenir de, parler de, s'occuper de*, etc.

Exemples: J'**en** ai acheté. (*I bought some.*)
Ils **en** parlent souvent. (*They often speak about it.*)

Note that neither *y* nor *en* can replace a person.

6 Order of pronouns *L'ordre des pronoms personnels*

The table below shows the order in which pronouns appear in a sentence.

je	me	le	lui	y	en
tu	te	la	leur		
il	se	l'			
elle	nous	les			
on	vous				
nous					
vous					
ils					
elles					

Exemples:

Je **les lui** ai donnés. (*I gave them to him.*)
Elle **se l'**achète. (*She is buying it for herself.*)
Nous **nous y** rendons rarement. (*We rarely go there.*)

Prepositions   *Les prépositions*

Examples of prepositions include:

à (*at /to*)	dans (*in*)	en (*in*)
avant (*before*)	de (*from*)	entre (*between*)
avec (*with*)	devant (*in front of*)	parmi (*among*)

a)   À la, à l', au, aux
À is **never** followed by *le* or *les*. Instead, the preposition and the article merge, creating *au* and *aux*.

Exemples: Je vais **au** parc. (*I go to the park.*)
Donne-le **aux** enfants. (*Give it to the children.*)

b)   De la, de l', du, des
Likewise, *de* is **never** followed by *le* or *les*. Instead, *du* and *des* are used.

Exemples: Il vient **du** nord. (*He is from the north.*)
Ils habitent près **des** montagnes. (*They live near the mountains.*)

I Verbs *Les verbes*

A verb describes an action – I **work**, she **eats**, he **goes out**.

All French verbs are made of two parts: a stem and an ending. In the case of *adorer*, *ador-* is the stem and *-er* is the ending. The endings, and in some cases the stems, change according to the subject and the tenses.

They can be grouped according to various categories:

a) regular verbs ending in *-er*: *manger, regarder, habiter*, etc.

b) regular verbs ending in *-ir*: *finir, choisir, rougir*, etc.

c) regular verbs ending in *-re*: *vendre, rendre, descendre, perdre*, etc.

d) irregular verbs: *aller, faire, voir, devoir*, etc.

The regular verbs all follow specific patterns, which makes them easier to learn.

1 The present *Le présent*

The present tense is used to state what happens regularly, what is happening now, and what will happen fairly soon.

Exemples:
I play tennis every Saturday. (*Je **joue** au tennis tous les samedis.*) (present tense)
I am watching TV at the moment. (*Je **regarde** la télévision en ce moment.*) (present tense)
I'll do it in a minute. (*Je le **fais** dans un instant.*) (present tense)

Note that an action which started in the past and is still going on now is also expressed in the present tense.

Exemple: Je **joue** de la guitare **depuis** deux ans.
(*I've been playing the guitar for two years.*)

2 The past: the perfect *Le passé composé*

The perfect tense (*passé composé*) is the most common past tense. It is used to refer to events which have happened in the past and are seen as completed.

a) Verbs with *avoir*

The perfect is normally formed with *avoir* (to have) in the present tense and the past participle of the main verb. 'Gone', 'done', 'eaten' are examples of past participles in English.

Exemples: J'**ai acheté** une nouvelle voiture hier.
(*I bought a new car yesterday.*)
J'**ai regardé** un film. (*I watched a film.*)
J'**ai perdu** ma montre. (*I have lost my watch.*)

Note how these sentences can be translated into English.

b) Verbs with *être*

i) A number of verbs use *être* (to be) in the present tense and the past participle of the main verb. These include:

aller (*to go*)	entrer (*to enter*)	retourner (*to come back*)
venir (*to come*)	rentrer (*to come home*)	devenir (*to become*)
arriver (*to arrive*)	sortir (*to go out*)	tomber (*to fall*)
rester (*to stay*)	monter (*to go up*)	naître (*to be born*)
partir (*to leave*)	descendre (*to come down*)	mourir (*to die*)

Exemples: Je **suis né** en France. (*I was born in France.*)
Elle **est allée** au Mexique. (*She went to Mexico.*)

ii) Reflexive verbs also use *être* in the present tense and the past participle of the main verb.

Exemple: Je **me suis douché** de bonne heure. (*I showered early.*)

Reflexive verbs can easily be identified by the *se* in the third person form, e.g. *se lever* (to get up), *se coucher* (to go to bed), etc.

Note that in the case of verbs using *être,* the past participle agrees in gender and number.

Exemples: Nous sommes all**és** au cinéma. (*We went to the cinema.*)
Elles sont arriv**ées** hier. (*They (all girls) arrived yesterday.*)
Ils se sont couch**és** tard. (*They went to bed late.*)

3 The past: the imperfect *L'imparfait*

The imperfect is a past tense used for things you used to do, actions already taking place when another action starts, or to describe things in the past.

a) Things one used to do (past habit, 'used to …').
Exemples: Quand j'**étais** petit, j'**adorais** les bonbons. (*When I was little I used to love sweets.*)
Nous **allions** à la mer tous les week-ends. (*We used to go to the seaside every weekend.*)

b) Something going on when another action starts (background action).
J'**étais** dans mon bain quand il m'a téléphoné. (*I was in the bath when he rang me.*)

c) Describing things in the past.
Ma grand-mère **était** très stricte. (*My grandmother was very strict.*)

To form the imperfect tense, you need to add the following endings to the stem used in the present tense with *nous*: -ais, -ais, -ait, -ions, -iez, -aient.

Examples: je regard**ais**, il finiss**ait,** nous all**ions**, elles fais**aient**

In the case of irregular verbs, the stem changes but the endings remain regular in the imperfect tense.

4 The future: immediate future

This tense is simple, easy to use and very useful. As in English, the immediate future tends to refer to actions which are going to happen soon. It is particularly common in spoken language.

Exemples:
Nous **allons danser** samedi. (*We're going dancing on Saturday.*)
Que **vas**-tu **faire** ce soir? (*What are you doing tonight?*)

To form this tense, use *aller* in the present tense followed by the infinitive form of the verb (as provided in a dictionary). This rule always works, regardless of whether the verb is regular or not!

Exemples:
Je **vais manger** chez ma mère. (*I'm going to eat at my mother's house.*)
Il **va faire** froid. (*It's going to be cold.*)

5 The future *Le futur*

This tense is used to refer to actions which will happen in the more distant future.

To form the future, take the infinitive form of the verb and add the following endings: *-ai, -as, -a, -ons, -ez, -ont.*

Exemples:
L'année prochaine, j'**étudierai** en France. (*Next year, I will study in France.*)
Mon petit ami **finira** ses études en juin. (*My boyfriend will finish his studies in June.*)
En septembre, j'**aurai** vingt ans! (*In September, I will be twenty!*)

Note that in the case of *-re* verbs, the final *-e* is dropped before adding the ending.

Exemple: Nous **vendrons** notre voiture cet été.
(*We will sell our car this summer.*)

In the case of irregular verbs, the stem changes but the endings remain regular in the future tense.

6 The imperative *L'impératif*

The imperative form is used to give advice, suggestions or an order.

Exemples:
Finis tes études avant de te marier. (*Finish your studies before getting married.*)
Frappez avant d'entrer! (*Knock before entering!*)

There are only three forms in the imperative:

a) when addressing a person whom you know well:
Achète du lait! (*Buy some milk!*)
Ne **rentre** pas trop tard! (*Don't come home too late!*)

b) when addressing a group of people or an adult in the formal way:
Finissez ce devoir. (*Finish this piece of work.*)
Entrez! (*Come in!*)

c) when addressing a group in which the speaker is included:
Marchons plus vite! (*Let's walk faster!*)

To form the imperative, use the present tense and omit the subject pronouns *tu, nous* and *vous*.

Note:

i) In the case of *-er* verbs and the *tu* form of *aller*, the *-s* ending which normally marks the present tense is also dropped.

Exemples: Regarde! (*Look!*)
Écoute! (*Listen!*)
Va! (*Go!*) *But* Vas-y! (*Go ahead!*)

ii) When the imperative is used with a pronoun, the pronoun follows the verb linked with an hyphen.

Exemples: Attendez-moi! (*Wait for me!*)
Donne-le moi! (*Give it to me!*)

7 The conditional *Le conditionnel*

The conditional is used to refer to what would happen or what you would do providing that certain conditions are fulfilled, e.g. 'I could help you: if I had the money, I would give it to you'.

To form the conditional, add the endings of the imperfect tense to the infinitive of the verb: *-ais, -ais, -ait, -ions, -iez, -aient.*

Examples:
Si j'étais toi, j'**étudierais** en France. (*If I were you I would study in France.*)
Mon petit ami ideal **serait** grand, beau et riche. (*My ideal boyfriend would be tall, handsome and rich.*)
Si je gagnais à la loterie, je **ferais** le tour du monde. (*If I won the lottery, I would travel the world.*)

In the case of *-re* verbs, drop the final *-e* before adding the ending.

Exemple:
Si elle le pouvait, elle **vendrait** sa maison. (*If she could, she would sell her house.*)

Note:

a) In the case of irregular verbs, the stem changes but the endings remain regular for the conditional.

b) The stems used in the case of irregular verbs are the same as those used to form the future tense.

c) Be careful not to confuse 'would' (conditional) with 'would' (past habit). For instance, 'Everyday he would go to the café' refers to a past habit and is therefore expressed in French using the imperfect: *Tous les jours, il allait au café.*

J ____Verb tables

Verb category	Infinitive	Present	Perfect (*passé composé*)	Imperfect	Immediate future	Future	Conditional
regular verbs: all -er verbs	détester (*to hate*)	je déteste tu détestes il/elle déteste on déteste nous détestons vous détestez ils/elles détestent	j'ai détesté tu as détesté il/elle a détesté on a détesté nous avons détesté vous avez détesté ils/elles ont détesté	je détestais tu détestais il/elle détestait on détestait nous détestions vous détestiez ils/elles détestaient	je vais détester tu vas détester il/elle va détester on va détester nous allons détester vous allez détester ils/elles vont détester	je détesterai tu détesteras il/elle détestera on détestera nous détesterons vous détesterez ils/elles détesteront	je détesterais tu détesterais il/elle détesterait on détesterait nous détesterions vous détesteriez ils/elles détesteraient
regular verbs: all -ir verbs	choisir (*to choose*)	je choisis tu choisis il/elle choisit on choisit nous choisissons vous choisissez ils/elles choisissent	j'ai choisi tu as choisi il/elle a choisi on a choisi nous avons choisi vous avez choisi ils/elles ont choisi	je choisissais tu choisissais il/elle choisissait on choisissait nous choisissions vous choisissiez ils/elles choisissaient	je vais choisir tu vas choisir il/elle va choisir on va choisir nous allons choisir vous allez choisir ils/elles vont choisir	je choisirai tu choisiras il/elle choisira on choisira nous choisirons vous choisirez ils/elles choisiront	je choisirais tu choisirais il/elle choisirait on choisirait nous choisirions vous choisiriez ils/elles choisiraient
regular verbs: all -re verbs	vendre (*to sell*)	je vends tu vends il/elle vend on vend nous vendons vous vendez ils/elles vendent	j'ai vendu tu as vendu il/elle a vendu on a vendu nous avons vendu vous avez vendu ils/elles ont vendu	je vendais tu vendais il/elle vendait on vendait nous vendions vous vendiez ils/elles vendaient	je vais vendre tu vas vendre il/elle va vendre on va vendre nous allons vendre vous allez vendre ils/elles vont vendre	je vendrai tu vendras il/elle vendra on vendra nous vendrons vous vendrez ils/elles vendront	je vendrais tu vendrais il/elle vendrait on vendrait nous vendrions vous vendriez ils/elles vendraient

Verb category	Infinitive	Present	Perfect (*passé composé*)	Imperfect	Immediate future	Future	Conditional
irregular verb: *avoir*	avoir (*to have*)	j'ai tu as il/elle a on a nous avons vous avez ils/elles ont	j'ai eu tu as eu il/elle a eu on a eu nous avons eu vous avez eu ils/elles ont eu	j'avais tu avais il/elle avait on avait nous avions vous aviez ils/elles avaient	je vais avoir tu vas avoir il/elle va avoir on va avoir nous allons avoir vous allez avoir ils/elles vont avoir	j'aurai tu auras il/elle aura on aura nous aurons vous aurez ils/elles auront	j'aurais tu aurais il/elle aurait on aurait nous aurions vous auriez ils/elles auraient
irregular verb: *être*	être (*to be*)	je suis tu es il/elle est on est nous sommes vous êtes ils/elles sont	j'ai été tu as été il/elle a été on a été nous avons été vous avez été ils/elles ont été	j'étais tu étais il/elle était on était nous étions vous étiez ils/elles étaient	je vais être tu vas être il/elle va être on va être nous allons être vous allez être ils/elles vont être	je serai tu seras il/elle sera on sera nous serons vous serez ils/elles seront	je serais tu serais il/elle serait on serait nous serions vous seriez ils/elles seraient
irregular verb: *aller*	aller (*to go*)	je vais tu vas il/elle va on va nous allons vous allez ils/elles vont	je suis allé(e) tu es allé(e) il/elle est allé(e) on est allé(es) nous sommes allé(es) vous êtes allé(es) ils/elles sont allé(es)	j'allais tu allais il/elle allait on allait nous allions vous alliez ils/elles allaient	je vais aller tu vas aller il/elle va aller on va aller nous allons aller vous allez aller ils/elles vont aller	j'irai tu iras il/elle ira on ira nous irons vous irez ils/elles iront	j'irais tu irais il/elle irait on irait nous irions vous iriez ils/elles iraient
irregular verb: *faire*	faire (*to do/to make*)	je fais tu fais il/elle fait on fait nous faisons vous faites ils/elles font	j'ai fait tu as fait il/elle a fait on a fait nous avons fait vous avez fait ils/elles ont fait	je faisais tu faisais il/elle faisait on faisait nous faisions vous faisiez ils/elles faisaient	je vais faire tu vas faire il/elle va faire on va faire nous allons faire vous allez faire ils/elles vont faire	je ferai tu feras il/elle fera on fera nous ferons vous ferez ils/elles feront	je ferais tu ferais il/elle ferait on ferait nous ferions vous feriez ils/elles feraient

Verb category	Infinitive	Present	Perfect (*passé composé*)	Imperfect	Immediate future	Future	Conditional
irregular verb: *sortir*	sortir (*to go out*)	je sors tu sors il/elle sort on sort nous sortons vous sortez ils/elles sortent	je suis sorti(e) tu es sorti(e) il/elle est sorti(e) on est sorti(es) nous sommes sorti(es) vous êtes sorti(es) ils/elles sont sorti(es)	je sortais tu sortais il/elle sortait on sortait nous sortions vous sortiez ils/elles sortaient	je vais sortir tu vas sortir il/elle va sortir on va sortir nous allons sortir vous allez sortir ils/elles vont sortir	je sortirai tu sortiras il/elle sortira on sortira nous sortirons vous sortirez ils/elles sortiront	je sortirais tu sortirais il/elle sortirait on sortirait nous sortirions vous sortiriez ils/elles sortiraient
irregular verb: *pouvoir*	pouvoir (*can/ to be able to*)	je peux tu peux il/elle peut on peut nous pouvons vous pouvez ils/elles peuvent	j'ai pu tu as pu il/elle a pu on a pu nous avons pu vous avez pu ils/elles ont pu	je pouvais tu pouvais il/elle pouvait on pouvait nous pouvions vous pouviez ils/elles pouvaient	je vais pouvoir tu vas pouvoir il/elle va pouvoir on va pouvoir nous allons pouvoir vous allez pouvoir ils/elles vont pouvoir	je pourrai tu pourras il/elle pourra on pourra nous pourrons vous pourrez ils/elles pourront	je pourrais tu pourrais il/elle pourrait on pourrait nous pourrions vous pourriez ils/elles pourraient
irregular verb: *vouloir*	vouloir (*to want*)	je veux tu veux il/elle veut on veut nous voulons vous voulez ils/elles veulent	j'ai voulu tu as voulu il/elle a voulu on a voulu nous avons voulu vous avez voulu ils/elles ont voulu	je voulais tu voulais il/elle voulait on voulait nous voulions vous vouliez ils/elles voulaient	je vais vouloir tu vas vouloir il/elle va vouloir on va vouloir nous allons vouloir vous allez vouloir ils/elles vont vouloir	je voudrai tu voudras il/elle voudra on voudra nous voudrons vous voudrez ils/elles voudront	je voudrais tu voudrais il/elle voudrait on voudrait nous voudrions vous voudriez ils/elles voudraient
irregular verb: *partir*	partir (*to leave*)	je pars tu pars il/elle part on part nous partons vous partez ils/elles partent	je suis parti(e) tu es parti(e) il/elle est parti(e) on est parti(es) nous sommes parti(es) vous êtes parti(es) ils/elles sont parti(es)	je partais tu partais il/elle partait on partait nous partions vous partiez ils/elles partaient	je vais partir tu vas partir il/elle va partir on va partir nous allons partir vous allez partir ils/elles vont partir	je partirai tu partiras il/elle partira on partira nous partirons vous partirez ils/elles partiront	je partirais tu partirais il/elle partirait on partirait nous partirions vous partiriez ils/elles partiraient

Verb category	Infinitive	Present	Perfect (*passé composé*)	Imperfect	Immediate future	Future	Conditional
irregular verb: *venir*	venir *(to come)*	je viens tu viens il/elle vient on vient nous venons vous venez ils/elles viennent	je suis venu(e) tu es venu(e) il/elle est venu(e) on est venu(es) nous sommes venu(es) vous êtes venu(es) ils/elles sont venu(es)	je venais tu venais il/elle venait on venait nous venions vous veniez ils/elles venaient	je vais venir tu vas venir il/elle va venir on va venir nous allons venir vous allez venir ils/elles vont venir	je viendrai tu viendras il/elle viendra on viendra nous viendrons vous viendrez ils/elles viendront	j je viendrais tu viendrais il/elle viendrait on viendrait nous viendrions vous viendriez ils/elles viendraient
irregular verbs: *mettre*	mettre *(to put/to put on)*	je mets tu mets il/elle met on met nous mettons vous mettez ils/ elles mettent	j'ai mis tu as mis il/elle a mis on a mis nous avons mis vous avez mis ils/elles ont mis	je mettais tu mettais il/elle mettait on mettait nous mettions vous mettiez ils/elles mettaient	je vais mettre tu vas mettre il/elle va mettre on va mettre nous allons mettre vous allez mettre ils/elles vont mettre	je mettrai tu mettras il/elle mettra on mettra nous mettrons vous mettrez ils/elles mettront	je mettrais tu mettrais il/elle mettrait on mettrait nous mettrions vous mettriez ils/elles mettraient
irregular verb: *prendre*	prendre *(to take)*	je prends tu prends il/elle prend on prend nous prenons vous prenez ils/elles prennent	j'ai pris tu as pris il/elle a pris on a pris nous avons pris vous avez pris ils/elles ont pris	je prenais tu prenais il/elle prenait on prenait nous prenions vous preniez ils/elles prenaient	je vais prendre tu vas prendre il/elle va prendre on va prendre nous allons prendre vous allez prendre ils/elles vont prendre	je prendrai tu prendras il/elle prendra on prendra nous prendrons vous prendrez ils/elles prendront	je prendrais tu prendrais il/elle prendrait on prendrait nous prendrions vous prendriez ils/elles prendraient

Verb category	Infinitive	Present	Perfect (*passé composé*)	Imperfect	Immediate future	Future	Conditional
all reflexive verbs	se reposer (*to rest*)	je me repose tu te reposes il/elle se repose on se repose nous nous reposons vous vous reposez ils/elles se reposent	je me suis reposé(e) tu t'es reposé(e) il/elle s'est reposé(e) on s'est reposé(es) nous nous sommes reposé(es) vous vous êtes reposé(es) ils/elles se sont reposé(es)	je me reposais tu te reposais il/elle se reposait on se reposait nous nous reposions vous vous reposiez ils/elles se reposaient	je vais me reposer tu vas te reposer il/elle va se reposer on va se reposer nous allons nous reposer vous allez vous reposer ils/elles vont se reposer	je me reposerai tu te reposeras il/elle se reposera on se reposera nous nous reposerons vous vous reposerez ils/elles se reposeront	je me reposerais tu te reposerais il/elle se reposerait on se reposerait nous nous reposerions vous vous reposeriez ils/elles se reposeraient